国連行政と
アカウンタビリティー
の概念

国連再生への道標

蓮生 郁代

東信堂

目次／国連行政とアカウンタビリティーの概念

序　論 ……………………………………………………………………… 3

第Ⅰ部　国連の管理型アカウンタビリティーの概念分析

第1章　国連の管理型アカウンタビリティーの基本的構造 ……… 15

　1　アカウンタビリティーの意味………………………………………… 16
　2　国連の管理型アカウンタビリティーの行為主体の検討…………… 21
　3　小　括………………………………………………………………… 27

第2章　管理型アカウンタビリティーの概念の推移のモデル ……… 33

　1　スチュワートの「アカウンタビリティーの梯子説」とモッシャーの考察 34
　2　アメリカ行政におけるアカウンタビリティーの概念の推移……… 40
　3　小　括………………………………………………………………… 48

第3章　国連の管理型アカウンタビリティーの概念の推移 ……… 55

　1　第Ⅰ期「合規性のアカウンタビリティー」の概念（1945〜1974年）…… 56
　2　第Ⅱ期「プロセス・アカウンタビリティー」の概念（1974〜1982年）… 58
　3　第Ⅲ期「プログラム・アカウンタビリティー」の概念（1982〜2002年） 61
　4　第Ⅳ期「業績志向型アカウンタビリティー」の概念（2002〜2011年現在） 74
　5　小　括………………………………………………………………… 79

第4章　国連に導入された新公共経営論の特徴 ……………………… 89

　1　新公共経営論の一般的特徴…………………………………………… 90
　2　国連における新公共経営論導入上の課題…………………………… 94
　3　国連型新公共経営論の類型化………………………………………… 116
　4　小　括………………………………………………………………… 122

第Ⅱ部　国連の行政監査の制度的分析

第5章　行政監査機能の判断基準 …………………………………… 139

　1　行政監査の定義と特徴………………………………………………… 140

2　行政監査の制度的判断基準……………………………………… 143
　　3　小　　括………………………………………………………… 155

第6章　イラク国連石油食糧交換計画にみる行政監査の制度的課題　163
　　1　国連石油食糧交換計画の概要…………………………………… 164
　　2　独立調査委員会の調査の概要…………………………………… 169
　　3　独立調査委員会の勧告に対する制度的分析…………………… 173
　　4　小　　括………………………………………………………… 190

第7章　参加の拡大とオーディエンス　……………………………… 201
　　1　アカウンタビリティーと行政監査の関係……………………… 202
　　2　国連行政監査のオーディエンスの適格者……………………… 208
　　3　国連行政監査のオーディエンスの能力の検討………………… 213
　　4　小　　括………………………………………………………… 219

結　論――**国連再生への道標**………………………………………… 227
あとがき ……………………………………………………………………… 237

索　引 ………………………………………………………………………… 243

国連行政とアカウンタビリティーの概念
──国連再生への道標──

序　論

問題の所在

　1989年のベルリンの壁の崩壊は、東西冷戦の終焉を告げるとともに、局地紛争の頻発という新たな事態を巻き起こした。その過程で国際連合(以下、国連[1])が果たすべき役割や意義に対する国際社会の捉え方も大きく変容していくこととなった。1990年代以降の国連は、肥大化する平和活動、人道援助活動、緊急援助活動の中で、国連財政の逼迫や現地での国連行政執行当事者による犯罪の多様化など様々な行政的破綻をもたらした。このような事態の展開に、国連の行政能力が国連行政の膨張速度や多様化に追いついていないという批判が、国連加盟国や識者の間のみならず、広く世間一般でも起こってくるようになった。国連に対する行政改革への圧力の中、1997年国連事務総長に就任したアナン(Kofi Annan)は、当時経済協力開発機構(以下、OECD)諸国を中心に隆盛を極めていたマネジメント改革の手法である新公共経営論を国連に取り入れようと行政改革を実施していった[2]。まず、1997年に国連事務総長報告「国連の再生：改革に向けたプログラム」[3]、その5年後の2002年には新たな国連事務総長報告「国連の強化に向けて——更なる改革への課題」[4]を発表し、結果志向型管理方式に基づく予算制度改革を中核とした行政改革をすすめていった。

　しかし、このような行政改革の努力にもかかわらず、国連に対しより一層の監視責任を追及する声は高まる一方だった。例えば、イラクの石油食糧交換計画に由来する政治的腐敗に関する疑惑では国連の行政監査機能の脆弱さが問題になった[5]。これらの行政的失敗は、国際社会による国連行政への信頼の失墜や、国連に対する正統性への懐疑へもつながっていく恐れがあった。

それは、これまでアナン国連事務総長(当時)がイニシアティブをとり推進してきた新公共経営論に基づく予算制度改革を中心とする行政改革だけでは不十分であり、行政作用を恒常的に体系的に統制する監査制度の早急な建て直しが必要であることを示すものでもあった。これらの国連行政の抜本的かつ包括的な立て直しという課題は、現国連事務総長である潘(Ban Ki-moon)事務総長にも引き継がれ、最重要課題の一つとして現在も取り組まれている。

　国連が国際の平和と安全のために「何を」なすべきか、という政治学的な議論はあまたの論者によって、古今東西語られてきたことは言うまでもない。しかし、その一方で、国連が国際の平和と安全を「どのようにしたら」なしうることができるのかという問題が、学術的な議論の焦点となることは、これまでほとんどなかったように思う。国連によって施行される行政に対する国際社会の信頼が地に堕ちたとも言えるこのような象徴的事件を繰り返さないために、現在国際社会において切望されているのは、国連が「どのようにして」行政を執行し、統制すべきか、という新たな視点からの議論である。

　その検討の過程において、重要性を増してくるのが、「アカウンタビリティー」(Accountability)というキーワードである。そして国連は、現在、アカウンタビリティーを十分果たしていないということを国際社会から厳しく糾弾され、岐路に立たされている。国連が、現代の複雑化、専門化、多様化した行政の実態に関し、国際社会に対し十分な説明責任を果たすために、何がなされるべきかということが、今、改めて問い直されなければならない。

アカウンタビリティーの概念の再構築

　アカウンタビリティーとは、現在、人間の社会的活動のあらゆる分野において広く用いられるようになった概念である。しかし、その概念の内容は、歴史的及び思想的に一枚岩とは到底言いがたい。特に現代においては、社会の複雑化を象徴するように、アカウンタビリティーの概念には様々な要素が絡まり、概念自体も一層多義化している状況である。

　そもそもアカウンタビリティーの概念の起源は、古代バビロニアや古代エジプトといった古代文明の中に由来していると言われている[6]。一説には、そ

れは、原始会計の発生と密接な関係があり、紀元前4000年頃の古代バビロニアの税金徴収に由来するとも言われている[7]。その後、この原初的かつ財務的な概念を基調とするアカウンタビリティーの概念に関しては、古代ギリシャや古代ローマを通じて現代にいたるまで、途切れることなく発展してきたのだという[8]。この原初的かつ財務的な概念を底流にもつアカウンタビリティーの概念は、現代においては、管理型アカウンタビリティーの概念と呼ばれている。

　一方、歴史的な発祥の由来に目を向けてみれば、アカウンタビリティーの概念には、もう一つの異なる思想的な潮流があり、それには財務的概念とは異なる起源があったと考えられている。一説には、それは、直接民主主義の発生と密接な関係があったとされており、紀元前5世紀頃の古代アテネの直接民主制に源泉があったと言われている[9]。古代アテネにおいては、アカウンタビリティーは個人の直接的かつ対面的な関係をとっていたと考えられる。役人は自らの行動について申し開きをする義務を負わされており、それは、古代アテネの人たちにとっては、責任ある政府のための鍵だと考えられていた。この原始的な政治的アカウンタビリティーの特徴は、直接的かつ対面的であるということにあったが、その後、それは、施政者に対する市民の民主的統制手段としてのアカウンタビリティーという考え方に変遷していった。この直接民主主義に源流をもつアカウンタビリティーの概念は、現代においては、政治的アカウンタビリティーの概念と呼ばれている。

　この民主的な理念を源流にもった政治的アカウンタビリティーの概念は、長い歴史の流れの中では、一時封建制の下で見失われることもあったが、その後再び見出され、現在にいたっている。一方、財務的検証を由来とするという管理型アカウンタビリティーの概念は、その政治的中立性ゆえに、どのような政治的形態の中でも常に脈々と存在してきた。この2つのアカウンタビリティーの概念は、発祥の由来も性格もまったく異なるがゆえに、それらを同時に語ろうとするのは、非常に困難な作業である。それゆえ、現代におけるアカウンタビリティーに関する議論では、この2つの概念は常に分断され、互いに孤立した中で別個に語られるという傾向があった。

しかしながら、この2つのアカウンタビリティーの概念は、公的セクターにおいては、政府という器を挟んで、相互に影響を与えながら拮抗した関係を築くことにより、互いを強化しあうと古代には考えられていた。それゆえに、この2つの概念の失われてしまった結びつきを、現代の文脈の中で再び見出すという困難な作業に、いま一度取り組む必要がある。それは、とりもなおさず、アカウンタビリティーの概念を現代において再構築するという作業にほかならない。

2つのアカウンタビリティーを結びつける楔としての監査

この一見別個の2つのアカウンタビリティーの概念を、強固に結びつける楔の役割を果たしていると考えられるのが、監査という概念ではないかと推定される。

「監査なくして、アカウンタビリティーはない。アカウンタビリティーなくして、コントロールはない」と、イギリスのマッケンジー(W.J.M. Mackenzie)は言明したが、たしかに監査は、財務的アカウンタビリティーの発展とともに、常にそのかたわらにあった[10]。日本語の監査の語源の一つに、英語の"audit"、あるいはフランス語の"audition"がある[11]。これらの語源は、もともとはラテン語の"audire"、すなわち「聴く」に由来する。それは、紀元前4000年頃の古代バビロニアから、初期の監査のあり方が、監査人が監査を受ける人を聴取する形態をとっていたことに由来するからだと考えられている[12]。この独立した専門家による財務的検証、すなわち監査の存在は、財務的アカウンタビリティーの質の向上に役立ってきた。

一方、政治的アカウンタビリティーの枠組みにおいても、役人が自らの行動について市民に対して申し開きの義務を果たす際に、その申し開きが正確なものかどうか、また内容的に承認できるものかどうか、第三者である独立した専門家、すなわち監査官による意見が必要とされることがあった。アリストテレス(Aristotle)も『政治学』において、古代ギリシャの事例を引きながら、政治的アカウンタビリティーの強化のために、独立した専門家、すなわち監査官が果たすべき役割を示唆した先駆者の一人だった[13]。いわく「もろも

ろの役は、その凡てではなくとも、そのうちの或るものは多額の公金を取扱うものであるから、その計算書を受け取って会計検査を行うべき役が別になくてはならない、そしてその役自身は他の仕事に携わってはならない」として、会計検査役(エウチュース)、計算役(ロギステース)、吟味役(エクセタステース)、取締役(シュネーゴロス)などを例として挙げた。

　したがって、管理型アカウンタビリティーにしても、政治的アカウンタビリティーにしても、その双方の質の向上のために鍵となっているのが、独立した専門家による検証、すなわち監査の存在であるということが推定される。では、アカウンタビリティーを強化することができるような独立した質の高い監査とは、どのような要件を満たした監査なのだろうか。

　古来、質の高い監査制度を設計する上でしばしば最も強調されてきたのが——アリストテレスも指摘したように——、監査の独立性の確保の問題である。なぜなら、外部の権力者や内部の上司などの恣意的な影響から自由でない監査は、その信憑性を著しく損うからである。国連のアカウンタビリティーを著しく傷つけたと言われるイラクの国連石油食糧交換計画においては、国連の行政統制の失敗、すなわち監査の失敗が国際的な非難の的となった。そして、その後の調査の過程において、国連においては監査の独立性が様々な局面で阻害されていたという、衝撃的な事実が明らかになった。国連において監査の独立性をどのようにして再構築するのかというのは、極めて困難な問題であるが、イラクの失敗を再び繰り返さないためにも、いま一度真剣に再検証される必要がある。

　さらに、政治的アカウンタビリティーの向上という観点から、監査という問題を考察してみると、監査を実施する(監査官)側の視点、あるいは監査をされる(被監査機関)側の視点とは異なる、もう一つのまったく新しい第3の視点が浮かび上がってくる。それは、監査の結果の報告を受ける者の視点、すなわちオーディエンスと言われる者の視点である。政府が自らの行動に関して公衆に対し(政治的)アカウンタビリティーを果たす際、独立した専門家による報告の存在は、オーディエンスたる公衆にとって、大きな意義をもつ。なぜなら、専門性の高い難解な行政をわかりやすく説明し評価した報告を受

けることにより、公衆は、究極的には、政府に対してイエスかノーかを突きつけることができるようになるからである。政治的に中立な、専門的な、独立した監査は、その確固たる根拠となりうる。ただし、オーディエンスが、その政治的意思を貫徹させるにあたり、様々な障害が存在しているのも事実である。その一例として、監査報告書へのアクセスの問題がある。またもう一例として、オーディエンスの意思を議会や政府に反映させるメカニズムの欠如、あるいは不備の問題などがある。それは、国連という枠組みにおいても同様で、究極的な目標として国連の政治的アカウンタビリティーの向上を目指すならば、いま改めてオーディエンスという存在に焦点を当て、それに関連する様々な問題を考察し直す必要がある。

検討の順序

　本書は、行政執行体として管理型アカウンタビリティーの強化の義務を負った国連と、自らの行動について加盟国や公衆に説明する政治的アカウンタビリティーを負った国連という、2つの異なる国連の姿を、監査を軸に捉えることにより、包括的に論じることを試みる。

　本書は、2部構成とした。まず第Ⅰ部「国連の管理型アカウンタビリティーの概念分析」においては、行政執行体として管理型アカウンタビリティー向上の義務を負った国連の姿を描き出す。そして、第Ⅱ部「国連の行政監査の制度的分析」においては、イラクの石油食糧交換計画において最も問題視された国連の行政統制に着目し、その再構築のあり方を制度的に検討する。同時に国連が、自らの行動について加盟国や公衆に政治的アカウンタビリティーを果たす際、監査がどのように介在しているのか、あるいは、どのように介在すべきなのかを、オーディエンスの視点も交えながら考察する。

　第Ⅰ部においては、国連の管理型アカウンタビリティーの概念の歴史的推移を、国連創設時にさかのぼり考察する。管理型アカウンタビリティーの概念とは、ある組織の管理のあり方に関する概念であるため、通史的にみれば、その時代ごとの経営管理手法の影響を多分に受けてきたということが言える。したがって本来ならば、国連の管理型アカウンタビリティーの概念に大きな

影響を与えてきたのは、その時代ごとのパブリック・マネジメントのあり方であったと推論するのが自然である[14]。ただし国連においては、予算策定手続き一つをとっても、複雑な外交的利益のせめぎ合いの末、外交交渉によって決着が図られるという国際的事務局特有の足枷がある。さらに、国連の人事政策にいたっては、国際性の尊重に始まる国際公務員制度特有の数々の重い制約がマネジメントに課せられている。したがって、国連行政の変遷の歴史は、やや独自の展開を遂げてきたという側面も否定できないが、それとても、各国からの管理型アカウンタビリティー向上の圧力から無縁だったわけではない。

第Ⅰ部は、4つの章からなる。第1章では、国連に関するアカウンタビリティーの概念を論じる上で前提となる、アカウンタビリティーの概念の一般的意味や基本的構造をまず明らかにしようとする。その上で、国連における管理型アカウンタビリティーの概念とは何を意味するのか、その基本的構造や国連における行為主体などを分析する。

第2章では、管理型アカウンタビリティーの様々なサブ概念の具体的内容を検討するとともに、管理型アカウンタビリティーのサブ概念の推移のモデルを探る。先行研究として、「アカウンタビリティーの梯子説」というスチュワート (J. D. Stewart) による公的セクターにおけるアカウンタビリティーの概念の推移に関する仮説や、モッシャー (Frederick Mosher) によるアメリカ連邦政府の外部行政監査にみるアカウンタビリティーの概念の推移のモデルを取り上げる[15]。そしてアメリカの連邦政府におけるアカウンタビリティーの概念の歴史的推移を探ることにより、管理型概念の推移に関するモデルを考察する。

第3章では、第2章で考察されたアカウンタビリティーの歴史的推移に関するモデルを念頭におきながら、国連における管理型アカウンタビリティーのサブ概念の歴史的推移を検証する。そのために、予算手法や人事管理手法などの国連の総括管理の手法がどのように変遷したのかという点に着目し、国連行政の歴史を4つの時期に分類することを提案する。そして、それぞれの時期の管理型アカウンタビリティーのサブ概念を探る。

第4章では、現代の国連の管理型アカウンタビリティーの概念に多大な

影響を与えていると思われる新公共経営論に焦点を当て、国連に導入された新公共経営論の特徴を浮き彫りにすることを試みる。新公共経営論と一口に言っても、各国への伝播の過程において様々なアプローチが生み出されてきた。人員削減などのコスト削減を主たる目標とするトップダウンのアプローチもあれば、現場へのさらなる権限委譲と自主性の尊重を狙ったボトムアップのアプローチもある。国連は新公共経営論のどのような特徴を取捨選択して取り入れていったのか、そしてその過程において、どのような予算制度改革、人事改革、行政裁判などの司法運営の改革が必要とされていったのかを検証する。

続く第Ⅱ部においては、国連の行政監査が機能するための制度的課題とは何かについて、事例研究を通じて探究する。第Ⅱ部は、3つの章からなっており、第5章から始まる。

第5章では、第6章以降で国連の行政監査機能の強化に向けて制度的に何がなされるべきかという問題を検討するための前提的考察として、行政監査の機能の制度的判断基準をまず模索する。そのためにイギリスの公的監査の制度を前提に、ナショナルレベルの行政監査機能の判断基準を提起した、ホワイト (Fidelma White) とホリングスワース (Kathryn Hollingsworth) による議論を取り上げる[16]。

第6章では、国連の行政統制機能のうち、その要となるべき行政監査の実際の活動を事例研究として取り上げる。具体的には、国連行政に対する国際社会の信頼を根本から覆すことになったイラクの国連石油食糧交換計画を題材に取り上げる。イラクの事例では、監査の独立性が様々な局面において侵害されていたのではないかということが主として問題となった。第6章では、前章で明らかにされる行政監査機能の制度的判断基準を適用することにより、国連の行政監査の機能強化のために、国連が何をなすべきかという問題を制度的に詳細に分析する。

第7章では、公的セクターにおいて管理型アカウンタビリティーと政治的アカウンタビリティーの双方を強化する上で、行政監査がどのような役割を果たしているかという問題に立ち戻り考察する。とりわけ政府が自らの行動

に関して、議会や民衆に対し政治的アカウンタビリティーを果たす際、独立した専門家による監査(報告)が民衆、すなわちオーディエンスに開示されるということが、大きな意義をもつことに着目する。オーディエンスは、ただ単なる監査報告書の読み手という受動的な存在であるだけでなく、監査の結果に基づき、政府に対し影響を及ぼすことのできるような能動的能力も保持していることが要求されている。国連という文脈において、オーディエンスの参加の拡大を促していくことは、国連行政の透明性の向上や国連自身の民主化の促進のために、非常に重要である。それゆえに、国連において加盟国や公衆などがオーディエンスとして監査報告書へのアクセスの権利をどの程度保持しているかという問題や、オーディエンスとしてその意思を反映させるメカニズムが存在しているかという問題など、オーディエンスを取り巻く諸問題が追求される。

　結論で示されるのは、本書全体の議論のまとめとともに、今後に残された課題である。本書は、国連行政とアカウンタビリティーの概念を考察するものであったが、結論では国連行政におけるアカウンタビリティーの質の向上のために鍵となるべき行政監査が抱えている問題を、監査の独立性の確保の問題や、オーディエンスの能力強化や参加の拡大の問題などに触れながら議論する。

注
1　本書において考察の対象とする国際連合とは、専門機関を含む広義の国際連合システム(United Nations system)ではなく、狭義の国際連合(United Nations Organization)とする。また、狭義の国際連合には、国連開発計画などの自立的補助機関も場合により含まれるが、本書における考察の対象は、主として国連本体の事務局とする。
2　「新公共経営論」(New Public Management)とは、1980年代の半ば以降、イギリスやアメリカなどの諸国を中心に行政実務の場を通じて形成されてきた理念である。同表現は、イギリス、ニュージーランドなどでよく用いられる表現であり、アメリカでは、単なる「パブリック・マネジメント」(Public Management)と呼ばれている。北欧やドイツなどの大陸諸国では、これと類似したものとして、「行政の現代化」(Public Modernization)という概念が用いられている。ただし、OECD、国際通貨基金、世界銀行（以下、世銀）などの国際機関においては、経営学的なアプローチを重視した公的部門改革を「新公共経営論」(New Public Management)と総称してい

る。本書では、結果志向の新行政手法一般(予算・人事を含む)を、「新公共経営論」(New Public Management)あるいは「結果志向型管理方式」(Results-based Management)と呼ぶこととする。ニュー・パブリック・マネジメントについては、次を参照されたい。大住荘四郎『ニュー・パブリック・マネジメント——理念・ビジョン・戦略』(日本評論社、1999年)、4頁。以下、大住(1999年)とする。

3 UN document, A/51/950, Secretary-General's Report, *Renewing the United Nations: A Programme for Reform,* 14 July 1997.
4 UN document, A/57/387, Secretary-General's Report, *Strengthening the United Nations: an agenda for further change,* 9 September 2002 and A/57/387 Corr.1, 16 October 2002.
5 石油食糧交換計画の概要に関しては、下記ウェブサイトの事実の概要(Fact Sheet)を参照。イラク・プログラム・オフィス、UN Office of the Iraq Program, *Oil for Food: About the Program: Fact Sheet* at www.un.org/Depts/oip/background/fact-sheet.html (accessed on 29 August 2011).
6 碓氷悟史『アカウンタビリティー入門——説明責任と説明能力』(中央経済社、2001年)、300-301頁。
7 Vincent M. O'Reilly, *Montgomery's Auditing,* 12th ed. (New York: John Wiley & Sons, 1998)=ビンセント・オーレイリー(中央監査法人訳)『モントゴメリーの監査論』第2版(中央経済社、1998年)、17頁。
8 碓氷(2001年)、前掲書、300-301頁。
9 古代アテネのアカウンタビリティーの形態については、次を参照。Patricia Day and Rudolf Klein, *Accountabilities: Five Public Services* (London and New York: Tavistock Publications, 1987), pp.6-7 and R. K. Sinclair, *Democracy and Participation in Athens* (Cambridge: Cambridge University Press, 1988), pp.49-76.
10 W. J. M. Mackenzie, "Foreword," in E.L. Normanton, *The Accountability and Audit of Government* (Manchester: Manchester University Press, 1966), p.vii.
11 監査の語源の説明については、次を参照。石田三郎編著『監査論の基礎知識』4訂版(東京経済情報出版、2003年)、4頁。
12 Ananias Charles Littleton, *Accounting Evolution to 1900* (N.Y.: American Institute Publishing, 1933), pp.259-270 = リトルトン(片野一郎訳)『リトルトン会計発達史』(同文舘出版、1952年)、371-385頁.
13 Aristotle, E.H. Warmington (ed.), *The Politics* (Cambridge, Mass.: Harvard University Press, 1972). 翻訳については、次の山本光雄の訳に依拠している。アリストテレス(山本光雄訳)『政治学』(岩波書店、1972年)、305頁。
14 「アカウンタビリティーの形態の変化は、パブリック・マネジメントの歴史そのものである」と、大住荘四郎も言う。次を参照。大住(1999年)、前掲書、94頁。
15 J.D. Stewart, "Chapter 2: The Role of Information in Public Accountability," in Anthony Hopwood and Cyril Tomkins (eds.), *Issues in Public Sector Accounting* (Oxford: Philip Allan Publishers, 1984), pp.16-18 and Frederick C. Mosher, *The GAO: The Quest for Accountability in American Government* (Boulder, Colo.: Westview Press, 1979), p.3.
16 Fidelma White and Kathryn Hollingsworth, *Audit, Accountability and Government* (Clarendon: Oxford University Press, 1999).

第Ⅰ部
国連の管理型アカウンタビリティーの概念分析

　アカウンタビリティーの概念の起源は、古代バビロニアや古代エジプトといった古代文明の中に由来していると言われている[1]。一説には、それは、原始会計の発生と密接な関係があり、紀元前4000年頃の古代バビロニアの税金徴収に由来するとも言われている[2]。その後、アカウンタビリティーの概念は、古代ギリシャや古代ローマを通じて現代にいたるまで、途切れることなく発展してきたのだという[3]。

　第Ⅰ部では、国連行政においてアカウンタビリティーの概念がどのように発展してきたのか、その歴史的変遷を明らかにしようとする。同時に、国連における行政管理手法の変容が、アカウンタビリティーの概念にどのような影響を与えてきたのかを分析する。そして現代の国連行政は、どのような変容を遂げることを求められているのかという問題に着目し探求する。

注

1 碓氷悟史『アカウンタビリティー入門——説明責任と説明能力』(中央経済社、2001年)、300-301頁。
2 Vincent M. O'Reilly, *Montgomery's Auditing*, 12th ed. (New York: John Wiley & Sons, 1998)＝ビンセント・オーレイリー(中央監査法人訳)『モントゴメリーの監査論』第2版(中央経済社、1998年)、17頁。
3 碓氷(2001年)、300-301頁。

※第Ⅰ部の研究成果の一部は、下記の拙稿等を通じ公表された。

蓮生郁代「国際連合とグローバル・ガバナンス——国際連合における管理型アカウンタビリティーの概念の推移」『一橋法学』第5巻第2号、2006年7月、595-639頁。
— Ikuyo Hasuo, "A Ladder of Accountability – Analysis of Sub-Concepts of Managerial Accountability in the United Nations," in Sumihiro Kuyama and Michael Ross Fowler (eds.), *Envisioning Reform: Enhancing UN Accountability in the Twenty-first Century* (Tokyo, New York, Paris: United Nations University Press, 2009), PP.174-190.

第1章　国連の管理型アカウンタビリティーの基本的構造

梗概

　アカウンタビリティーとは、現在、人間の社会的活動のあらゆる分野において広く用いられるようになった概念である。しかし、その概念の内容は、歴史的および思想的に一枚岩とは到底言いがたい。とくに現代においては、社会の複雑化を象徴するように、アカウンタビリティーの概念には様々な要素が絡まり、概念自体も一層多義化している状況である。したがって、誰が、誰に対して、どのような内容の責任あるいは義務を負っているのかという、一般的なアカウンタビリティーの概念の基本的意味や基本的構造がまず明らかにされる必要がある。

　現代のアカウンタビリティー論においては、アカウンタビリティーは、様々な局面から分類され、多種多様なサブ概念が提唱されているという現状に着目する。しかし、そのアカウンタビリティーの概念も歴史的な発祥の由来に目を向けてみれば、大別して2つの異なる起源に分類することが可能だと考えられる。一つが、紀元前4000年頃の古代バビロニアの税金徴収に由来すると言われる、原初的な財務的アカウンタビリティーである[1]。それが現代的に発展した形態が、管理型アカウンタビリティーの概念である。もう一つが、紀元前5世紀頃の古代アテネの直接民主制に由来すると言われる、最も原初的で直接的な政治的アカウンタビリティーである。そして、これら2つの概念の現代的形態が、グローバルに活動を展開する国連のような国際機構にそれぞれ適用可能なのか、ということを考察する。

　さらに、第I部全体を通して主たる考察の対象となる、国連の管理型アカウンタビリティーの概念を取り上げ、その基本的構造の解明を試みる。管理型アカウンタビリティーの概念の国連における行為主体を明らかにし、それぞれの行為主体がどのような権利義務関係を負っているのかを考察する。

1 アカウンタビリティーの意味

(1) アカウンタビリティーの定義と基本的要素

　アカウンタビリティーの概念は、哲学、法学、政治学、行政学、会計学、監査理論、教育学などをはじめとする多岐にわたる分野で、様々なアプローチを受けてきた。その意味するところも多様で、それを論じる分野により、その具体的内容にいたってはまるで違う解釈をされることもある。したがってここではアカウンタビリティーの概念を探るために、最も基本的かつ最大公約数的な理解を得られているアカウンタビリティーの概念の一般的な意味を、まず探求してみたい。

　欧米におけるアカウンタビリティーの代表的な辞書的な定義として、たとえば『オックスフォード英英辞典』(1970年) をみてみると、「アカウンタビリティーとは、アカウンタブル (説明的) であることの質、すなわち、義務あるいは行為の免責のために、説明を与え、かつ回答する責任」とされている。

　この定義からは、アカウンタビリティーとは、少なくとも2人以上の複数の行為主体間の関係であること、かつある行為主体から別の行為主体へ「何らかの裁量的な意思決定の委譲」が行われることの2つが基本的前提となっていることが窺える[2]。権限委譲のまったくない「完全な管理統制」の状態においては、アカウンタビリティーの関係自体がそもそも存在しない[3]。

　したがってアカウンタビリティーの概念とは、例えば2者間の関係を前提とするならば、次の2つの要素から成り立っていると考えられる。第1の要素は、「権限を委譲された行為主体(A)が、権限を委譲した行為主体(B)に、自分の行動に関して説明する」ということである。第2の要素は、「Aの説明に関して、Bが質問をした場合には、AはBに対して回答する責任がある」ということであり、アカウンタビリティーとはこれらの2つの要素から成り立っていると言える。これが、2者間の関係における最も単純かつ最大公約数的な一般的定義なのではないかと考えられる。

　次にアカウンタビリティーの概念の定義の中でも代表的といえる、イギリスのノルマントン (E. Leslie Normanton) による定義を取り上げてみる[4]。ノルマン

トンは、アカウンタビリティーとは、「自分は何をしたか、そして、自分がどのように財務的責任、あるいは政治的、憲法的、階層的、あるいは契約的な起源に基づくその他の責任を果たしたかを開示し、説明し、正当化する負担責任を指す」と定義した[5]。

ノルマントンの定義は、すべての責任を負担責任という概念で表していたのに対し、これらの責任のサブ概念を明確に区別しようとしたのが、同じくイギリスのホワイトとホリングスワースである[6]。両者によれば2者間のアカウンタビリティーの一般的関係とは、次の2つの基本的要素からなるとされていた[7]。すなわち、

① 行為者Aが、行為者Bに対して、自身の行為を開示し、説明し、正当化する、行為者Aの申し開きの義務
② 行為者Bが、行為者Aの行為を承認あるいは不承認するなどのBの2次的な行為に対する、Aの負担責任

ホワイトらは、権限を委譲された行為主体が権限を委譲した行為主体に対して負っている第1次系列①に属する申し開きの責任を義務と呼んだ[8]。そして、権限を委譲した者により、権限を委譲された者の行為が不承認された場合、権限を委譲された者が負うことになる、自らの行為に関する第2次系列②に属する責任概念を負担責任と呼び区別した。これにより責任のサブ概念の2層化を図り、両概念を明確に区別するにいたった。

ホワイトらが行った責任のサブ概念の2層化という功績は着目に値するが、さらに厳密に考察すれば、アカウンタビリティーの第1次系列の関係において権限を委譲された者が権限を委譲した者に対して負っている説明の責任は、義務(duty)ではなく責務責任(obligation)とすべきだったのではないかという疑問も生じてくる[9]。ロールズ(John Rawls)などは義務と責務責任の概念の差別化を図っていた論者の一人だが、以下、このロールズの見解を参照しながら検討を加えるとする。責務責任とは、義務と異なり、制度や社会的実践と必然的関連があり、制度的関係のある通常限定された個人に適用される概念であ

る。それに対し義務は、制度や社会的実践と必然的関連をもたず、制度的関係のない人に対しても課されうる。アカウンタビリティーのプロセスにおける説明の責任は、ある行為者から他の行為者への権限の委譲に伴う関係を前提として生じるため、原則的には義務ではなく、責務責任が該当すると考えられる[10]。これらのことにより、アカウンタビリティーの第1次系列の関係は、原則的に責務責任の概念にて捉えられるべきものだと推論される。したがって第1次系列の責任に義務の概念を適用したホワイトらの議論は、厳密には修正される必要があると考えられる。この修正を施した上で2者間のアカウンタビリティーの関係を図式化してみると、図1のようになる。

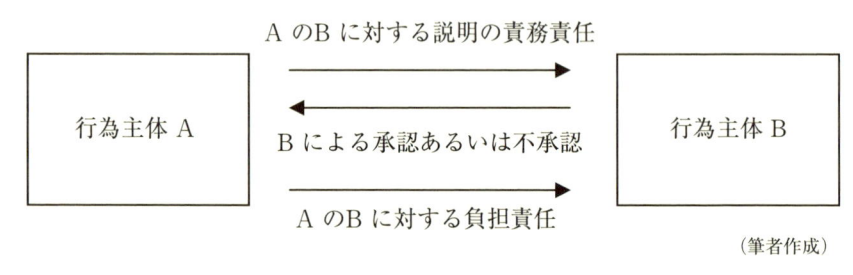

```
                A の B に対する説明の責務責任
            ────────────────────────────▶
 ┌─────────┐                                  ┌─────────┐
 │         │ ◀────────────────────────────   │         │
 │ 行為主体 A │   B による承認あるいは不承認    │ 行為主体 B │
 │         │                                  │         │
 │         │ ────────────────────────────▶   │         │
 └─────────┘    A の B に対する負担責任        └─────────┘
                                                      （筆者作成）
```

図1　2者間のアカウンタビリティーの基本的構造

（2）アカウンタビリティーの概念の2つの潮流

　アカウンタビリティーの概念には、責任概念同様に様々なサブ概念が存在する。その分類の仕方は様々であるが、歴史的視座から考察した場合、現代のアカウンタビリティーの概念の根底には、その発祥の由来に基づく、大別して2つの大きな思想的潮流があると考えられる。すなわち「管理型アカウンタビリティー」と「政治的アカウンタビリティー」である[11]。アカウンタビリティーの概念の起源を歴史的にさかのぼり検証したデイ(Patricia Day)とクライン(Rudolf Klein)による議論を参考にしながら、アカウンタビリティーの概念に流れる思想的潮流を検証する。

　デイとクラインは、その著書『アカウンタビリティー——5つの公共サービス』の中で、アカウンタビリティーの概念の起源は大別して次の2つのサブ概念に分類できるとした[12]。すなわち、財務的検証を目的とした原初的な「財

務的アカウンタビリティー」の概念と、それと歴史的にも論理的にもなんら関わりのない、民衆への応答責任に関する「政治的アカウンタビリティー」の概念である。

　前者の原初的な財務的アカウンタビリティーの概念とは、資金が適切に入金されているかどうか、支出された資金が適切に使われているかどうかをチェックするために財務勘定を検証することを指していた[13]。その起源は、紀元前4000年頃の古代バビロニアの税金徴収に由来すると言われている[14]。同概念は、その後「管理型アカウンタビリティー」の概念へと変容していった。「管理型アカウンタビリティー」とは、デイとクラインによれば、「権限を委譲された者に、合意された業績基準に従い、合意された業務を遂行することに関し回答させること」と定義された[15]。管理型アカウンタビリティーの概念は、技術的かつ政治的に中立な概念であるとともに、様々な次元のサブ概念の位相を呈しているという特徴がある[16]。

　一方、後者の「政治的アカウンタビリティー」とは、民衆への応答責任に関するもので、その起源は、紀元前5世紀頃の直接民主制下における古代アテネの最も原初的で、直接的かつ対面的な政治形態に見出せると考えられる[17]。政治的アカウンタビリティーとは、デイとクラインによれば、「権限を委譲された者が、単純な社会において直接的に、あるいは複雑な社会において間接的に、国民に対し自らの行動に関し回答すること」と定義された[18]。デイとクラインによる政治的アカウンタビリティーの定義には、その根底に、原始的な直接民主主義または現代的な代議制民主主義の理念があるのが窺える。

　このように国内モデルのアカウンタビリティーの概念には、発祥の由来から区別できる2つの潮流があることが考察されたが、グローバルレベルにおいても同様のことは言えるのだろうか。とりわけ政治的アカウンタビリティーの概念は、選挙民や選挙区などを前提とする概念であるがゆえに、国内と異なり明確な領域の概念の存在しない、国連や世銀などの普遍的国際機構のアカウンタビリティーを問題とした場合、果たして適用可能なのだろうか。以下、グローバルレベルの普遍的国際機構のアカウンタビリティーの概念にも、政治的概念と管理型概念という分類が適用されうるかを考察する。

まず、管理型アカウンタビリティーの概念を取り上げる。同概念はある組織の内部管理に関する概念である。すなわち非領域性の概念であることから、国連などの普遍的国際機構への適用にもさしたる問題を生じない。したがってグローバルレベルの国際機構の管理型概念の基本構造とは、行政的権限を委譲された者(行為主体A)は、行政的権限を委譲した者(行為主体B)に対し、委譲された責任に関し説明の責務責任を負っているということであると類推できる。そして、BはAに対しAの説明を承認あるいは不承認することができ、AはBに対して自身の行為に関する負担責任を負うという構造になっているということが推測可能である。

次に、政治的アカウンタビリティーの概念のグローバルレベルの適用可能性を検討する。国内モデルの政治的アカウンタビリティーの基本的構造とは、代議制民主主義下においては権限を委譲する者である「選挙民」と、権限を委譲される者である「議員(あるいは議会)」、そして権限を行使する「公職者」という三者の関係からなっていると考えられた[19]。選挙民は、選挙時には選挙という手段を通じて直接に承認・不承認の意思表示を示すことができ、選挙と選挙の間の通常時においては、議会が選挙民の権益を代表して政策決定にあたり、公職者に対してアカウンタビリティーを求めるとされた。ところがグローバルレベルの普遍的国際機構においては明確な領域線が存在しないことから、まずは国内モデルでいうところの「選挙民」に該当するのは誰かということ自体が大きな論点となってくる。

まず、憲章などの設立文書により、明示的に制度化されているアカウンタビリティーの構造から考察したい。例えば国連憲章を例にとってみれば、国連は政府間国際機構として政府間の合意によって創設され成立している。したがって制度化されたアカウンタビリティーの構造では、選挙民に該当するのは第一義的には「加盟国政府」ということになろう。その場合国内でいう議会(意思決定機関)に該当するのは、加盟国の集まりであるところの「総会や安全保障理事会などの国連の意思決定機関」であり、国内でいう公職者に該当するのは、国連事務総長および事務局幹部となろう。これらは、設立文書などによる明示的な権限委譲の規定が前提となっている関係であることから、「委

譲型モデル」とも呼ばれている[20]。

　しかし、上記のようなアカウンタビリティーの構造の捉え方には、数々の問題点が指摘されてきた。真っ先に挙げられるのは、国際機構のアカウンタビリティーの行為主体をそのように閉鎖的に捉えることの是非に関するものである。すなわち国際機構は自らの設立者、あるいは出資者などである加盟国に対して説明責任を果たせばそれでよいのか、という権力の由来自体に関わる根源的な問いかけである。

　反グローバリズムを標榜するNGO活動の隆盛にもみられるように、現在の国際世論の趨勢は、上記の問いに対し否と唱える傾向にある。例えば世銀は、NGOや世論の圧力を受けた結果、ダム建設の開発被害を被った住民に対しインスペクション・パネルを通じて訴えを認めるメカニズムを創設した[21]。これは、たとえ設立文書や憲章に規定がなくとも、行政によって「影響を被る者」に対してアカウンタビリティーを要求することのできる行為主体たる資格を認めるにいたった例であると言えよう[22]。このように行政により損害などの実質上の影響を被る者に、アカウンタビリティー要求プロセスへの参加を認めるような上記のような考え方を、コヘイン（Robert O. Keohane）他は「参加型モデル」と呼称している[23]。参加型モデルは、委譲型モデルとの比較において、より市民社会志向が強くボトムアップの傾向が強いという特徴が一般に見受けられる。

2　国連の管理型アカウンタビリティーの行為主体の検討

　前節での考察により、グローバルレベルのアカウンタビリティーにも、国内モデル同様に、管理型概念と政治的概念の2つが成り立ちうることが確認された。本節においては、第I部全体を通して主たる考察の対象となる、国連の管理型概念を取り上げ、その基本的構造の解明を試みる。また、管理型概念の国連における行為主体を明らかにし、それぞれの行為主体がどのような権利義務関係を負っているのかについても解明する。

(1) 政府における管理型アカウンタビリティーの行為主体

　管理型アカウンタビリティーは、古代文明に端を発する財務的アカウンタビリティーが現代的に発展を遂げた形態である。管理型アカウンタビリティーの概念とは、ある組織の内部管理に関する概念で、公的セクターあるいは民間セクターを問わず広く一般のあらゆる組織に適用されうる。

　グローバルレベルの管理型アカウンタビリティーの行為主体を検討するための前提として、まずは国内モデルの中央政府を例にとり、中央政府における管理型アカウンタビリティーの概念とは、どのような行為主体間のどのような権利義務関係を指すのか探ってみよう。まず問題となるのは、行為主体である政府の概念の把握である。ホワイトとホリングスワースは、権限を委譲する行為主体である「狭義に定義された政府」と、権限を委譲される行為主体である「広義に定義された政府」という2つの概念に、政府を分類することができるとした[24]。各国の統治構造により当然状況は異なるだろうが、一般的には「狭義の政府」とは、「選挙によって選任された政治家、一般的には、首相や内閣などの大臣のみを指す」とされた。一方「広義の政府」とは、「政府やその下部組織などの公的組織全体及びそれを構成する構成員である公務員全体を指す」とされた。

　すでに明らかにされた2者間のアカウンタビリティーの一般的関係に基づき、政府における管理型アカウンタビリティーの概念の一般的関係を再構成してみると、どのようになるのか。2者間のアカウンタビリティーの一般的関係は、2つの基本的要素からなるとされたが、政府における管理型アカウンタビリティーの概念も、同様に2つの基本的要素から成り立つことが類推される。第1の要素とは、「広義の政府」である行為主体Aは、委譲された権限に基づいてとられた行為に関して「狭義の政府」である行為主体Bに対して、申し開きをする第1次系列の責務責任を負っているということであると考えられる。次に第2の要素とは、「広義の政府」Aの行為が「狭義の政府」Bにより承認あるいは不承認とされた際には、AはBに対して第2次系列の責任たる負担責任を負っていると考えられる。これらの関係を図で表してみると、図2のようになろう。

第1章　国連の管理型アカウンタビリティーの基本的構造　23

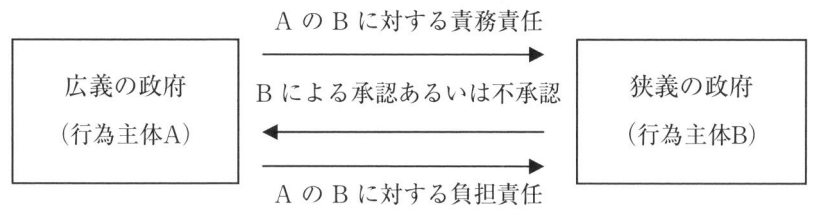

```
┌─────────────┐   AのBに対する責務責任   ┌─────────────┐
│  広義の政府  │ ──────────────────────→ │  狭義の政府  │
│ (行為主体A) │   Bによる承認あるいは不承認 │ (行為主体B) │
│             │ ←────────────────────── │             │
│             │   AのBに対する負担責任   │             │
└─────────────┘ ──────────────────────→ └─────────────┘
```

(筆者作成)

図2　政府における管理型アカウンタビリティーの基本的構造

（2）国連における管理型アカウンタビリティーの行為主体

　これまでの考察により、国内モデルにおける政府の管理型アカウンタビリティーの基本的構造が明らかになった。それを念頭に置きながら、国連における管理型アカウンタビリティーの概念の基本的構造を探る。国連における管理型アカウンタビリティーの概念も、原則として国内モデル同様に、権限を委譲する「狭義の政府」と、権限を委譲される「広義の政府」の関係において捉えることが可能であろう。したがって国連の管理型概念の行為主体である「狭義の政府」及び「広義の政府」に該当するのは、具体的にどのような機関あるいは役職なのかをまず検討する必要がある。

　最初に、国連における「狭義の政府」に該当する行為主体とは何かを探る。ホワイト及びホリングスワースによれば、中央政府をモデルとしたアカウンタビリティーの概念において「狭義の政府」の概念に該当するのは、選挙によって選任された政治家であり、首相あるいは内閣などの大臣のみを一般的には指すとされていた。その類推に基づけば、国連において「狭義の政府」の概念に該当するのは、国連総会の選挙によって選任される国連事務総長、あるいは、もう少し広義に捉えて同国連事務総長により任命される上級幹部職員だと類推される。

　国連の顔でもある国連事務総長とは、国連の統治機関によりどのような権限を委譲されており、またどのような任務を負わされているのか概観してみる。国連憲章によれば、国連事務総長は「この機構の行政職員の長」であり、安保理の勧告に基づいて、総会によって任命される（国連憲章97条）。ただし

国連の事務総長は、国際連盟の事務総長の任務よりはるかに広範かつ重要な任務を有しており、「国連の行政職員の長」であって単なる「事務局の行政の長」にとどまらないことに注意する必要がある[25]。すなわち、国連事務総長は行政的権限のほか、それを超えた権限を行使すること、例えば政治的仲介の役を果たしたりすることがある[26]。

さらに、幹部職員とは何を指すのかという問題を取り上げると、国連事務局において国家の中央政府における「内閣」に相当するのは、国連副事務総長（注：常設のポストではない）、国連事務次長や国連事務次長補などの国連事務総長により任命された上級幹部職員だと考えられる。上級幹部職員の任命に関しても、通常の職員に関する規定同様に国連憲章101条1項に従わなければならず、総会が職員の任命のための規則を設けるとされており、それに従い国連事務総長が職員を任命するとされる。ただし現実には、通常の職員の任命と異なり、上級幹部職員の任命には、能力だけでなく母国政府や当該ポストに関わる利害関係諸国などの後押しが必要とされる傾向がある[27]。

次に、国連において「広義の政府」に該当する概念とは何なのかという問題を取り上げ検討する。ホワイトとホリングスワースによれば、国家の中央政府の管理型アカウンタビリティーの概念において「広義の政府」の概念に該当するのは、「政府やその下部組織などの公的組織全体およびそれを構成する公務員全体」であると定義されていた。その類推から、国連において「広義の政府」に該当する概念とは、「国連事務局や、その下部組織などの国連事務局周辺組織全体、およびそれを構成する構成員である国連職員やその他の職員全体」だと考えられる。以下、国連事務局、その下部組織などの国連事務局周辺組織全体、それを構成する構成員である国連職員やその他の職員全体のそれぞれが何を意味するのかについて考察する。

まず、国連事務局を取り上げ検討したい。国連事務局は、国連憲章7条により、国連の主要機関の一つとして位置づけられている。これは、国際連盟事務局が、国際連盟規約2条により、連盟総会や連盟理事会との関係において「附属の」連盟事務局、すなわち補助的機関として位置づけられていたことと対照的である[28]。同97条により、「事務局は、一人の事務総長及びこの機

構が必要とする職員からなる」とされ、国連事務総長も、国連事務局という機構の一部であることが明らかにされている。ただし、前述したように、国連事務総長には単なる国連事務局の行政の長という役割を超えた政治的その他の役割も期待されている。憲章起草の際の準備委員会では、総会、安全保障理事会、経済社会理事会、信託統治理事会という4つの主要機関の各々に事務局を設ける構想が示されたが、その場合には自律的事務局の並存により、相互の重複や対立などが起きる危険があることから、機能的観点から組織された集権的事務局という制度が採用されるに至ったのだという[29]。

さらに、国連事務局の下部組織などの国連事務局周辺組織全体とは、何を意味するのかを検討する。これについては、国連事務局の概念をさらに拡大して捉えれば、国連事務局からの政治的独立性の高い様々な委員会や理事会なども含まれる場合があると考えられる。これらの政治的独立性が高い機関は、実は政治的な意思決定のみを行う機関ではなく、権限の委譲に基づき規則や法などに従いながら行政的プロセスなども行っているからである。例えば石油食糧交換計画において、イラクに対する制裁の監視という極めて政治的な任務を負っていた制裁委員会は、同時に石油契約や人道的契約の審査業務のような行政的任務も負っていたことが挙げられる[30]。

最後に、国連事務局やその周辺組織全体を構成する国連職員、およびその他の職員全体とは何かという問題を取り上げ検討する。国連事務局の職員は、国連憲章101条1項により、総会が設ける規則に従って国連事務総長が任命するとされる。ただし総会は、職員の雇用条件を全く自由に決定しうるわけではなく、「最高水準の能率、能力及び誠実を確保すること」(同101条3項)、及び「なるべく広い地理的基礎に基いて採用すること」(同条同項)に妥当な考慮を払わなければならないとされている。さらに、同8条により、国連は「その主要機関及び補助機関に男女がいかなる地位にも平等の条件で参加する資格があることについて、いかなる制限も設けてはならない」とされている。この8条の規定は、当然国連事務局職員の任用その他にも適用されると考えられる[31]。これら3つの憲章上の規定のうち、第1の能力主義と第3の男女平等原則は、例外はあるだろうが、国内の公務員にも一般的に適用される原則

である。しかし第2の「衡平な地理的配分の原則」は、国際公務員制度に特有のものである[32]。

さらに国際公務員制度に特有なものとして、国際連盟時代に確立されるに至った国際性の原則(あるいは、国際的独立性の原則とも呼ばれる)がある[33]。これは、1920年イギリス代表のバルフォア(A. J. Balfour)が、理事会に提出した報告書に盛り込んだ勧告に由来する。その意味するところは、国際連盟の職員は国家的義務ではなく国際的義務を遂行すること、すなわち、国際連盟の利益のみを考慮し、外部からの指示を受けないということであった[34]。しかしその後、第2次世界大戦へと向かう流れの中で、イタリアやドイツなどの全体主義政権が自国籍職員を事実上の支配下に置くということが顕著になっていき、国際公務員の国際的独立性は徐々に侵食されていった[35]。

この教訓を受けて設立された国連は、国連憲章の中で、国際性の原則を明示的に確認するに至った。まず国連事務総長および職員に対しては、国連憲章100条1項により、「事務総長及び職員は、その任務の遂行に当って、いかなる政府からも又はこの機構外のいかなる他の当局からも指示を求め、又は受けてはならない。事務総長及び職員は、この機構に対してのみ責任を負う国際的職員としての地位を損じる虞のあるいかなる行動も慎まなければならない」ことを求めた。一方、国連加盟国に対しては、同100条2項により、「各国連加盟国は、事務総長及び職員の責任のもっぱら国際的な性質を尊重すること並びにこれらの者が責任を果すに当ってこれらの者を左右しようとしないことを約束する」ことを求めた。

(3) 国連における権限委譲の多次元的展開

本節の国連の管理型概念の行為主体の検討においては、国連における「狭義の政府」と「広義の政府」に該当するそれぞれの行為主体間の関係を取り上げた[36]。ただし国連に限らずある組織内部の権限委譲の関係というものは、多次元的かつ複層的な構造をなしているのがより一般的であることを忘れてはならない。したがって国連における管理型概念の関係とは実は単一の関係ではなく、現実には多様な権限委譲の関係がほぼ無限に多次元的に展開されて

いることに留意する必要がある。例えば国連事務局においては、国連事務総長から国連副事務総長あるいは国連事務次長あるいは国連事務次長補への第一次的な行政的権限の委譲の関係がある。これらの国連副事務総長、国連事務次長、国連事務次長補は、自身の配下にある局長や部長などへさらに第2次的な行政的権限の委譲を行う。これらの部長や局長は、さらに課長や室長などに第3次的な行政的権限の委譲を行う。このように国連事務局のヒエラルキーという文脈の中で行われる「垂直的」な権限委譲の関係は、多次元レベルにおいて展開されている[37]。

このような垂直的な関係が観察される一方で、安保理、国連総会（およびその補助機関）などの国連の統治機関も、国連事務局内のある特定の部局やオフィスなどに直接的にある一定の行政的権限を委譲している場合が並行して存在しうることも忘れてはならない[38]。これらの統治機関は、国連事務総長をトップとする国連事務局の垂直的なヒエラルキーには属していないことから、その権限委譲の関係は「水平的」と表現されるべきだろう[39]。

3　小　括

本章では、現代では多義化したアカウンタビリティーの概念の一般的意味を検証した後、それが国連という文脈においてもっている意味について考察した。アカウンタビリティーの関係が成立するためには、少なくとも2人以上の複数の行為主体間の関係であること、及びなんらかの裁量的意思決定の権限委譲が行われることの2つが基本的前提となっていることが確認された。さらに、例えば最も単純な2者間の関係におけるアカウンタビリティーの概念とは、「権限を委譲した行為主体に対し、権限を委譲された行為主体が自身の行為を開示し説明し正当化する申し開きの義務」と、「権限を委譲した行為主体が、その行為を承認あるいは不承認した際の負担責任」の2つの基本的要素から成り立っていることが明らかになった。

そして、アカウンタビリティーの歴史を紐解けば、その発祥の由来に基づく2つの大きな潮流が存在することが示唆された。すなわち、管理型アカウ

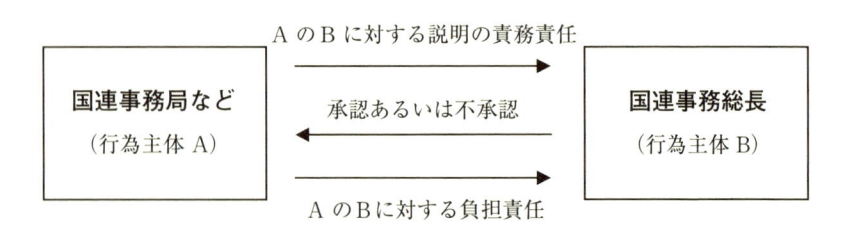

```
      AのBに対する説明の責務責任
┌─────────────┐  ──────────────→  ┌─────────────┐
│ 国連事務局など│                    │  国連事務総長 │
│  (行為主体A) │  ←──────────────  │  (行為主体B) │
│             │   承認あるいは不承認 │             │
└─────────────┘  ──────────────→  └─────────────┘
      AのBに対する負担責任
```

図3　国連における管理型アカウンタビリティーの基本的構造

ンタビリティーと政治的アカウンタビリティーである。管理型アカウンタビリティーの概念は、ある組織の内部管理に関する概念であるため、国連をはじめとする非領域性の普遍的国際機構への適用にもさしたる大きな障害は認められなかった。一方、政治的概念に関しては、本来、選挙民や選挙区を前提とする概念であるため、グローバルレベルへの適用に関し一定の配慮が必要なことが指摘された。

　ただし、国連における管理型アカウンタビリティーの関係と言っても、権限委譲の関係は単一ではなく複数の関係が多次元的に展開されていることが指摘された。そのような中、本章ではホワイトとホリングスワースの管理型アカウンタビリティーの概念の定義に倣い、「狭義の政府」から「広義の政府」への行政的な権限の委譲という代表的な関係に着目し、国連においてそれらの行為主体に該当する概念を探った。これらの考察を基に、国連における管理型アカウンタビリティーの基本的構造をまとめると次のようになろう。国連における管理型アカウンタビリティーの代表的関係は、「狭義の政府」に該当する国連事務総長(行為主体B)が、「広義の政府」に該当する国連事務局など(行為主体A)に権限を委譲するという関係から成り立っている[40]。そして、国連事務局など(A)が国連事務総長(B)に対し、自身の行為を開示し説明し、正当化する申し開きの責務責任を負っていることを基本としていると考えられる。そして、BはAの説明を承認あるいは不承認することができ、AはBに対して自身の行為に関する負担責任を負うという構造になっていると考えられる。したがって、国連における管理型アカウンタビリティーの関係の中で、

その最も代表的な権限委譲の関係を取り上げ、その基本的構造をなるべく簡略に図式化してみれば、図3のようになると考えられる。

注
1　古代アテネのアカウンタビリティーの形態については、次を参照。Patricia Day and Rudolf Klein, *Accountabilities: Five Public Services* (London and New York: Tavistock Publications, 1987), pp.6-7 and R. K. Sinclair, *Democracy and Participation in Athens* (Cambridge: Cambridge University Press, 1988), pp.49-76.
2　Fidelma White and Kathryn Hollingsworth, *Audit, Accountability and Government* (Clarendon: Oxford University Press, 1999), pp.7-8.
3　*Ibid.*, p.8.
4　E. Leslie Normanton, "Chapter 14：Public Accountability and Audit: A Reconnaissance," in Bruce L. R. Smith and D.C. Hague (eds.), *The Dilemma of Accountability in Modern Government: Independence versus Control* (London: Macmillan, 1971). ノルマントンの定義によって捉えられたアカウンタビリティーの概念は、アカウンタビリティーの関係がまだ成熟していない発展途上の関係をも包含したものではないことに留意する必要がある。アカウンタビリティーを要求する側の権利に注目し、制度化途上のアカウンタビリティーの関係を考察した論考としては、次を参照。Robert O. Keohane, "Global Governance and Democratic Accountability," in David Held and Mathias Koenig-Archibugi (eds.), *Taming Globalization: Frontiers of Governance* (Cambridge, UK: Polity Press, 2003), pp.130-159. なお制度化途上のアカウンタビリティーの概念に着目しその意義を探った論考として、次の拙稿を参照。蓮生郁代「アカウンタビリティーと責任の概念の関係――責任概念の生成工場としてのアカウンタビリティーの概念」『国際公共政策研究』第15巻第2号、2011年3月、1-17頁。
5　Normanton, *op.cit.*, pp.311-345. ノルマントンの定義は次の通り。"Accountability means a liability to reveal, to explain and to justify what one does; how one discharges responsibilities, financial or other, whose several origins may be political, constitutional, hierarchical or contractual."
6　ホワイトとホリングスワースは、公的セクターにおける監査の統治構造の中で果たす役割を、イギリスの中央政府の監査(北アイルランドを除く)を例にとり探究した。次の著書を参照。White and Hollingsworth, *op.cit.*
7　*Ibid.*, p.6.
8　ホワイトらの定義に用いられた duty、liability、power などの概念は、ホーフェルド(W.N. Hohfeld)の定義に基づいていた。次を参照。W.N. Hohfeld in W. Cook (ed.), *Fundamental Legal Conceptions Applied in Judicial Reasoning and Other Essays* (New Haven: Yale University Press, 1964).
9　ただし duty と obligation の概念は、法哲学的には相互互換性があると考えることも可能である。一方、本書のように obligation と(natural) duty を明確に区別する立場に立つ論者としては、ジョン・ロールズが挙げられる。John Rawls, *A Theory of Justice* (Cambridge, Mass.: Harvard University Press, 1971), pp.108-117.

10 アカウンタビリティーの概念の定義では、なぜ義務ではなく、責務責任の概念が該当するかについて、ハート(H. L. A. Hart)やケルゼン(Hans Kelsen)などの提示した法哲学上の責任のサブ概念の文脈から探った論考として、次の拙稿を参照。蓮生郁代「アカウンタビリティーの意味──アカウンタビリティーの概念の基本構造」『国際公共政策研究』第14巻第2号、2010年3月、1-15頁。
11 N. Johnson, "Defining Accountability," *Public Administration Bulletin*, Vol.17, December 1974, pp.3-13.
12 Day and Klein, *op.cit.*
13 財務的アカウンタビリティーの定義については、次を参照。碓氷聡史『監査理論研究──監視・監督・監査の統合理論』(同文舘出版、1992年)、12-13頁。
14 Vincent M. O'Reilly, *Montgomery's Auditing*, 12th ed. (New York: John Wiley & Sons, 1998)=ビンセント・オーレイリー(中央監査法人訳)『モントゴメリーの監査論』第2版(中央経済社、1998年)、17頁。
15 Day and Klein, *op.cit.*, p.27.
16 David Z. Robinson, "Government Contracting for Academic Research: Accountability in the American Experience," in B.L.R. Smith and D.C. Hague (eds.), *The Dilemma of Accountability in Modern Government* (London: Macmillan, 1971).
17 Day and Klein, *op.cit.*, pp.6-7 and Sinclair, *op.cit.*, pp.49-76.
18 Day and Klein, *op.cit.*, p.26.
19 White and Hollingsworth, *op.cit.*, p.4 and p.7.
20 Ruth W. Grant and Robert O. Keohane, "Accountability and Abuses of Power in World Politics," *American Political Science Review*, Vol.99, No.1, Feb 2005, p.31.
21 Dana Clark, Jonathan Fox and Kay Treakle (eds.), *Demanding Accountability: Civil-Society Claims and the World Bank Inspection Panel* (Oxford: Rowman and Littlefield Publishers, 2003).
22 Keohane(2003), *op.cit.*, p.141. コヘインによる英語の定義は次の通り。"people outside the acting entity, whose lives are affected by it."
23 Grant and Keohane, *op.cit.*, p.31.
24 「政府」(government)という用語には、様々な意味があり定義がありうる。ここでは、ホワイトらの「広義の政府」および「狭義の政府」に関するそれぞれの定義を引用している。次を参照。White and Hollingsworth, *op.cit.*, p.4. また次の論文も参考になる。I. Harden, "Regulating Government," *Political Quarterly*, vol. 66, 1995, p.299.
25 各事務総長の果たした多様な役割を概観した書物として次が参考になる。Thant Myint-U and Amy Scott, *The UN Secretariat: A Brief History* (1945-2006) (New York: International Peace Academy, 2007)及び藤田久一『国連法』(東京大学出版会、1998年)、124-125頁。
26 Simon Chesterman (ed.), *Secretary or General?: The UN Secretary-General in World Politics* (Cambridge, U.K.: Cambridge University Press, 2007).
27 佐藤哲夫『国際組織法』(有斐閣、2005年)、222頁。
28 藤田、前掲書、124頁。
29 藤田、前掲書、124頁。

30 イラクに対する制裁委員会のマンデートなど詳細については、第Ⅱ部第6章のイラクの石油食糧交換計画に関する事例研究の項を参照。

31 藤田、前掲書、126-127頁。

32 Henry G. Schermers and Niels M. Blokker (eds.), *International Institutional Law* (Boston and Leiden: Martinus Nijhoff Publishers, 2003), pp.349-353.

33 *Ibid.*, pp.366-369.

34 黒神直純『国際公務員法の研究』(信山社、2006年)、16-17頁。

35 佐藤、前掲書、228頁。

36 ある組織の内部管理のあり方とは、公的セクターであれ、営利セクターであれ、多元的かつ複層的な様相を呈するのが通常である。ここでは、あくまで議論の簡略化のために代表的な例として、「狭義の政府」から「広義の政府」への権限の委譲のケースのみを取り上げているにすぎなく、実際には一つの組織の中でも管理型アカウンタビリティーの関係は幾重にも存在していることに留意する必要がある。

37 アカウンタビリティーの概念において「垂直的」(vertical)とは、通常、ヒエラルキーの中の上位へのアカウンタビリティーを意味する。次を参照。A.C. Davies, *Accountability: A Public Law Analysis of Government by Contract* (Oxford, U.K.: Oxford University Press, 2001), p.26.

38 一例を挙げれば、イラクの石油食糧交換計画においても、安保理の補助機関である制裁委員会(Sanction Committee)が、直接イラク・プログラム・オフィスに権限を委譲していた。これについては、第Ⅱ部の事例研究の項を参照。

39 アカウンタビリティーの概念において「水平的」(horizontal)とは、通常同等の地位にある権威者へのアカウンタビリティーを意味する。次を参照。Davies, *op.cit.*, p.26.

40 本書においては、「狭義の政府」の概念として主として国連事務総長のみを取り上げ議論するが、これはあくまでも議論の簡略化のためにそうしているにすぎない。厳密には「狭義の政府」の概念には、すでに検討したように議会に対して第1次的な政治的な説明責任を負っている国連事務総長だけでなく、国連事務局の幹部管理職なども包含していると考えられる。

第 2 章　管理型アカウンタビリティーの概念の推移のモデル

梗概

　アカウンタビリティーの概念の最も原初的な形態は、財務的アカウンタビリティーの概念であったと言われている。原始会計の起源は、紀元前 4000 年頃の古代バビロニアの税金徴収に由来するとされる。これは、歴史家が考える記録の保存が生まれた時期と一致しており、古代の統治機関は始めから、税の歳入、歳出に関わる会計記録と税の徴収に関与していたのだという。このようにアカウンタビリティーの起源は、原始会計の発生と密接な関係があり、古代バビロニアや古代エジプトなどの古代文明に由来していると言われる。そしてこの財務的アカウンタビリティーは、古代ローマや古代ギリシャを通じて、現代にいたるまで途切れることなく発展してきたのだという。ウルフ (Arthur H. Woolf) は、「会計の歴史は、おおよそ文明の歴史である」と表現しているが、それは同時に、「文明の歴史は、財務的アカウンタビリティーの歴史である」ということもできよう[1]。

　そして、この財務的アカウンタビリティーの現代的形態が、管理型アカウンタビリティーと呼ばれる概念である。現在では、管理型アカウンタビリティーには、様々なサブ概念が存在している。それらは、ある組織の内部管理を行う際に、どのような手続きや規則などが尊重されているのか、あるいはどのような成果物や目標などが重視されているのかなどというような観点から、それぞれ分類されてきた。これらのサブ概念の相互の関係性をどのように捉えるのかというのは、重要な問題である。

　本章は、3 章以降で国連の管理型アカウンタビリティーのサブ概念の推移を解明していく際に、視座となるような有効な分析枠組みを探ることを目的とする。そのために先行研究として、スチュワートによる公的セクターのアカウンタビリティーの推移に関するアカウンビリティーの梯子説や、モッシャーによるアメリカ連邦政府における、外部行政監査のアカウンタビリティーのサブ概念の推移のモデルなどを取り上げる。そして、これらの先行研究の結果を念頭に置きながら、国連を含む国際機構の行政管理手法に多大な影響を与えてきたアメリカ連邦政府の行政管理手法を取り上げ、そのアカウンタビリティーのサブ概念の歴史的推移を考察する。

1 スチュワートの「アカウンタビリティーの梯子説」とモッシャーの考察

(1) 管理型アカウンタビリティーの代表的なサブ概念

　管理型アカウンタビリティーの概念とは、公的セクターあるいは民間セクターであるかにかかわらず、ある組織の内部管理に関する概念であるから、その切り口いかんにより従来様々なサブ概念が唱えられてきた。第1章においても言及したように、管理型アカウンタビリティーの概念については、その原初的な形態を紀元前4000年頃の古代バビロニアの「財務的アカウンタビリティー」の中に見出すことができたとされる。その後、管理型アカウンタビリティーの概念は、様々な方向に発展してゆき、現在では、数多くの次元において論じられるようになった。

　例えば1971年、ロビンソン(David Z. Robinson)は、アカウンタビリティーの概念を大別して次の3つのサブ概念に分類できるとした[2]。それによれば第1のサブ概念が、公金支出の合規性を問題にする「財務的アカウンタビリティー」だった。第2のサブ概念が、行政活動が遂行される際に従うべき手続、手順、マニュアルへの適合性を問う「プロセス・アカウンタビリティー」だった。第3のサブ概念が、政府による行政活動は期待した通りの結果を生み出したのかを問う「プログラム・アカウンタビリティー」だった。

　さらに1987年には、第1章で引用したデイとクラインも、上記のロビンソン同様に、管理型アカウンタビリティーの概念を次の3つのサブ概念に分類していた。すなわち「財務的アカウンタビリティー」「プロセス・アカウンタビリティー」及び「プログラム・アカウンタビリティー」だった[3]。

　このように1990年以前には、管理型アカウンタビリティーのサブ概念を財務的、プロセス、プログラムの3つのサブ概念に分類する方法が多く見受けられた。しかし本書においては、1990年代以降先進国を一世風靡した新公共経営論の導入に伴う管理型概念の変容という新たな要素を考慮に入れた上で、公的セクターにおける管理型概念を次の4つのサブ概念に分類する方法を提案したいと思う。

　第1のサブ概念が、業務一般が法規や規則を適正に遵守して行われている

かどうかを判断基準とする「合規性のアカウンタビリティー」である[4]。同概念には、管理型概念の発祥ともなった「財務的アカウンタビリティー」の概念も含まれると考えられる。

　第2のサブ概念が「プロセス・アカウンタビリティー」で、活動を実施する際に従う行政運営手続きの適切さを重視するアカウンタビリティーである[5]。

　第3のサブ概念が「パフォーマンス・アカウンタビリティー」で、業務の遂行が経済的または効率的に運営されているかどうかを判断基準とする[6]。また現代的な意味においては、業績達成に対する責任を含むと考えられる。

　第4のサブ概念が「プログラム・アカウンタビリティー」で、政策目標を達成する手段であるプログラムが、プログラム作成時に狙った効果を挙げているかどうかを内部的に事後的にチェックすることを通して、行政機関が自らを評価しようとしたものである[7]。この場合、評価の顧客は、上級管理者と現場の管理者の2種類が想定されている[8]。したがって、本書の意図するところのプログラム・アカウンタビリティーの概念は、内部管理的な概念であり管理型アカウンタビリティーのカテゴリーに属すると考えられる。

　ただし、プログラム・アカウンタビリティーと言った場合、国民または議員による政府に対する外部的統制に関係した概念であると定義する論者も存在することに留意しておく必要はある。その場合には、プログラム・アカウンタビリティーは管理型アカウンタビリティーのカテゴリーには属さず、むしろ政治的アカウンタビリティーのサブ概念に属すると捉えるべきであろう。

（2）スチュワートの「アカウンタビリティーの梯子説」

　これらの公的セクターにおけるアカウンタビリティーのサブ概念の相互の関係をどう捉えるのかということについて先行研究の結果をみてみると、例えば1984年にスチュワートは「アカウンタビリティーの梯子説」というモデルを唱えており、注目に値しよう[9]。スチュワートは公的セクターにおけるアカウンタビリティーの概念は、5つの段階を梯子状に推移すると仮定した。第1段階が「合規性のアカウンタビリティー」、第2段階が「プロセス・アカウンタビリティー」、第3段階が「パフォーマンス・アカウンタビリティー」、

第4段階が「プログラム・アカウンタビリティー」である。そして第5段階として、「ポリシー・アカウンタビリティー」が梯子の段の頂上に位置するとした(図4参照)。

「ポリシー・アカウンタビリティー」とは、政治家などが選択した政策に対する責任に関する概念である[10]。そこで追求されるのは、政治的合理性である。したがって「ポリシー・アカウンタビリティー」は、ある組織内部の管理のあり方に関する管理型アカウンタビリティーの概念の範疇には属さず、政治的アカウンタビリティーの概念の範疇に属すると考えられる。

このスチュワートのアカウンタビリティーの梯子説は、理論的にはどのように説明されるのだろうか。

まず、大住荘四郎による行政の供給物たる成果物に着目した議論を紹介する[11]。行政の成果物には、一般的にはポリシー(政策)、プログラム(施策)、プロジェクト(個別案件)の3つのレベルがあると考えられる[12]。「ポリシー」は基本構想や施政を表すシナリオ、「プログラム」は政策目的のための具体的な施策、「プロジェクト」は行政の事務の最小の単位である。これら3つの成果物の違いを理解するために国連における例を挙げてみる。「ポリシー」とは、例えば国際の平和と安全の維持という目的のために平和維持活動という政策を選択することを指す。「プログラム」とは、例えば平和維持活動の一環としてある国にて選挙支援を計画することを指す。「プロジェクト」とは、例えば選挙支援のために必要な選挙用パンフレットを印刷することを指す。

大住は、スチュワートのアカウンタビリティーの梯子段は、行政の成果物のレベルに対応しており、アカウンタビリティーのサブ概念がポリシーをトップとする行政の成果物のより高い次元に次第に推移していくと仮定した。すなわち、大住は第1段階の合規性のアカウンタビリティー、第2段階のプロセス・アカウンタビリティーと第3段階のパフォーマンス・アカウンタビリティーが、行政の成果物たるプロジェクトに該当するとした。一方、第4段階のプログラム・アカウンタビリティーがプログラム、そして第5段階のポリシー・アカウンタビリティーがポリシーに該当するとした(図4参照)。

第2章　管理型アカウンタビリティーの概念の推移のモデル　37

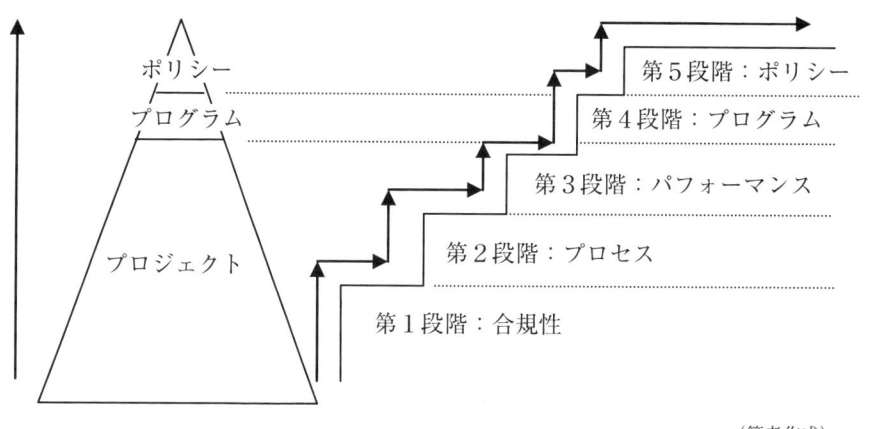

図4　行政の成果物とアカウンタビリティーの概念の関係

（筆者作成）

　ただし、この大住の議論は、行政の成果物だけに着目しており、資源の投入量と産出される生産量の比率や、投入された資源に対して得られる効果や有効性の割合などについては、適正な配慮がなされていないという問題点が指摘できよう。このような指摘を考慮した上で、大住の指摘した行政の成果物という観点をさらに発展させて、行政のインプット、アウトプット、アウトカムという観点から、スチュワートの梯子説を説明することも可能ではないかと思われる。

　まず、これらの定義を挙げる[13]。「インプット」とは、実際に投入される資源量のことであり、予算や人的資源などを指す。数量的計測が可能であると考えられている。「アウトプット」とは、活動の結果として産出される生産物のことであり、やはり数量的に計測可能であると考えられている。「アウトカム」とは、成果のことであり、活動やプログラムそのものを超えて発生した出来事、事件、状況を指す。これら3つの概念の違いを理解するために国連における例を挙げてみると、国連における「インプット」とは、例えば緊急援助活動における緊急援助活動担当者2,000人とヘリコプター5台の投入を指す。「アウトプット」とは、例えばこれらのインプットの投入により救出された人員の数100人を指す。「アウトカム」とは、例えば当該地域における災害時の救命率の向上を指す。

第1段階の合規性のアカウンタビリティーは、インプット重視の概念であり、インプットが合法的に投入されたかどうかを判断基準としている。

第2段階のプロセス・アカウンタビリティーも同様に、インプット重視の概念であり、インプットの投入が手続的に適切であったかどうかを判断基準とする。

第3段階のパフォーマンス・アカウンタビリティーは、アウトプット重視の概念であり、インプットに対して最大のアウトプットが生じているかどうかという両者の割合を効率性の観点から判断しようとするものである。ただし、現代において「パフォーマンス・アカウンタビリティー」の概念の復活をもたらした新公共経営論の枠組みにおいては、アウトプット重視の国とアウトカム重視の国があり、国の方針によって大きな開きがあることに留意する必要がある。具体的には、アウトプットを重視した効率性の審査を重視するのがイギリスやニュージーランドなどの国々であり、一方アウトカムを重視した有効性(便益とも呼ばれる)の審査を重視するのがスウェーデンなどの国々である[14]。

第4段階のプログラム・アカウンタビリティーは、当初期待されたようなアウトカムがプログラムから得られているかどうかというプログラムの有効性を判断しようとする。

第5段階のポリシー・アカウンタビリティーは、政策活動が生み出すアウトカムの説明責任を果たしているかどうかを判断基準とする。

このようにインプット、アウトプット、アウトカムの3つに注目すると、スチュワートのアカウンタビリティーの梯子説はどのように説明されることになるのだろうか。まず第1に、行政管理におけるインプット管理重視の段階がある。第2に、インプット管理重視からアウトプット管理重視への移行が起こると想定される。第3に、アウトプットというより数量的な判断基準重視から、アウトカムというより質的な判断基準重視への移行が起こると想定される。最後に同じ質的判断基準の中でも、アウトカムという政策を具体化したプログラム・レベルの視点から、当該政策自体の有効性を問うポリシー・レベルの視点に徐々に推移していくという説明も可能であると思われる。こ

表1 インプット、アウトプット、アウトカムとの関係

アカウンタビリティーの概念	インプット重視	アウトプット重視	アウトカム重視
第1段階：合規性	○		
第2段階：プロセス	○		
第3段階：パフォーマンス		○	(○)
第4段階：プログラム			○
第5段階：ポリシー			○

(筆者作成)

れを表にしてみると次のようになろう(表1参照)。

(3) モッシャーのアカウンタビリティーの推移のモデル

　管理型アカウンタビリティーの概念の変遷を考察する上で参考になると思われる他の先行研究としては、モッシャーによる研究成果が挙げられる[15]。モッシャーは、アメリカ会計検査院(GAOとも呼ばれる)による外部行政監査の機能の変容に着目することにより、アメリカの外部行政監査の歴史を大別して次の3つの時期に分類できるとした[16]。

　それによれば第1期が、会計検査院が設立された1921年から、第2次世界大戦終了までの1945年までとされている。同時期は、主として財務監査による財務的アカウンタビリティーが追求された時代だったとされている。

　第2期は、1945年の民間企業に類する監査あるいは包括監査の導入から、1966年にジョンソン(Lyndon B. Johnson)大統領がスターツ(Elmer B. Staats)を会計検査院長に任命するまでとされている。同時期は、プロセス・アカウンタビリティーが追求されていた時代だったとされている。

　第3期は、1966年から、モッシャーの著書執筆時たる1979年当時までとされている。この時期は、会計検査院復興に陣頭指揮をとったスターツの1966年の院長就任から始まる。スターツの強いリーダーシップの下、プログラム評価と政策分析の導入などが図られた。同時期は、プログラム・アカウンタビリティーが追求されていた時代だったとされている。

　モッシャーの仮説は外部行政監査の機能の変容に着目して、アメリカ連

邦政府におけるアカウンタビリティーの概念の推移を考察したものであった。したがって、アメリカ行政におけるアカウンタビリティーの概念の変容の全体像を捉えるためには、モッシャーの行ったように外部行政監査に着目するだけでなく、アメリカ連邦政府における予算や計画策定手法などの行政管理手法の変容にも注意を払わなければならない。なおモッシャーの仮説は1979年に発表されたことから、それ以降のアメリカ連邦政府における同概念の推移については考察の対象外となっていた。それゆえに、1980年代以降のアカウンタビリティーの概念の変容に関しては、新たな考察が必要である。

2 アメリカ行政におけるアカウンタビリティーの概念の推移

次章にて、国連行政における管理型概念の推移のモデルを探求する上で有効な視座を得るために、アメリカの連邦政府における管理型アカウンタビリティーのサブ概念の歴史的推移を考察する。これまでアメリカは世界に名だたる行政大国として、国連などの政府間機構の行政管理手法に外交的圧力などを通じて多大な影響を与えてきた[17]。したがって、その影響力の大きさからも、アメリカ連邦政府における管理型概念の推移の事例は、アカウンタビリティーの管理型概念の歴史的推移に関する代表例の1つとして捉えることが可能だと推定される。

アメリカ連邦政府におけるアカウンタビリティーの概念の推移を考察する上で、まずアメリカ連邦政府の行政の歴史を、大別して次の4つの時期に分類することを提案する。第1期と第2期の区分に関しては、モッシャーの仮説で提示されたように、第2次世界大戦終了で区切る。一方、第2期と第3期の区分については、モッシャーが示唆したようにジョンソン大統領によるスターツの会計検査院長への任命で区切るのではなく、1967年の経済機会法の改正によるプログラム評価の導入で区切る。第3期と第4期の区分に関しては、1993年の結果志向型管理方式導入の時期で区切る。それぞれの時期に該当する管理型アカウンタビリティーのサブ概念を提示すると、次のようになろう。

第2章 管理型アカウンタビリティーの概念の推移のモデル 41

まず第1期は、19世紀末のアメリカ行政の萌芽期から、1945年の第2次世界大戦終了までである。同時期のアカウンタビリティーの概念には、合規性のアカウンタビリティーが該当すると考えられる。第2期は、1945年の第2次世界大戦終了から、1967年のプログラム評価の導入までである。同時期のアカウンタビリティーの概念には、プロセス・アカウンタビリティーが該当すると考えられる。第3期は、1967年のプログラム評価の導入から、1993年の結果志向型管理方式の導入までである。同時期のアカウンタビリティーの概念には、プログラム・アカウンタビリティーが該当すると考えられる。第4期は、1993年の結果志向型管理方式の導入から、2011年現在にいたる時期である。同時期のアカウンタビリティーの概念には、業績志向型アカウンタビリティーが該当すると考えられる。

次に、それぞれの時期の行政管理手法および行政監査の手法などの特徴を詳細に検討することにより、各時期のアカウンタビリティーの概念の内容の詳細を明らかにする。

(1) 第1期 19世紀末〜1945年：合規性のアカウンタビリティー

アメリカ行政の初期において、まず法令や規則の遵守というような合法性や合規性のアカウンタビリティーの概念が尊重されていたことに関しては、異論はないと思われる[18]。第1期における大きな成果は、モッシャーも示唆したように、1921年の予算会計法に基づき、会計検査院が議会に設置されたことだった[19]。それにより、それまで各省庁の会計検査機能は財務省が担当していたのを改め、議会との結びつきが強い会計検査院が代わって担当することになり、執行面の監視機能強化にあたることとなった。ただし、当時の会計検査院は、歳出の正確性と合規性の観点からの財務監査を主としていた。したがって、第1期においては規則の遵守を重視する合規性のアカウンタビリティー、あるいは公金支出の合規性を問題とする財務的アカウンタビリティーの概念が該当したと考えられる。

さらに詳細に考察すれば、第1期は様々な考え方はあるだろうが、大別して1929年の世界恐慌を境に前期と後期に分類することが可能なのではない

かと考えられる。第1期の前期とは、19世紀末の行政萌芽期から1929年の世界恐慌までの時期であり、第1期の後期とは、1929年の世界恐慌から1945年の第2次世界大戦終了までの時期である。

第1期の前期を大きく特徴づけるものとして、その背景にあったのは19世紀アメリカ社会に蔓延していた行政の病理という現象を挙げることができよう[20]。本来は民主的な制度として始められた公務員の政治的任用は、やがて猟官化し腐敗の温床となり、その結果として政府活動の無用な拡大を生じ、質的な高度化や専門化への対応に失敗し、非能率や浪費などがもたらされたという。1883年にペンドルトン法が制定され、猟官制からの脱皮を目指してメリットシステムに基づく近代的公務員制度の導入が図られた[21]。

また、この病理に対して対応するための学問的研究が始まったが、これがアメリカにおける行政学の誕生だったと言われている。アメリカの行政学は、具体的には1887年、アメリカで後の第28代大統領になるウィルソン（Woodrow T. Wilson）によって発表された論文「行政の研究」によって始まったと言われている[22]。このような流れを受けて、19世紀末から1929年の世界恐慌発生時までの当時のアメリカにおいては、政治の介入から独立した能率的な行政技術の探究に基づく「政治・行政2分論」が主流となっていった[23]。この学問的動きは実践にも応用され、1906年のニューヨーク市政調査会に象徴される市政調査会運動が全米で展開されるに至って、能率[24]と節約は政府活動を導く指針となった[25]。

そして、この能率を求める運動は、テイラー（Frederick W. Taylor）の『科学的管理の諸原理』[26]の影響を受けた「正統派行政学」、別名「行政管理論」として発達していった[27]。この正統派行政学においては、行政の第1の価値原理として能率が重視され、合わせて能率の「測定」が重視されることとなった[28]。例えば、ウィロビー（William F. Willoughby）[29]、ホワイト（Leonard D. White）[30]やギューリック（Luther H. Gulick）[31]などである。このような正統派行政学に共通していたのは、科学的管理法の行政への適用、管理の評価基準としての能率などであった[32]。そこにおける管理とは、狭義の組織行動、とりわけ科学的管理法の影響から生産活動の管理に近いものとなった[33]。このような能率を希求し

ようとする姿勢は、パフォーマンス・アカウンタビリティー追求の萌芽とみて差し支えないだろう。ただし、当時はまだパフォーマンスを測定する基準や方法などが連邦政府レベルで導入されていたわけではないため、パフォーマンス・アカウンタビリティーに移行したと判断するのは時期尚草であろう。

やがて1929年の世界恐慌を契機に、このような能率重視のあり方に対する反動の時期がやってくるところとなった[34]。能率重視の第1期前期の転換点となったのは、1929年から1933年頃のアメリカの大恐慌や、第2次世界大戦の勃発であった[35]。これらの体験を通じた政府に対する行政国家化や福祉国家化への要求の高まりは、それまでの行政における単なる能率の尊重を超えた政府のあり方をめぐる価値観の論争へと発展していった[36]。そこにおいては価値から独立した能率の追求という政治行政分断論が否定され、政治行政融合論の下に能率以外の様々な価値観の追求がなされるようになった[37]。

(2) 第2期 1945～1967年：プロセス・アカウンタビリティー

第2次世界大戦の終了とともに1945年、アメリカの会計検査院はアメリカ連邦政府に民間企業に類する監査、あるいは包括監査の導入を行った。この包括監査が導入された1945年から、プログラム評価が導入された1967年までの時期が第2期だった。同時期は、資源投入に関する手続的適正さを重視する、プロセス・アカウンタビリティーが追求されていた時代だったと考えられる。

外部監査に関しては、アメリカの会計検査院は、ニューディール政策と第2次世界大戦の影響による行政規模の急拡大と、それに伴う各省庁の支出書類の増加に対応できなくなり、1950年には、個別の支出の検査は各省庁に委ねることになった[38]。そして自らは、会計原則を処方し、財務管理手続と統制の適切さをチェックすることに力点を移していった。

第2期において行政管理手法の観点から特筆すべきは、アメリカ連邦政府における1950年代から1960年代にかけての20年間は「計画の時代」と呼ばれ、事前の計画が重視される時代に移っていったことだった。その象徴は、「企画・計画・予算システム」だった[39]。「企画・計画・予算システム」は、アメリ

カで開発され、それまで分断されていた計画と予算を初めて融合させたという意味で画期的であった。同システムの導入により、アメリカ連邦政府は「事前の計画」を重視する、いわゆる「計画の時代」と呼ばれる時代に突入していった。またこの計画策定の制度化により、評価を行うために前提となる比較の基点（ベース）が形づくられたという意味で、後にアメリカがプログラム・アカウンタビリティーに移行するための前段階が整えられたという見方も可能かと思われる。

　しかし、「企画・計画・予算システム」の成功は長く続かなかった。同システムは、1961年にケネディ（John F. Kennedy）政権で国防省に導入され成功し、ジョンソン政権の1965年に政府全体で導入されるに至ったものの、ニクソン（Richard M. Nixon）政権の1971年前後に中止されることとなった。中止の理由は、予算編成権を侵食されると危惧したアメリカ連邦議会による反発や、「企画・計画・予算システム」自体の技術的困難さや方法論的限界などがあったと言われている。

（3）第3期 1967～1993年：プログラム・アカウンタビリティー

　1967年のプログラム評価の導入から、1993年の結果志向型管理方式の導入までの時期が第3期であり、同時期は、プログラム・アカウンタビリティーが追求されていた時代だったと考えられる。

　第2期の後半、「企画・計画・予算システム」導入に対する批判や反発などがアメリカ連邦議会において高まっていったと同時に、1960年代末ごろから1970年代にかけて、同議会においては「事前の分析」から「事後の評価」へと価値観のシフトが起きていた[40]。というのも、「企画・計画・予算システム」は、事前の分析及び計画と予算編成の有機的結合は図られたものの、肝心の事後評価やそれに基づく審査などの事後のプロセスは重視されなかった点に問題があるという批判がされていたからである[41]。そこで、アメリカ連邦議会改革の一環として議会に導入されたのが、行政監視機能の復活であり、議会が承認したプログラムを行政機関がどのように実施しているのかを監視する「プログラム評価」の導入だった[42]。プログラム評価とは、ある特定のプログラム

について、定期的にまたは随時に、その結果を測定するものである[43]。1967年、連邦議会は「経済機会法」を改正し、旧アメリカ会計検査院にプログラムの目標達成度の評価を命じた[44]。これによりプログラム評価が法的に制度化されるに至ったわけで、アメリカ連邦政府はプログラム・アカウンタビリティーの概念に本格的に移行していったと考えられる。

ただし、大住荘四郎はこのような見方に異論を唱えており、1960年代から1970年代にかけて行われた「企画・計画・予算システム」を始めとする一連の試みは、「事後の評価」というよりも、むしろ「事前の評価」の段階にとどまっていたとみている[45]。したがって、マネジメントという観点からは、あくまで内部管理型にとどまっていたとその限界を指摘する[46]。そして、これらの改革をもってしても、国民や国民を代表する議会などの行政の受益者の視点を持ち込むまでにはいたらなかったとみている[47]。すなわち、この大住の議論をアカウンタビリティーの概念の2つの歴史的潮流という理念的枠組みに置き換えて表現してみれば、当時のアメリカのプログラム・アカウンタビリティーの概念は、政治的アカウンタビリティーの次元ではなく、管理型アカウンタビリティーの概念の範疇に属していたということが言えるだろう。

その後、プログラム評価の流れの中で、行政学者の間では「政策のレリバンス」、すなわち、政策が課題に適切に対応しているかどうかを問う動きも始まっていった[48]。この動きはその後、「政策評価」の研究とその実践につながっていくという意味で重要である。政策評価とは、政策目標の妥当性を、その政策目標を達成する手段(プログラムやプロジェクト)の合理性の議論から行うものである[49]。その評価基準は、経済性、効率性、有効性のほかに、社会的公正やジェンダー・バイアスなど広範に及ぶ[50]。

(4) 第4期 1993〜2011年現在:業績志向型アカウンタビリティー

1993年の結果志向型管理方式の導入から現在にいたるまでの時期が第4期であり、同時期は、「業績志向型アカウンタビリティー」が追求されていると考えられる。業績志向型アカウアンタビリティーとは、個人や組織に、最も客観的に測定される業績に対して、責任を果たすようにさせること、とい

う意味である[51]。

第3期の後半に、政策評価の研究と実践が広がっていく一方で、1980年代初期から、新公共経営論の世界的な広がりとともに、OECD諸国においては、効率の追求及び「業績測定」に対する関心が再び脚光を浴びるようになった[52]。

第2次世界大戦後から1970年代にかけては、主要先進国においても混合経済体制の全盛期であり、この間一貫して公共部門の役割に対する期待は膨らみ、市場の失敗を克服するための「大きな政府」が支持されていた[53]。しかしその後の2度の石油ショックなどを通じて、「大きな政府」の失敗が明らかになると、1980年代においては一気に政府の失敗を克服し、市場のメカニズムに最大限に委ねようとする新古典派的な考え方が復活することとなった[54]。これは、そもそもはイギリスの1979年のサッチャー（Margaret H. Thatcher）政権の誕生に端をなす動きだった[55]。この1980年代をリードし、先進国に多大な影響を及ぼしたサッチャー革命においては、効率と「支出に見合った価値」が最優先された[56]。この効率と支出に見合った価値を実現するために導入された手段が業績測定であり、この業績測定の背後にあったのが、新公共経営論の理念であった。新公共経営論とは、様々な定義が可能であろうが、ここでは、1980年代以降の福祉国家体制の見直しに伴って登場した改革の思潮と手法を指すムーブメントのことを指す[57]。

他方、もう1つの改革の潮流が1992〜1993年頃、アメリカから出てきた「政府の再生」という言葉で知られる改革だった[58]。同改革は、政治的にはアメリカ大統領クリントン（William J. Clinton）の政権下、当時の副大統領ゴア（Albert A. Gore, Jr.）が提唱し、学問的にはオズボーン（D. Osbone）とゲーブラー（T. Gaebler）により理論化されたものだった[59]。

アメリカにおいてこのような行政改革が起きた理由としては、内部的要因と外部的要因の両方が後押ししたと考えられている。内部的要因としては、財政赤字の拡大、およびパフォーマンスの低下という連邦政府が抱えていた2つの危機の進展が挙げられる。一方、外部的要因としては、地方政府における公的部門改革の進展、諸外国における公的部門改革の進展、民間部門における経営改革という3つが改革を後押ししたと考えられている[60]。財

政赤字の解消を目的とした連邦政府の財務管理の改革が、レーガン(Ronald W. Reagan)、およびブッシュ(父)(George H. W. Bush)両政権において行われてはいたが、財政赤字は永続的に増加していた[61]。そのような財政事情の中、1993年大統領に就任したクリントンにより、「国家業績レビュー」が設置された。一方、連邦議会も「政府業績結果法」を制定したことにより、行政府及び議会双方による本格的なガバナンス改革が始まった[62]。国家業績レビューによる改革とは、具体的には、政府組織のダウンサイジング、政府経営の改革、ガバナンス構造の改革という3つの内容に分かれていた[63]。最初の政府組織のダウンサイジングに関しては、政府職員の削減目標が設定され、管理監督部門の削減と現場への権限委譲によって組織構造の転換が図られた。次の政府経営の改革に関しては、結果主義、顧客重視への行動原理の転換、新しい予算システムの導入、人事管理や調達システムの簡素化が図られた。最後のガバナンス構造の改革に関しては、政府活動の範囲の見直し、市場や地方政府との関係の見直しがされた。

1980年代にイギリスや北欧諸国を中心に起こった新公共経営論型改革に対して、1990年代、特に北アメリカ諸国で政府改革の活発化に伴って採用されるようになったこのような管理手法は、「結果志向型管理方式」と呼ばれるようになっていった[64]。

アメリカの行政府において1990年代に始まった結果志向型管理方式に対する関心は、いまだいっこうに衰えず、アメリカは、現在パフォーマンス・アカウンタビリティーの一種である、業績志向型アカウンタビリティーを追求している段階にあると考えられる。さらに、オバマ(Barack H. Obama)の大統領就任により、アメリカ連邦政府においては、アカウンタビリティー強化に一層力点が置かれるようになっており、2011年6月には、それに関連する大統領令が発令されている[65]。

3　小　括

　管理型アカウンタビリティーのサブ概念には、様々な次元が存在する。本章では、次章以降で、国連の管理型アカウンタビリティーのサブ概念の推移を解明していくために視座となるような有効な分析枠組みを探った。そのために先行研究として、スチュワートによる公的セクターのアカウンタビリティーの推移に関するアカウンタビリティーの梯子説や、モッシャーによるアメリカ連邦政府における外部行政監査のアカウンタビリティーのサブ概念の推移のモデルなどを取り上げ考察した。

　スチュワートのアカウンタビリティーの梯子説とは、公的セクターにおけるアカウンタビリティーの概念が5つの段階を梯子状に推移すると仮定したものだった。第1段階が合規性のアカウンタビリティー、第2段階がプロセス・アカウンタビリティー、第3段階がパフォーマンス・アカウンタビリティー、第4段階がプログラム・アカウンタビリティーである。そして第5段階としてポリシー・アカウンタビリティーが、梯子の段の頂上に位置するとされた。

　一方、モッシャーはアメリカ連邦政府における外部行政監査の歴史を3つの時代に区分することにより、アメリカの外部行政監査におけるアカウンタビリティーの概念の推移を示唆した。すなわち、第1期の財務的アカウンタビリティーから第2期のプロセス・アカウンタビリティーへ移行し、最後に第3期のプログラム・アカウンタビリティーに至るというプロセスを示した。

　本章では、スチュワートおよびモッシャーによる先行研究の結果を念頭におきながら、アメリカ連邦政府の行政管理手法にみられる管理型アカウンタビリティーの概念の歴史的推移を考察した。その結果を総括してみると、次のようになろう。まずアメリカ連邦政府における行政の歴史は、4つの時期に区分することが可能であると考えられた。第1期は、19世紀末のアメリカ行政の萌芽期から、1945年の第2次世界大戦終了時の包括監査の導入までである。当時のアカウンタビリティーの概念には、主として規則の遵守などを尊重する合規性のアカウンタビリティーが該当すると考えられる。第2期は、1945年から1967年のプログラム評価の導入までで、プロセス・アカウ

ンタビリティーが該当する。第3期は、1967年のプログラム評価の導入から、1993年の結果志向型管理方式の導入までで、プログラム・アカウンタビリティーが該当する。第4期は、1993年の結果志向型管理方式の導入から、2011年現在にいたるまでで、業績志向型アカウンタビリティーが該当する(**表2参照**)。

　同考察の結果は、第2期から第3期への区分の方法において若干の差異はあったけれども、原則として、アメリカ行政管理手法における管理型アカウンタビリティーの概念の推移と、モッシャーによるアメリカ連邦政府の外部行政監査のアカウンタビリティーの概念の推移のモデルとの強い相関関係を示唆したものだった。モッシャーは、第2期から第3期への区分を、1966年のスターツの会計検査院長就任を契機としたが、本書では、1967年のプログラム評価の導入を契機とした点が異なっていた。ただし、スターツ院長の主たる功績がプログラム評価の導入だったことを勘案すると、同様の趣旨として差し支えないだろう。

　一方、アメリカ行政管理手法における管理型アカウンタビリティーの概念の推移と、スチュワートのアカウンタビリティーの梯子説との間では、強い相関関係は示唆されなかった。スチュワートのモデルにおいては、第2段階のプロセス・アカウンタビリティーから、第3段階のパフォーマンス・アカウンタビリティーに移行することが想定されていた。しかし、アメリカ行政においては1967年のプログラム評価の導入を受けて、第2期のプロセス・アカウンタビリティーから、第3期にはプログラム・アカウンタビリティー

表2　アメリカ行政における管理型アカウンタビリティーの概念の推移

時代区分	アカウンタビリティーのサブ概念	特徴的な行政手法
第1期 (19世紀～1945年)	合規性のアカウンタビリティー	外部行政監査の導入
第2期 (1945～1967年)	プロセス・アカウンタビリティー	包括監査の導入
第3期 (1967～1993年)	プログラム・アカウンタビリティー	プログラム評価の導入
第4期 (1993～2011年現在)	業績志向型アカウンタビリティー	結果志向型管理方式の導入

(筆者作成)

に推移したと考えられたためである。アメリカ行政において、パフォーマンス・アカウンタビリティーが本格的に追求され始めたのは、その後先進国を一世風靡した新公共経営論の影響を受け、1993年にアメリカ連邦政府に結果志向型管理方式導入がなされて以降だと考えられる。

注
1 Arthur H. Woolf, *A Short History of Accountants and Accountancy* (London: Gee, 1912).
2 ロビンソンによる3つの概念の定義については、次を参照。David Z. Robinson, "Government Contracting for Academic Research: Accountability in the American Experience," in Bruce L. R. Smith and D. C. Hague (eds.), *The Dilemma of Accountability in Modern Government* (London: Macmillan, 1971), pp.109-113.
3 Patricia Day and Rudolf Klein, *Accountabilities: Five Public Services* (London and New York: Tavistock Publications, 1987), p.27.
4 合規性のアカウンタビリティー(accountability for regularity or accountability for probity and legality)の定義については、次を参照。山谷清志「第6章:行政の評価と統制」福田耕二、真渕勝、縣公一郎編著『行政の新展開』(法律文化社、2002年)、171-172頁。
5 定義については、次を参照。同上、152頁。
6 定義については、次を参照。同上、163頁。
7 定義については、次を参照。同上、153頁。
8 山谷清志『政策評価の理論とその展開——政府のアカウンタビリティー』(晃洋書房、1997年)、73頁。
9 アカウンタビリティーの梯子説(a ladder of accountability)については、次の論文を参照。J.D. Stewart, "Chapter 2: The Role of Information in Public Accountability," in Anthony Hopwood and Cyril Tomkins (eds.), *Issues in Public Sector Accounting* (Oxford: Philip Allan Publishers, 1984), pp. 17-18.
10 定義に関しては、次を参照。山谷(2002年)、前掲論文、163頁。
11 大住荘四郎『ニュー・パブリック・マネジメント——理念・ビジョン・戦略』(日本評論社、1999年)、93-96頁。
12 上山信一「民間企業の業績評価と行政評価」『自治フォーラム』3月号、1999年、36頁。
13 インプット、アウトプット、アウトカムの定義については、次を参照。Harry P. Hatry, *Performance Measurement: Getting Results* (Washington, D.C.: Urban Institute Press, 1999)=ハリー・P・ハトリー(上野宏・上野真城子訳)『政策評価入門——結果重視の業績測定』(東洋経済新報社、2004年)、14-17頁。
14 次を参照。大住(1999年)、前掲書、56-57頁及び105頁。
15 モッシャー同様に、外部行政監査の機能の観点から考察したものとして、他に次も参照。Wallace Earl Walker, *Changing Organizational Culture: Strategy, Structure, and Professionalism in the U.S. General Accounting Office* (Knoxville: University of Tennessee

Press, 1986).
16 Frederick C. Mosher, *The GAO: The Quest for Accountability in American Government* (Boulder, Colo.: Westview Press, 1979), p.3.
17 Edward C. Luck, *Mixed Messages: American Politics and International Organization 1919-1999* (Washington, D.C.: Brookings Institution Press, 1999), pp.196-223.
18 Mosher, *op.cit.*, p.27. See the Treasury Act of 1789.
19 Mosher, *op. cit*, "Chapter 2: The Budget and Accounting Act of 1921". GAO/OP-2-HP, *The Evolution of the General Accounting Office: From Voucher Audits to Program Evaluations*, January 1990, pp.1-3.
20 Jack Rabin, W. Bartley Hildreth and Gerald J. Miller (eds.), *Handbook of Public Administration* (New York: Marcel Dekker, Inc., 1989), p.4.
21 今里滋『アメリカ行政の理論と実践』(九州大学出版会、2000年)、169-170頁。
22 Woodrow T. Wilson, *The Study of Public Administration* (Washington, D.C.: Public Affairs Press, 1955), (originally published in 1887).
23 今里、前掲書、11頁及び215-221頁。
24 後の新公共経営論では、efficiency を経済学からの影響から、「能率」ではなく「効率」と呼んでいることに留意。
25 Rabin, *op.cit.*, p.6.
26 Frederick Winslow Taylor, *The Principles of Scientific Management* (New York: Harper, 1911).
27 科学的管理法については、次のような文献が参考になる。Frank Barkley Copley, *Frederick W. Taylor, Father of Scientific Management* (London: Routedge-Thoemmas Press, 1933), (originally published: New York: Harper, 1923); and Daniel Nelson, *Frederick W. Taylor and the rise of scientific management* (Madison: University of Wisconsin Press, 1980). 及び、島弘『科学的管理法の研究』(有斐閣、1979年)。
28 アメリカ行政学の発祥と展開については、次を参照。手島孝『アメリカ行政学』(日本評論社、1964年)(1995年に復刻)。
29 William Franklin Willoughby, *Principles of Public Administration: With Special Reference to the National and States Governments of the United States* (Baltimore, Md.: Johns Hopkins Press, 1927).
30 Leonard D. White, *The City Manager* (Chicago: University of Chicago Press, 1927).
31 Luther H. Gulick, *Papers on the Science of Administration* (New York: Institute of Public Administration, Columbia University, 1937).
32 山谷(2002年)、前掲論文、149頁。
33 同上、149頁。
34 今里、「第四章:さまよえる"行政"」、前掲書、207-228頁、及び「第五章:現代アメリカ行政学の展開と『一体性』の危機」、前掲書、229-315頁。
35 Rabin, *op.cit.*, p.10
36 山谷(2002年)、前掲論文、150頁。
37 同上、151頁。
38 GAO/OP-2-HP, *op.cit.*, p.4.

39 「企画・計画・予算システム」(Planning-Programming-Budgeting-System, PPBS とも略される)のアメリカ連邦政府への導入及び廃止の経緯に関しては、次を参照。宮川公男『PPBS の研究』(大蔵省印刷局、1971 年)。西尾勝『行政学の基礎概念』(東京大学出版会、1990 年)。横田茂『アメリカの行財政改革―予算制度の成立と展開―』(有斐閣、1984 年)、226-278 頁。田所昌幸『国連財政-予算から見た国連の実像-』(有斐閣、1996 年)、60-61 頁。山谷(2002 年)、前掲論文、151 頁。
40 山谷(1997 年)、前掲書、第 2 章。
41 古川俊一・北大路信郷『新版 公共部門評価の理論と実際――政府から非営利組織まで』(日本加除出版株式会社、2004 年)、35 頁。
42 同上、35 頁。山谷(1997 年)、前掲書、48-51 頁。山谷(2002 年)、前掲論文、152 頁。
43 同定義については、次を参照。古川・北大路、前掲書、36 頁。
44 Mosher, *op.cit.*, p.175. アメリカ連邦議会改革の背景については、次を参照。山谷清志「分権化時代の地方議会――地域における議会制民主主義の可能性」岩手県立大学総合政策学会『総合政策』第 1 巻第 2 号、1999 年、155-172 頁。
45 大住荘四郎『パブリック・マネジメント――戦略行政への理論と実践』(日本評論社、2002 年)(以下、大住、2002 年)、25-26 頁。
46 同上、25-26 頁。
47 同上、25-26 頁。
48 今里、前掲書、241-246 頁。
49 山谷(2002 年)、前掲論文、177 頁。
50 同上、177 頁。
51 Samuel Paul, *Strengthening Public Service Accountability: A Conceptual Framework,* The World Bank Discussion Papers (Washington, D. C.: World Bank, 1991), p.2. ただし、ポール(Samuel Paul)自身は、一般的なアカウンタビリティーの概念の定義を試みていたのであり、「業績志向型アカウンタビリティー」(performance-based accountability)の概念に特定して定義しようとしていたわけではない。しかし同定義が、業績測定を前提としていたため、一般的なアカウンタビリティーの概念の定義というよりは、むしろ業績志向型アカウンタビリティーの概念の定義として捉えた方が適切ではないかと考えられる。
52 OECD, Public Management Occasional Papers 1994 No.3, *Performance Management in Government: Performance Measurement and Results-Oriented Management* (Paris: OECD, 1994), p.15.「業績測定」とは、アメリカの評価研究者のハトリー(Harry P. Hatry)によれば、「サービスあるいはプログラム(施策)のアウトカム(成果)や効率を定期的に測定すること」と定義された。同定義に関しては、次を参照。ハトリー(2004 年)、前掲書、3 頁。このハトリーの定義が、従来の定義と比べ新しいところは、「定期的に」評価することに着目した点である。
53 OECD, *Budgeting for Results: Perspectives on Public Expenditure Management* (Paris: OECD, 1995), p.11.
54 大住(1999 年)、前掲書、19 頁。
55 君村昌『現代の行政改革とエージェンシー――英国におけるエージェンシー

の現状と課題』(行政管理研究センター、1998年)、30頁。
56　君村、前掲書、30-38頁。
57　行政管理研究センター編『政策評価の基礎用語』(行政管理研究センター、2005年)、10頁。
58　David Osbone and Ted Gaebler, *Reinventing Government: How the Entrepreneurial Spirit is Transforming the Public Sector* (New York: Plume, 1992)＝デビッド・オズボーン及びテッド・ゲーブラー(野村隆監修、高地高司訳)『行政改革』(日本能率協会マネジメントセンター、1995年)。
59　同上、I頁。
60　秋吉貴雄「第6節：アメリカのガバナンス改革」総合研究開発機構『公的部門の開かれたガバナンスとマネジメントに関する研究』NIRA研究報告書No.20010014、2001年、96-97頁。
61　財政赤字は、クリントンの大統領就任の直前の1992年度に2,900億ドルまで達していたという。US General Accounting Office, AFMD-93-51, *Budget Issues : A Comparison of Fiscal Year 1992 Budget Estimates and Actual Results*, 12 February 1993, p.1.
62　秋吉、前掲論文、96頁。OECD, Public Management Occasional Papers 1996 No.9, *Performance Management in Government: Contemporary Illustrations* (Paris: OECD, 1996). See "Chapter 4: Implementation of the Government Performance and Results Act of 1993".
63　以下の改革の内容については、次を参照。秋吉、前掲論文、99-101頁。
64　結果志向型管理方式とは、組織の活動をその業績(パフォーマンス)や結果(アウトプット、アウトカム、インパクト)の観点から管理する戦略のことをいう。同定義に関しては、次を参照。外務省経済協力局『経済協力評価報告書』(外務省、2002年)、3頁。一方、先に挙げたハトリーによれば、結果志向型管理方式とは、「サービスやプログラム(施策)の提供を受ける顧客の便益を最大化し、望ましくない結果が生じることを最小限にとどめようとする顧客志向のプロセスのことである」と定義された。同定義については、次を参照。ハトリー(2004年)、前掲書、3-4頁。ここでいう「顧客」とは、ハトリーによれば、サービスを直接受ける市民である場合もあれば、間接的に影響を受ける市民や企業である場合もある。
65　Executive Order 13576 (Administration of Barack Obama), *Delivering an Efficient, Effective, and Accountable Government*, June 13, 2011.

第3章　国連の管理型アカウンタビリティーの概念の推移

梗概

　本章においては、第2章で考察された、アメリカ連邦政府におけるアカウンタビリティーの概念の歴史的推移を念頭におきながら、国連における管理型アカウンタビリティーの概念が、国連創設から現在に至るまで、どのように推移してきたのかということを考察する。

　管理型アカウンタビリティーの概念は、ある組織の管理のあり方に関する概念であるため、通史的にみれば、その時代ごとの経営管理手法の影響を受けてきたということが言える。したがって、国連の管理型アカウンタビリティーの推移に大きな影響を与えてきたのは、その時代ごとのパブリック・マネジメントのあり方だったはずである。しかし国連は、予算策定一つをとっても、それが外交交渉の結果として決められるという国際事務局特有の制約をもっている。より効率性を重視したい財政貢献国である先進国側の意図と、より柔軟な裁量の拡大を求めたい行政の受益者側たる途上国側の意図は、決して容易には折りあわない。また人事管理をとっても、国連においては、国際公務員制度に基づく様々なルールに従わなければならず、国家レベルの公務員制度とは異なる重い制約を課せられている。そのような二重三重の足枷をはめられた国連は、その総括管理や行政統制のあり方に関して、各時代の最先端の経営管理手法をこれまで敏感に反映してきたと言えるのだろうか。そして、断固たる変革を実施したい財政貢献国や事務総長側と、既得権益を主張する行政の受益者側と事務局職員側との厳しい意見の対立は、その時代ごとに、どのように妥協点を見つけてきたのだろうか。

　本章では、その検討の過程において、国連行政の歴史を大別して4つの時期に分類することを提案する。まず第Ⅰ期は、1945年の国連創設時から、1974年に国連にプログラム予算が導入されるまでの時期である。第Ⅱ期は、1974年から、1982年に内部プログラム評価が国連事務局において本格的に制度化されるまでの時期である。第Ⅲ期は、1982年から、2002年に「結果志向型予算方式[1]」が国連事務局に漸進的に導入されるまでの時期である。第Ⅳ期が2002年から2011年現在に至るまでの時期である[2]。これら4つの時期のそれぞれにみられたパブリック・マネジメントの形態や利害関係者たちの葛藤を、検証する。

1 第Ⅰ期「合規性のアカウンタビリティー」の概念(1945〜1974年)

(1) 国連憲章に基づく考察

　第Ⅰ期は、1945年の国連創設時から、1974年に国連にプログラム予算が導入されるまでの時期である。この期間の特徴は、法治主義の原則に基づく伝統的な行政管理手法が支配的だったことであり、具体的には、法規や規則の遵守が重視されていた。

　まず予算面をみてみると、国連発足当初は通常予算は1年単位で、活動内容を問わず、形式的に支出項目別に編成されていた。財務監査についてみてみると、1950年の国連総会決議により採択された旧国連財政規則12項によれば、外部会計検査の任務の一つとして、内部会計検査の結果の審査及び確認を行うことが規定されていた[3]。したがって、国連創設時から、外部会計検査だけでなく、内部会計検査の機能も設置されていたことが窺える。しかし、当時の内部会計検査は、予算の使途に関する資源利用の形式的適合性のみが審査されていただけだったという[4]。

　次に人事管理面に関しては、まず国連憲章97条により、国連の行政職員は、行政の長であるところの国連事務総長の行政管理の下に服すことが規定されていた。そして、国連憲章101条1項により、行政職員は国連総会の設ける規則に従って任命されることが規定されていた。また同101条3項により、職員の雇用及び勤務条件の決定にあたって最も考慮すべきことは、最高水準の能率、能力及び誠実を確保しなければならないことであるとされ、いわゆるメリット主義の原則が定められていた。ただし同時に、同101条3項により、職員をなるべく広い地理的基礎に基づいて採用することの重要性については、妥当な考慮を払わなければいけないとされた。さらに、同100条1項により、国連事務総長またはその職員は、その任務の遂行にあたって、いかなる政府からもまたはこの機構外のいかなる他の当局からも指示を求め、または受けてはならないことが規定されていた。また同項により、各国連加盟国は、国連事務総長及び職員の責任のもっぱら国際的な性質を尊重すること、並びにこれらの者が責任を果たすにあたってこれらの者を左右しようとしな

いことを約束することが規定されていた。

　国連憲章100条及び101条の規定から窺えるのは、国連創設時には、国連職員の任命、及び職員の職務遂行における国連加盟国などからの政治的影響からの独立性の問題が、深刻に捉えられていたのではないかということである。例えば、普遍的集団的安全保障体制を樹立しようとした国際機構という意味で、国際連合の前身とも言える国際連盟の連盟規約においては、このような問題は明文として言及されていなかった[5]。これは、国際連盟設立当初には、事務局職員の「国際的性格[6]」に関する行政的諸問題の取り扱いが明確ではなかったことによる[7]。その後、連盟設立後のバルフォア報告において、事務局職員の「国際的忠誠」や「国際的性格」などが明確にされるようになった。国際的性格に関しては、能力主義、及び地理的に広範な国から採用することの2つが示された[8]。やがてそれが連盟に定着し、国連憲章にも引き継がれることとなった[9]。

　これらの予算管理及び人事管理に関する考え方を総括すると、人事における任命が規則を適正に遵守して行われることが要求されていたという点や、任務の遂行にあたって、国連加盟国が政治的影響を与えないようになされていたことなどから、第Ⅰ期には、法規や規則の遵守を重視する合規性アカウンタビリティーの概念が該当していたと考えられる。さらに、当時の内部会計検査が形式的適合性のみの審査を行っていたことに特に着目すれば、準拠性アカウンタビリティーの概念が該当していたということも可能だろう。この準拠性アカウンタビリティーとは、会計検査や監査において重視されてきた合法性、合規性、法規や規則の遵守を重視するアカウンタビリティーを指す[10]。

（2）能率の追求という価値観からの乖離

　前章の考察により、19世紀末から20世紀初頭のアメリカの行政学においては、1883年のペンドルトン法制定にみられたような猟官制からの脱却や、政治の介入から独立した能率的な行政技術などが、さかんに追求されていたということが明らかにされた。しかし、創設期の国連においては、猟官制か

らの脱却などにみられたような政治の介入の阻止については熱心に取り組まれた一方で、20世紀初頭のアメリカ行政学において主流だった能率の追求は、取り組まれていなかったのではないかと推定される。それは、どのような理由によるのだろうか。

この問題に対しては、様々な推論が可能だろうが、第1に、国連創設時の1940年代半ばにおけるアメリカの行政的価値観の影響が挙げられるだろう。アメリカにおいては世界恐慌を境に、能率重視の反動から、単なる能率の尊重を超えた政府のあり方をめぐる価値観の論争が激しくなっていた。そして、行政国家化や社会福祉国家化の要求が日増しに高まっていった。したがって、1945年に設立された国連は、20世紀初頭を風靡したアメリカの行政的価値観の影響は受けなかったと推定される。

第2に国連側の要因として、国連は設立当初、政治的な外交交渉の場としてのフォーラム的な機能をより強く期待されており、現在のように平和維持活動や開発援助などの大規模かつ多様な行政的機能を果たすことを期待されていたというわけではなかったことが挙げられる。例えば、1969年刊行のジャクソン(Robert Jackson)卿による「国連開発システムの能力に関する研究」と題する報告書(通称、ジャクソン報告書)の中では、創設時の国連においては、平和維持活動どころかそもそも開発分野の業務活動に国連が長期的に従事するようになることさえも、国連加盟国の間では、ほとんど期待されていなかったことが言明されていた[11]。したがって、行政活動における能率の追求は、現代に比較して当時はさほど重視されていなかったのではないか、ということも一因ではないかと推論される。

2　第II期「プロセス・アカウンタビリティー」の概念(1974～1982年)

第II期は、1974年の国連事務局へのプログラム予算導入から、1982年に内部プログラム評価が本格的に制度化されるまでの時期である。第II期の管理型アカウンタビリティーの概念を大きく特徴づけているのは、プログラム予算の導入であり、同時期の管理型概念には、活動を実施する際に従う行政

運営手続きの適切さを重視する、プロセス・アカウンタビリティーの概念が該当していたと推論される。

(1) 1960年代の最初の財政危機

まず、国連にプログラム予算が導入されるに至った経緯を、1960年代にさかのぼり考察する。大規模な行政活動は期待されていなかった創成期の国連も、東西冷戦が進行する中、苦肉の策として創設された平和維持活動が始まると、大きくその姿を変容させていくこととなった。そして、国連はスエズ危機及びコンゴ動乱に関わる大規模な予算支出のために、1960年代前半には最初の財政的危機を迎えることとなった。この国連史上初の財政危機を乗り越えるため、国連は行財政運営に関する抜本的な改革を余儀なくされた。

1960年代当時の東西冷戦下、数の上ではまだ総会における多数派を支配できたアメリカは、総会を舞台として積極的に国連の活動を拡大しようとしていた[12]。それに対し旧ソ連は、数の上で劣位に立つ総会よりも、拒否権の行使によって、最終的には自らの意思を貫徹できる安保理に主たる意思決定の場を移そうとしていた。そのような米ソの思惑の下、国連総会における予算審議は、次第に東西両陣営の政治的駆け引きの場になっていった。

1960年代に起こった国連史上第1回目の財政危機のそもそもの発端は、1956年のスエズ危機をきっかけに創設された国連緊急軍と、1959年のベルギー領コンゴの内乱をきっかけとして起こったコンゴ紛争の際に編成された国連コンゴ活動の2件に関わる出費をめぐるものだった[13]。従来の伝統的な平和維持活動が、停戦の監視を目的とする極めて限定的なものだったのとは対象的に、これら2つの平和維持活動は大規模なオペレーションであり、その経費も、それまでの予算規模とは比較にならないほど莫大な負担となった[14]。米ソ対立を背景とするソ連などの分担金不払いを受け、国連の財政状況は未曾有の危機に陥った。

(2) プログラム予算の導入

国連史上初の財政危機は、総会による国際司法裁判所の勧告の受け入れや、

21ヶ国作業部会や PKO 特別委員会による交渉や説得の効果もあり、1965年8月には最悪の事態が回避される目処がついた[15]。しかし、国連財政が構造的問題を孕んでいるという状況自体には、なんら変わりはなかったため、1965年、国連総会は、国連と国連システムの専門機関の財政を検討させるための臨時の専門委員会、通称「14ヶ国委員会」を設置した[16]。

14ヶ国委員会は、1966年に2つの報告書を総会に提出し、国連システムの行財政運営全般に関する提言を行った[17]。一つは、国連の財政状況に関する詳細な報告書だった。もう一つが、国連システムの行財政の構造的改革に関する提言を含んだものだった。その提言の内容は、予算サイクルを1年から2年に変更すること、プログラム志向の予算を導入するための枠組みづくり、外部行政監査の機能の強化など、多岐にわたっていた[18]。14ヶ国委員会の勧告は、国連総会に承認され、国連事務総長に対しても即刻実施が求められた[19]。

しかし、報告書の提言は、なかなか実行に移されなかった。唯一の例外が、外部行政監査の機能強化を目的として、1967年に国連システム合同監査団がジュネーブに設けられたことだった[20]。国連システム合同監査団は、国連システムの諸機関の行政上の勧告を行うことを目的としている。監査団は、8人の独立した検査官(現在は11人)と、それを支える事務局スタッフから構成されていた。検査官は、予算や行政などの専門家であることが期待されており、広範な調査権限が与えられていた。しかし、監査団の主たる任務は、勧告を含む報告書を提出することであり、自らが決定を下し実施する権限は与えられていなかった。

報告書の提言がなかなか実行されない中、1969年には、国連システム合同監査団の検査官(当時)の一人であったベルトラン(Maurice Bertrand)は、プログラム予算の導入や、中期計画の導入などの一連の行財政改革を勧告する報告書を公表するに至った[21]。しかし、国連におけるプログラムと予算の結合、及び事前の分析に重点をおくプログラム予算の導入には、国連事務局内部では、事務負担の増大や既得権益の喪失などの危惧から根強い抵抗が起きた[22]。また1969年当時では、国連事務局だけでなく、国連加盟国も同様に

導入には消極的だったという[23]。しかしその後の国連システム合同監査団などの強力な後押しもあり、1974～1975年度予算に最初の「プログラム予算」と、1974～1977年(4年間)に最初の中期計画の制度が導入され、国連行政に画期的変化が起きた[24]。このプログラム予算とは、事前の分析及び計画と予算編成の有機的結合を図ったものだった[25]。具体的には、以前は国連においては伝統的な費目別予算が採用されていたが、プログラム予算の導入により予算単位ごとに、アウトプット、目的、期待される実績などが記載されるようになった[26]。この中期計画とプログラム予算の導入により、国連においても、予算とプログラムが初めて一体化し、後のプログラム評価を行うための前提条件の一端が整備されることとなった。

ただし、プログラム予算はあくまで「事前の計画」を重視したものであり、当初期待されていたようなアウトカムが得られていたかを検証する「事後の評価」を重視したものとは言えなかった。すなわち、あくまでインプット重視の概念であり、そこが、後のプログラム評価に代表されるアウトカム重視のプログラム・アカウンタビリティーの概念とは大きく区別される。

3　第Ⅲ期「プログラム・アカウンタビリティー」の概念(1982～2002年)

第Ⅲ期は、1982年に内部プログラム評価が国連事務局において本格的に制度化されてから、2002年に結果志向型予算方式が国連事務局に漸進的に導入されるまでの時期である。第Ⅲ期の管理型アカウンタビリティーの概念を大きく特徴づけているのは、プログラム評価の制度化であり、同時期の管理型概念には、プログラムの有効性を判断しようとするプログラム・アカウンタビリティーの概念が該当すると思われる。これまでの時期が国連行政の萌芽期と育成期であったのに対して、第Ⅲ期は国連行政の多様化及び肥大化に伴い、行政管理手法と行政統制手法が拡大・強化された時期だった。とりわけ内部行政監査に関しては、第Ⅲ期に至って初めて評価・検査・捜査などの(狭義の)監査以外の監査の主たる類型が出揃うに至った。

(1) プログラム評価導入の背景

内部プログラム評価が国連にも導入されるようになった背景には、次のような事情があった。1974年には、国連にもプログラム予算の導入が図られ、「事前の計画」に重点がおかれるようになっていた。しかし、皮肉なことに、国連の外に目を向けてみれば、プログラム予算の導入を強力に後押ししていたアメリカ連邦政府自体は、自国において1971年に「企画・計画・予算システム」からすでに撤退していた[27]。そして1967年、アメリカの連邦議会は、議会が承認したプログラムを行政機関がどのように実施しているのかを監視する「プログラム評価」の導入を図っていた[28]。これには、1960年代末から1970年代にかけて、アメリカ連邦議会においては、「事前の計画」から「事後の評価」の重視へと価値観のシフトがすでに起きていたことが背景にあった[29]。

このようなアメリカ連邦議会における動きは、当然国連にも影響を与えるようになった。その最たるものが、アメリカによる国連事務局内へのプログラム評価導入の要求だった[30]。

ところで1970年代末から、国連事務局内でも散発的に内部評価の試みは始まっていた[31]。しかし、国連行政全体に適用される組織的体系的な評価制度は未確立で、アドホックに実施された評価データ相互の比較や組織的な活用はできなかったという[32]。そのような状況の中で、国連における評価機能の強化を強く主張してきたのは、ほかならぬアメリカだった[33]。アメリカは1970年代初めには、アメリカ議会(下院)のイニシアティブで外部評価機能の創設を国連に対して要求するなど、当初は、外部評価機能の制度化に熱心であった[34]。その後、外部評価機能に関しては、1976年、国連システム合同監査団に外部評価機能を追加することが決定されるに至った[35]。

しかし、このような外部評価機能の制度化にもかかわらず、国連の評価機能の強化という観点からは、期待されたような結果を生み出したとは到底言いがたかった[36]。というのも、国連システム合同監査団の評価分野における専門性の脆弱さや十分な人員の欠如などにより、1980年代半ばに至るまで、実質的な外部評価業務は、ほとんど行われていなかったからだった[37]。また一方では、外部評価業務を所管すべき国連システム合同監査団が、外交的

第 3 章　国連の管理型アカウンタビリティーの概念の推移　63

な駆け引きの中で機能しきれていなかったことなども、しばしば指摘された。いわゆる「国連システム合同監査団の外交化現象」と言われた現象だった[38]。これらのことから、国連事務局によって行われるべき内部評価機能の充実を求める声が、次第に高まっていった[39]。

　また、1980 年代当時の国連の財政環境の一層の悪化というような外部的要因も加わり、非効率部門から効率部門への資源の再配分に向けての強い要求が生まれたのも、その勢いに一層の拍車をかけたと考えられる[40]。この点においても、国連に対してさらなる圧力をかけたのは、アメリカだった。具体的には、1981 年頃からアメリカ国務省国際機構問題局が中心となって、評価制度の拡充と担当部局の強化を国連事務総長に求め、意図を同じくすると確信した国連システム合同監査団と連携するようになった[41]。

　このようなアメリカからの圧力の高まりと国連の財政状況の急激な悪化を受けて、1981 年には、国連総会において内部評価の制度化を推進する決議案が採択されるにいたった[42]。同決議は、国連の内部評価システムの強化と評価所管部署の強化の検討を、国連事務総長に求めたものだった[43]。

（2）1982 年規則の制定
国連の「中期計画」及び「プログラム予算」に関する規則制定（1982 年）

　1981 年の国連総会における内部評価の制度化を推進する決議案の採択を受け、1982 年国連総会は、計画調整委員会によって提出された内部評価の制度化を具体的に推進するための規則を修正のうえ承認した[44]。それが、1982 年の「計画策定、予算のプログラム的側面、執行のモニタリング及び評価の方法を律する規則」だった[45]。

　同規則の制定により、中期計画の策定、それに基づく 2 年サイクルのプログラム志向の予算編成、そうやって決められた予算執行のモニタリング、予算執行後（事後）のプログラム評価、それをまた計画策定に生かすための新たなサイクルの仕組みがようやく出来あがった[46]。これにより、計画、予算、評価の 3 者が一体となり、より効率的な資源配分をするための最も基礎となるおおまかな枠組みができたと言えよう。

同規則は内容から鑑みて、大別して2つに分類できるのではないかと考えられる。すなわち、すでに第Ⅱ期の1974年から漸進的に実施されてきていた初めの2つ、計画策定及び予算のプログラム的側面に関する規定の部分と、第Ⅲ期に入り、初めて本格的に実施されることになった後の2つ、執行のモニタリングおよび評価に関する規定の部分である。まず、前者の第Ⅱ期からすでに漸進的に導入されていた中期計画及びプログラム予算に関する規定の部分を取り上げ考察する。

同規則は、中期計画に関係する用語の公式の定義を提示しているという意味でも意義があった。それによると(以下、1982年当時)、まず、「中期計画とは、立法的マンデートをプログラムに翻訳したものである」(同規則3項1)と定義されていた。中期計画の目標や戦略は、政府間機関により設定された政策方針や目標に由来しているとされた(同規則3項1)。中期計画には次の3つの要素が含まれなければならないという。すなわち、①中期的な達成目標、②そのために用いられる戦略や手段、③必要な財源の推定額(同規則3項3)の3つだった。また、中期計画は、2年ごとのプログラム志向予算の策定におけるフレームワークとして奉仕するものであるとされた(同規則3項4)。

1982年当時、中期計画はピラミッド型の構造で中期計画を頂点として、その下位の構成単位として上から順に、大プログラム、プログラム、下位プログラム(サブ・プログラム)からなっていた(同規則3項6)。

中期計画の策定手続については、国連事務総長が中期計画のドラフトを作成し、施行の1年前に総会に提出するとされた(同規則3項9)。そのドラフトを経済社会理事会、計画調整委員会、行財政問題諮問委員会の所見や勧告に照らしあわせながら、総会が検討し、承認するとされた(同規則3項14)。

このようにして採択されたプログラムがなぜ重要かというと、財源を必要とするすべての活動は、プログラムの中に組み込まれなければならなくなったからである(同規則4項5)。すなわち、中期計画の導入により、原則としてどのような活動もプログラム化されない限り、予算化はされないことになった。

ベルトランによれば、このような中期計画の導入には、賛成派と反対派の対立があったのだという[47]。賛成派は、透明性や明確さに関する要求や、目

標をもっと正確に定義することの必要性、国連が組織として果たすべき役割を熟考するよい機会であること、作業方法の合理化に役立つことなどを唱えたと言う[48]。これに対し反対派は、世界的な問題発生を事前に予知すること自体が不可能であること、国連の活動には柔軟性が必要であること、国連の活動の大多数は事前に計画することが実際的に困難であること、(準備期間を考慮すると)6年から8年前に計画策定しなければならないことなどを挙げて、強硬に反対したのだという[49]。

このような対立にもかかわらず、中期計画導入に向けて様々な争点についての議論が続けられた[50]。特に対立した争点のひとつは、ローリングプランか、定期計画方式か、という点であった[51]。ローリングプランの支持者は、毎回2年ごとに、向こう4年間から6年間の活動の一般的方向性を示したプランを改訂すべきであるとした[52]。一方、定期計画方式の支持者は、決められた期間内における正確な目標の設定というのが重要であるとし、活動計画の日程表を含む安定した枠組みを築くことが大切だと説いた[53]。結局、当初の4回は、ローリングプラン方式の4ヶ年計画が採用された(1974～77年、1976～79年、1978～81年、1980～83年)。ちなみに1984～1989年からは、6ヶ年計画の定期計画方式に移行した[54]。しかしその後1998年以降は、また4ヶ年計画に戻り、また2年ごとにローリングで改訂されることになり、定期計画方式自体が廃止されている[55]。

また中期計画の構造、すなわち下位の構成要素に関しても議論が分かれた。構成要素の定義はどうあるべきかについて、特に、各々の国際機関間でそれぞれの活動の性格の違いから意見が分かれた[56]。結局1982年12月の時点では、前述したような大プログラム、プログラム、下位プログラムの3層構造がとられることになった[57]。

このように同規則の採択により、中期計画とプログラム予算の有機的結合がさらに強まり、中期計画の策定、及び計画の中に活動を位置づけること、すなわち活動のプログラム化、活動の内容別の予算編成、そしてプログラム志向の予算編成という一連の流れをつくることが可能になっていった。

国連の「執行のモニタリング」及び「評価」に関する規則制定(1982年)

　1982年の「計画策定、予算のプログラム的側面、執行のモニタリング及び評価の方法を律する規則」は、中期計画とプログラム志向予算編成以外に、執行のモニタリング、及び評価の方法を律する規則についても規定していた[58]。

　評価の定義とは、「できるだけ組織的にかつ客観的に、当該機関の活動の妥当性、効率性、有効性及びインパクトを、それらの活動の目標に照らして判断することである」とされた(同規則6項1)。そして、すべてのプログラム化された活動は、定期的に評価されなければならないという原則が宣言されるにいたった(同規則6項2)。具体的には、国連事務総長は評価計画と評価の所見を政府間レベルで検討するための日程表を、中期計画の原案と同時に、総会に提出し承認を受けなければならないとされた(同規則6項2)。また国連事務総長は、中期計画の原案を提出する際、すでに実施されたすべての評価の結果を要約した報告書も、一緒に総会に提出しなければならないとされた(同規則6項4)。政府間レベルで検討された評価に関する所見は、次期のプログラム設計、通達、政策指針に反映されなければならないとされた(同規則6項4)。

　評価は、「内部評価」と「外部評価」の2種類から構成されると分類された(同規則6項3)。内部評価については、国連事務総長が内部評価システム開発を担当し、評価過程における国連加盟国の協力については、必要に応じて仰ぐとされた(同規則6項3)。外部評価については、総会がアドホックな外部評価を遂行するために適切だと考える機関(国連システム合同監査団を含む)に依頼するとされた(同規則6項3)。

国連事務局内に中央評価室の創設

　このように1982年の「計画策定、予算のプログラム的側面、執行のモニタリング及び評価の方法を律する規則」の採択により、国連の内部評価システムの枠組み合意が初めて成立した。しかし、これを遂行できる体制も同時に確立したわけではなかったので、合意された内容の履行はなかなか進まなかった。

　翌年の1983年4月、国連事務総長は、17の国連及び国連本体に属する機関の内部評価システムの構築が遅々として進まない現状を報告した[59]。この

状況に危機感を募らせた計画調整委員会は、1983年5月、事態打開に向けて国連事務総長に対し、数々の勧告を行った[60]。計画調整委員会の主たる主張は、国連の様々な部局に分散している多数の中央評価所管部署を統合して一つにし、評価のための中心となる役目を果たせるようにすべきというものであった[61]。

1983年12月、国連総会は国連事務総長が1981年の総会決議の迅速な履行を滞らせていることを批判し、国連事務総長に対して、内部評価システムを強化するため、あらゆる可能性を検証し、内部評価室への人員配置を含めて必要な措置をとるよう要請した[62]。同時に、複数の分散する中央評価所管部署を統合して一つに集約させるべきだという計画調整委員会の勧告を支持した[63]。

1983年の計画調整委員会及び総会決議を受けて、1985年3月、国連事務総長は分散する評価機能をすべて1ヶ所に集約し、国連内部評価システムの発展を担うべき新しい中央評価室を創設した[64]。中央評価室の業務の一つとして、国連全体の評価業務を遂行するための方法論、ガイダンス、基準を開発するにあたり、中心的な役割を果たすことが明記された[65]。

この最後の役割、すなわち国連全体の評価業務に適用される方法論の開発は、中央評価室の機能の中で緊急性のある最優先の課題とされた[66]。非常に限られた人的資源しか与えられていない中で、中央評価室は、1985年9月には最優先課題とされていた「国連評価手引き」のドラフトを仕上げ、1986年には最終版が配布された[67]。その制度は、自己評価と入念評価の2本柱から構成されるとされた[68]。自己評価とは、プログラム運営責任者自身が実施するもので、自身のプログラムの実施状況とアウトプットを自己申告するものだった[69]。入念評価とは、政府間機関の要請により評価所管部署が実施するもので、国連本体に関しては、中央評価室が担当することになっていた[70]。両者の関係については、前者の自己評価の結果たる自己評価報告書が、後者の入念評価の基礎資料となるというような関係だったと考えられる。

内部評価制度の問題点

このような経緯で新たに再スタートした内部評価制度であったが、この制度も実施にあたり、様々な問題があることが次第に明らかになってきた。それは、主にこの制度の牽引力となるべき新たに創設された中央評価室自体に問題があったのではないかと推定される。

中央評価室創設に関する国連事務総長の決断は、機構上は評価機能の一点集約化であり、内部評価機能がこれにより強化されたかのような印象を与えるのだが、実際は機構改革により、評価業務に従事する職員の数は、増員ではなく減員されていた[71]。当該事情を鑑みれば、当時の国連事務総長の決断の結果が評価能力向上に結びつくものであったとはとても言えないということに留意する必要がある。

このような状況下、中央評価室の業務の約50％は、いわゆる特別評価と呼ばれている国連の主要な活動分野、例えば、ドラッグコントロールとか人口とかの評価を毎年１つずつ取り上げて実施するというものだった[72]。次の30％は、計画調整委員会に依頼された３年ごとの再検討であり、３年前に実施された入念評価の結果の勧告の実施状況を追跡するものだった[73]。残りの20％だけが、評価システムの強化に関して費やせるとされ、前二者は割愛不可能な中央評価室の主たる業務と考えられていた[74]。したがって、評価システムの開発をさらに充実させるためには、中央評価室の人員増がまずは必要だった[75]。

また、内部評価室がプログラム運営責任者による自己評価システムを提唱したことに関しては、アメリカ国務省の国際組織問題局は、そのような自己評価システムなどはデータ収集メカニズムとして有益なだけで、より客観的な(外部)評価のシステムが必要であることに変わりはないとして批判的な態度をとっていた[76]。

(3) 内部行政監査の機能強化

内部捜査・検査機能導入への総会からの圧力

このように、国連の内部行政監査は、創成期の形式的適合性をみるだけの

会計検査の時代から、国連の財政危機をきっかけに機能面での広がりをみせ、業務の内容や質を問う検査やプログラム評価も包含するようになり、徐々に機能を拡大させていった。

しかしその一方で、会計検査は「内部会計検査課」、プログラム評価は「中央評価室」、プロジェクト遂行中のモニタリングは「中央モニタリング室」、行政管理に関するコンサルティング業務は「行政管理勧告課」というように、それぞれ4つの担当部署が別個に独立して業務を遂行していた[77]。したがって、国連全体としての包括的な内部行政監査プランという壮大な青写真を描くには、程遠い状態が続いていた。また、内部行政監査の結果として出される勧告や意見等が、実際の業務遂行に取り入れられるまでの過程の面でも、当時は、大きな問題を残していた。それゆえ、国連においては、包括的かつ一元的な内部行政監査の制度が次第に希求されるようになり、それに関する様々な議論が巻き起こってくることになる。

具体的には1992年末から翌年にかけて、国連加盟国は国連総会にて国連事務局内の行財政部門の機構改革案を作成し、それを第48会期国連総会に提示するよう国連事務総長に求め、同時に行政監査および行政管理部門における抜本的改革案の提示と行動をとることを求めた。具体的には、次の3点が挙げられた。

まず第1に、1992年12月国連総会は、国連事務総長に対して国連事務局内に点在する4つの内部監査所管部署のそれぞれの業務内容と有効性を考察し、第48会期国連総会に提出するよう求めた[78]。

第2に、1993年2月、国連総会は計画策定に関して国連事務総長に、国連のプログラム運営責任者の責任とアカウンタビリティーのシステムを構築し、同様に第48会期国連総会に報告するよう求めた[79]。

第3に、1992年12月、国連総会は国連事務局の財政面における監視、統御、管理運営を断固として強化するために、国連事務総長に提案し行動することを求めた[80]。すなわち国連事務総長に、内部監査機能を強化し独立性の高い効果的なものにすること、及び内部監査の結果に対し適切な応答をすべき手段を強化すること、それについて総会に報告することを求めた[81]。同時にさ

らに具体的に、国連事務総長に対し、横領された資金を回収するための効果的な法的メカニズムを創設すること、及び組織に対して詐欺行為を犯した者に対して犯罪として訴追するための提案をすることを求めた[82]。翌年の1993年4月には、国連総会は国連事務総長に対し人事面でも同様に監視、統御、管理を強化するための提案をするよう要請した[83]。

総会における国連の内部行政監査機能強化を再三にわたって求める国連加盟国の要求を受けて、1993年6月、国連システム合同監査団は、国連事務局のイニシアティブとは別に、国連加盟国が独立してこの問題を考慮できるよう、国連の内部行政監査機能強化に向けて監査を開始することを決定した[84]。

国連事務総長による「検査・捜査局」の創設

国連システム合同監査団の素早い対応を察した当時のブトロス＝ガーリ(Boutros Boutros-Ghali)国連事務総長は、総会からの再三の行政監査強化への圧力もあり、1993年8月、独自のイニシアティブで、それまで分散していた内部監査に関連するすべての部局を統合するという新たな動きに出た[85]。それが、「検査・捜査局」と呼ばれることになる新しい部署の創設だった[86]。当該部署は同年9月から、国連事務総長によって新たに任命される国連事務次長補によって率いられることが表明された[87]。

検査・捜査局は、既存の「中央評価室」「中央モニタリング室」「行財政部」の中の「内部会計検査課」と「行政管理勧告課」の2つを含めた、全部で4つの部署を統合合併し、構成された[88]。新たに創設された検査・捜査局は、行財政部から独立することになり、行財政部の部長に対する報告義務がなくなった[89]。それに伴い、国連事務総長へ直接報告できるようになり、権威が増した。

このように国連事務総長は、それまで分散していた既存の監査所管部署を1ヶ所に集約し効率化を図ろうとした。ただしこの試み自体は、国連事務総長の最終的な決断として捉えられるべきものではないという趣旨のことも同時に言明されていた[90]。すなわちこの再編は、翌年の1994年総会において、国連加盟国が最終的な内部監査制度改革案を決定するまでの最初の一歩であると説明された[91]。

この国連事務総長による決定は、行政監査の機能という観点から鑑みて、次の2点から評価できる。第1に、1994年2月、外部監査及び内部監査を通じて、国連の監査に初めて捜査の機能の導入が決定されたという意味で画期的だった。第2に、これまで検査の機能に関しては、国連においては外部監査にしか存在しなかったが、この決定により国連の内部監査にも初めて検査の機能が導入されることになった。ただしそのほかの会計検査や評価などの機能に関しては、既存の部署が遂行していたものを基本的に引き継いだだけだったともいえる。

　この国連事務総長の提案は、国連加盟国にはどのように捉えられたのだろうか。まずアメリカだが、この国連事務総長の提案は、既存の人的資源をそのまま異動させて新しい部局の名のもとに統合しただけで、機能面での強化がなされておらず、十分に実体的な効果を生まないだろうという厳しい批判がなされた[92]。そしてアメリカは、検査・捜査局の創設にもかかわらず、依然としてさらに自主的でより権威のある監視機構の創設を求め続けた[93]。

　国連システム合同監査団は1993年9月、国連の内部監査機能強化に関する外部監査報告書を独自に発表した[94]。その中で、国連事務総長による改革は始めの一歩にしかすぎず、検査・捜査局の創設は、国連の行政監査の機能の観点からみた能力の向上には答えていないこと、国連事務総長に質的な意味での一層の改革努力が必要であることを勧告した[95]。

アメリカによる「監察総監室」創設の提案

　1993年11月、アメリカの国連常駐代表オルブライト (Madeleine K. Albright) 大使は、国連総会の第5委員会(行財政担当)に対し、国連事務総長の検査・捜査局創設のイニシアティブの対抗策として、「監察総監室」(オフィス・オブ・インスペクター・ジェネラル)を創設するよう新提案を提出した[96]。

　オルブライト提案によれば、新たに創設される監察総監室は、国連のあらゆる活動の審査に基づいた独立した勧告を提供することにより、国連加盟国や国連事務総長を補佐するとされた[97]。あらゆる活動とは、国連本部及び地域事務所の活動であり、通常予算のみならず、平和維持活動予算や自発的

拠出金による活動も含むとされた[98]。同時に新たに設立される監察総監室は、外部に対する報告の責務を負っており、国連事務局や他の統治機関から完全に独立して責任を果たすとされていた[99]。

この対立する意見の狭間で、1993年末に第48会期国連総会は、国連システムの各機関の外部監査機関の集合体である国連外部監査団[100]と、国連固有の外部監査機関である会計検査委員会に対して、国連内部の行政監査機能改善に関する意見を求めた[101]。

この求めに応じて、国連外部監査団及び会計検査委員会は、内部監査と外部監査の機能の差異の尊重を促すとともに、検査・捜査局創設に関する国連事務総長のイニシアティブを支持した[102]。そして質の高い人的資源補填により、検査・捜査局の機能をさらに向上させられるだろうという見解を出した。この背景には、国連システム合同監査団が、その監査報告書の中で提案した、単なる内部監査の枠を超えた非常に独立性の高い強力な監査機関の創設という案が、会計検査委員会等の外部監査機関との業務上の重複をもたらすのではないかという危惧が働いたためと思われる[103]。そして、この国連外部監査団と会計検査委員会による勧告は、途上国を中心に幅広い支持を受け、オルブライト提案を支持するアメリカ代表部との間で、途上国対先進国という対立的な構図が生み出されることとなった。

だが、国連外部監査団及び会計検査委員会のこのような提言に対しては、アメリカ政府のみならず、アメリカ議会までもが、その不満を表出させた[104]。1994年4月、アメリカ議会は法律を制定することにより、数ある主張の中でも、とりわけアメリカの提案する監察総監室を国連に創設することの重要性を強調した[105]。

同法は、国連がそのプログラムや活動に関して、客観的な会計検査、検査、捜査を遂行し監督することのできる独立性の確保された所管部署を創設したということを大統領が認証できるまで、ある一定の資金の国連への支払いを保留することを定めたものであった[106]。同法は、次のような3つの手続きを監察総監室が確立することを求めていた[107]。すなわち第1に、すべての記録及び文書へのアクセスができること、第2に、監察総監室の勧告を応諾して

いるかどうかを確認するための手続きが確立されること、第3に、不服申し立てをしたり、情報開示したり、監察総監室の遂行する捜査や検査に協力したいかなる職員のアイデンティティーも保護し、報復を事前に防止するための手続きがとられること、が求められていた。

　このようなアメリカからの財政的な揺さぶりという強力な圧力の下、諮問した複数の外部監査機関からも相反する見解を提示された総会は、紛糾を重ねながら、国連の監査制度改革のための討議を継続して行った。アメリカを含めた国連加盟国間での一連の交渉の結果、妥協が図られ、1994年7月、国連総会は国連事務局内に強大な独立性をもつ強力な内部監査機関の創設を認める決議を行うに至った[108]。それを受け、国連内部監視局が国連事務局内に新たに創設されることになった[109]。

　アメリカは、国連内部監視局の機能を保証するために、政治的圧力をかけることを創設時だけでなくその後も行っている。例えば1997年には、アメリカの議会は、国連内部監視局が財源不足やその他の理由で業務を遂行できないことがないように、1994年同様の承認を経ることなしには予算を執行しない旨を定める法律を制定したことがある[110]。

国連内部監視局の組織および機能

　このようにして紛糾の末、国連内部監視局はついに創設されたわけだが、同局の管轄の範囲や構成について概観してみる。国連内部監視局は、国連事務局全体にわたって監視機能を行使するための権限を与えられたが、ここでいう国連事務局とは、平和維持活動も含む国連事務局のすべての職員や資源のことである[111]。さらに、国連共同職員年金基金のような独立の機能をもった機関の会計検査も担当している[112]。ただし、国連内部監視局がいくら広範な管轄権をもっているからといって、原則として国連システムの専門機関の監査をする権限は付与されていないことには留意すべきである[113]。

　国連内部監視局長は、事務次長補だった検査・捜査局長よりも格上げされ、事務次長とされた[114]。任期は5年で、再任は不可とされた[115]。当時の国連内部監視局は、会計検査と行政管理コンサルティング、捜査、中央モニタリン

グと検査、中央評価という4つの部署から構成されていた[116]。国連内部監視局長は、同局の活動の全体的な管理を行う一方で、同局の勧告の実施状況を監視するとされた[117]。国連内部監視局によってなされた勧告の履行状況の追跡調査に関しては、それぞれの部署が勧告の履行が完了したかどうかを決定する責任を負うとされた[118]。その情報は、国連内部監視局長の所管する中央データベースにて自動制御化され、管理されていた[119]。

また、国連内部監視局長は、国連事務総長からの「業務上の独立性」を確保されることが図られていた[120]。この内部監視局長の業務上の独立性の確保に関する問題は、後のイラクの国連石油食糧交換計画の腐敗疑惑との関連において、おおいにクローズアップされ議論になった極めて重要な論点である。これについては、本書の第Ⅱ部第6章のイラクの事例研究に関する項で、さらに詳細に検討したい。

4　第Ⅳ期「業績志向型アカウンタビリティー」の概念(2002～2011年現在)

第Ⅳ期の特徴は、2002年から始まった国連事務局における結果志向型管理方式の漸次的導入であり、同時期の管理型アカウンタビリティーの概念としては、「業績志向型アカウンタビリティー」の概念が該当すると考えられる。国連における「結果志向型管理方式」の定義とは、望まれた結果を達成するための政府活動を保証すること、そのための業績の改善を強調する改革であるとされている[121]。まず国連事務局に業績志向型アカウンタビリティーが導入された経緯について概観し、次に同概念の特徴などを探る。

(1) 業績志向型アカウンタビリティー導入の経緯
OECD諸国の公的セクター改革の影響

1990年代を通じてOECD諸国は、財政問題や構造問題などの自国内の問題やグローバリゼーションなど新たな変革の圧力に対応するために、自国における広範な公的セクター改革に取り組んできた[122]。そのアプローチの仕方は様々であったが、共通した特徴を挙げれば、それが業績、あるいは結果の

達成という目標に着目していたことであった。いわゆる「結果志向の管理」の考え方であり、それらは、後に結果志向型管理方式とも呼ばれるようになったが、その鍵となる要素は、業績測定の考え方であった。

　開発援助の分野では、主たるドナーであるOECD諸国の間では、財政収支や国際収支の悪化などから、国内においては1980年代から「援助疲れ」の現象が起きていた[123]。それに拍車をかけるように、1980年代末のベルリンの壁の崩壊、それに続く東西対立の消失により、多くの西側諸国が開発援助を積極的に継続する意義を喪失するという事態が起きていた[124]。そのような状況の中で、ドナーであるOECD諸国の政府や究極的には納税者を説得させる必要性が高まり、援助の使途の効果や有効性に対する関心がいきおい高まることとなった[125]。そして、OECD諸国の公的セクターにおける結果志向の管理の考え方は、まずは二国間政府開発援助の効果や結果を求める圧力となって拡大していき、従来は開発援助の実施プロセスとは別途行われていた評価活動が、次第に二国間政府開発援助のシステムの一部として組み込まれるようになっていった[126]。このような潮流は、徐々に世銀などによって実施される多国間開発援助にも伝播していくようになった[127]。例えば1992年に世銀は、結果を求める出資国の意向を受けプログラムやプロジェクトの成功率に関する調査を始め、新規ローンの実施に拘泥してきた自らの姿を明らかにするに至った[128]。

　また同時にこのような外部的圧力は、多国間開発援助を実施する機関に対して事業活動の評価だけでなく、当該機関自身の内部行政管理手法の変革を求める力としても働くようになっていったことが注目される[129]。そして、世銀や国連開発計画などもその例外ではなかった[130]。ただし、例えば国連開発計画における結果志向の取り組みの仕方は、あくまでインプットや業務の管理を重視する従来の方式にとどまっており、ドナーやステークホルダーの要求する結果を効果的に提示するには至らなかったとして問題を指摘されていた[131]。

　このような1990年代を通して行われた、ドナーであるOECD諸国からの国連開発グループの諸機関に対する外部的圧力は、国連本体の事務局にも無

縁ではなかった[132]。1997年、アナンが国連事務総長に就任すると、当時、世界的に広まりつつあった新公共経営論の影響を受けた国連の行政改革の実施を試みようとした。それが、1997年7月に発表されたアナン前国連事務総長による最初の包括的な改革案、「国連の再生――改革プログラム」である。同報告書で、アナン前国連事務総長は「業績測定」の手法に基づく「結果志向型予算」の国連事務局への導入を初めて主張した。

国連システムにおける結果志向型管理方式導入のパイオニア

さらに、このようなOECD諸国を中心とする結果志向の取り組みへの要求は、国連専門機関なども属する国連システム全体にも次第に影響を与えるようになっていった[133]。国連システムの中で、最も早く結果志向型管理方式導入の先鞭をきったのが、国連専門機関の世界知的所有権機関である[134]。同機関は、1998～1999予算年度から、「結果志向型計画及び予算」を導入することにより、国連システムの中のパイオニアとして、結果志向型管理方式の導入に踏み切った[135]。1997年11月、新しく事務局長に指名されたイドリス(Kamil Idris、スーダン国籍)のダイナミックなリーダーシップの下、同機関は新しい情報システム、人事管理システム、及び行政監視システム導入などの行財政分野において新しい方向に舵取られていった[136]。その結果、同機関の行政管理のあり方が、企業志向に戦略的に大きく変容していくこととなった[137]。世界知的所有権機関において、国連システムの中で最も早くこのようなガバナンスの改革が行われたのは、1990年代、同機関が大きな変革期を迎えていたことが背景にある。グローバリゼーションなどの進展とともに、知的所有権保護の需要が高まり、1990年代に125ヶ国であった同機関の加盟国は、1997年には3割強増え、167ヶ国にまで急増していた[138]。そのほとんどが、開発途上国及び東欧諸国であった[139]。この変革期を乗り切り、新規加盟国の新たな需要に応えていくために、新事務局長イドリスは、抜本的な行財政改革を行う緊急な必要に迫られていた。

このイドリスによる行財政改革が、OECD諸国による外部的圧力の結果だったか否かに関しては、当該機関の財政面の次のような特徴に留意する必要が

ある。主にドナー諸国からの自発的拠出金からなる予算外資金に依存している国連の開発援助機関とは違い、同機関においては、その収入の9割以上は、当該機関の事務局が自律的に管理・運営する国際登録制度の手数料収入によって占められている[140]。換言すれば、国連加盟国の分担金が収入に占める割合は、全収入の1割以下でしかなく[141]、分担金の多寡が、当該機関の運営に関する政治的影響力に直接的に比例していたわけではなかったことが推定される。したがって、予算外資金に依存している国連開発援助機関とは違い、世界知的所有権機関においては、資金力を背景にしたOECD諸国による外部的圧力は直接的には作用しがたいメカニズムとなっていたと考えられる。

国連補助機関及び本体における導入の動き

ところで、再び国連の開発援助機関に目を向けてみれば、こちらの機関の方は、OECD諸国における援助機関や納税者からの援助のもたらした具体的な効果を知りたいという要求の高まりに、よりさらされるようになってきていた。これらの声に応えるために1998年初め、国連開発計画総裁は、プログラム結果の測定と評価のための枠組みを開発するための決定を下した[142]。これが、国連開発計画における結果志向型管理方式導入に向けての最初の本格的な動きであり、採用された結果志向型管理方式は、「計画」と「報告」という主として2つの柱からなっていた[143]。

前者の計画とは、1998年に導入が決定され、1999～2000予算年度から導入されることになった「多年度資金計画フレームワーク」を指していた[144]。このフレームワークは、国連開発計画の歴史の中で初めて、明確な結果と統合的な資金枠組みに基づく戦略的な資金計画を導入したという意味で、非常に画期的であった[145]。具体的には、2000年以降4年間のサイクルで定められ、「戦略的成果フレームワーク」と、「統合資金フレームワーク」の2つから成り立っていた[146]。

後者の報告とは、1999年以降発行されている「結果志向型年次報告書」と「多年度資金計画フレームワーク報告」の2つだった[147]。

また国連人口基金においても、国連開発計画と同様に、2000年から計画

と資源と予算と結果を結びつける「多年度資金計画フレームワーク」が導入された[148]。

このように、国連開発計画や国連人口基金などにおいては、国連本体の事務局よりも結果志向型予算の導入が、数年ではあるが若干早期に始まっていたという事実が浮かび上がってくる。これは国連本体と一言に言っても、国連開発グループに属する予算外資金によって財源が賄われている国連開発計画や国連人口基金のような国連の自立的補助機関においては、ドナーであるOECD諸国の影響力の非常に強い独自のガバナンス組織(国連開発計画における執行理事会など[149])が存在していたことが原因であると考えられる。

国連システム内における、このような結果志向の取り組みの経験も参考にしながら、国連総会は、3年あまりの討議を経た後に、2000年12月、国連事務局への結果志向型予算の漸進的導入を決定する決議をすることとなった[150]。導入が漸進的と形容されたのは、最初の結果志向型予算は2002～2003予算年度から導入が始まったが、本来はそれに伴って改変されるべき様々な行政的規則は即座には改変しないとされたことによる[151]。この結果志向型予算方式の導入決定により、国連における業績志向型アカウンタビリティーの積極的運用の前提が固まることとなった。

(2) 業績志向型アカウンタビリティーの概念の特徴

次に、国連における業績志向型アカウンタビリティーの概念の特徴を探ってみる。国連システム合同監査団は、伝統的なアカウンタビリティーの概念と業績志向型アカウンタビリティーの概念を対比することにより、両者の特徴の差異を明らかにしており興味深い[152](表3参照)。この表から推察される国連における業績志向型アカウンタビリティーの概念の特徴とは、伝統的な上位者への権限集中と権威主義的な管理方式の否定、及び現場への権限委譲と誘導に基づく、よりリベラルな管理方式の肯定にあると考えられる。このように結果志向型管理方式の導入により、国連の行政管理のあり方は、根本的に大きく変容していくことが求められるようになった。

第3章　国連の管理型アカウンタビリティーの概念の推移　79

表3　伝統的アカウンタビリティーと業績志向型アカウンタビリティー

	伝統的アカウンタビリティー	業績志向型アカウンタビリティー
認識	否定的な機能を回避することを強調	正しい行為を奨励することを積極的に強調
視野	検査	誘導
タイミング	断続的	継続的
管理の役割	反応性	先取的
目的	維持	適応

(参照：UN document, JIU/REP/2004/7, p.14.)

5　小　括

　本章では、国連における管理型アカウンタビリティーの概念の歴史的推移を考察した。その検討の過程において、国連行政の歴史を大別して4つの時期に分類することを提案した。

　第Ⅰ期は、1945年の国連創設時から1974年に国連にプログラム予算が導入されるまでの時期だった。第Ⅱ期は、1974年から1982年に内部プログラム評価が国連事務局において本格的に制度化されるまでの時期だった。第Ⅲ期は、1982年から2002年に結果志向型予算方式が国連事務局に漸進的に導入されるまでの時期だった。第Ⅳ期は、2002年から現在に至るまでの時期だった。

　第Ⅰ期は国連行政の創設期にあたり、法規や規則の遵守を重視する合規性のアカウンタビリティーの概念が該当すると考えられた。ただし、当時の内部会計検査においては、予算の使途に関する資源利用の形式的適合性のみが審査されていただけだった。

　第Ⅱ期は、史上初の財政危機を乗り越えた国連が、1974年のプログラム予算の導入により予算とプログラムの結合を図るなど、行財政の制度改革に取り組み始めた時期だった。しかし、プログラム予算においては依然として「事前の計画」が重視されており、「事後の評価」に十分な配慮が払われていなかったという批判も強かった。このような投入される資源（インプット）の管理重視の側面を捉え、当時の管理型アカウンタビリティーの概念には、プロセス・

アカウンタビリティーが該当していたと考えられる。

　第Ⅲ期は、国連行政の多様化及び肥大化に伴い、行政管理手法と行政統制手法の双方が飛躍的に拡大・強化された時期だった。1982年の内部プログラム評価の導入により、当時の国連は、当初期待されたようなアウトカムがプログラムから得られているかどうかという、プログラムの有効性を判断しようとするプログラム・アカウンタビリティーの概念に推移したと考えられる。

　第Ⅳ期は、1990年代を通じてOECD各国を席巻した新公共経営論の理念が、結果志向型予算方式となって、2002年以降国連に漸次導入されていった時期だった。業績測定や結果に基づく管理などの考え方を背景にもつ、業績志向型アカウンタビリティーの概念が、当時の国連には該当したと考えられる。

　これらの国連における管理型アカウンタビリティーの概念の歴史的推移を表にまとめると、次のようになると考えられる（**表4**参照）。

　前章で検証したスチュワートのアカウンタビリティーの梯子説によれば、公的セクターにおけるアカウンタビリティーの概念は、（第1段階）合規性のアカウンタビリティー⇒（第2段階）プロセス・アカウンタビリティー⇒（第3段階）パフォーマンス・アカウンタビリティー⇒（第4段階）プログラム・アカウンタビリティー⇒（第5段階）ポリシー・アカウンタビリティーに推移すると仮定された。したがって、スチュワートの説に従えば、国連がグローバル・ガバナンスの行為主体として、自らのガバナンスに関するアカウンタビリティーを果たしていると言うためには、究極的には最終段階たるポリシー・アカウンタビリティーを地球上の市民に対して果たしていることが必要となってくる。具体的には、特定の政策目的に対して選択した政策の説明責任や、政策の実際の達成度に対する説明責任などを果たすことが必要だと考えられる。ただし、現実の国連のガバナンスのあり方は、最終段階のポリシー・アカウンタビリティーにまで達しているとは言いがたい。

　実際は国連においては、スチュワートのモデルにおける最終段階の一つ前の段階であるプログラム・アカウンタビリティーでさえ、成就されていないのが現状であると考えられる。現在国連は、第3段階のパフォーマンス・ア

表4 国連における管理型アカウンタビリティーの概念の推移

	アカウンタビリティーのサブ概念	特徴的な行政手法
第Ⅰ期 (1945〜1974年)	合規性のアカウンタビリティー	1945年〜 法規やプロセスの遵守
第Ⅱ期 (1974〜1982年)	プロセス・アカウンタビリティー	1974年〜 プログラム予算の導入
第Ⅲ期 (1982〜2002年)	プログラム・アカウンタビリティー	1982年〜 内部プログラム評価の導入
第Ⅳ期 (2002年〜現在)	業績志向型アカウンタビリティー	2002〜2003年度〜 結果志向型予算の導入

(筆者作成)

カウンタビリティーの一種である、業績志向型アカウンタビリティーを本格的に追求することにより、第4段階のプログラム・アカウンタビリティーに推移するのに必要な制度的前提条件を整備している段階であるという見方も可能ではないかと思われる[153]。

では、この第1段階から第3段階までのアカウンタビリティーの概念の次元と、第4段階から第5段階までのアカウンタビリティーの概念の次元を大きく隔てているものは、何なのだろうか。

それには様々な分析が可能かと思われるが、一つは、行政の受益者側の視点の有無ではないかと思われる。前者は、行政の供給者側のいわば自己管理の強化ともいえる経済性や効率性の追求の次元であるのに対して、後者は、行政の受益者側からみたアウトカムの有効性の追求の次元であるという言い方も可能だろう。したがって国連が、グローバル・ガバナンスの行為主体としてアカウンタビリティーを果たすために、今後究極的な目標として求められているのは、行政の受益者側の視点の確立、あるいはその利益を反映させるメカニズムの構築ではないかと考えられる。

注
1 「結果志向型予算」とは、国連の定義によれば、次の3つを含むプログラム予算の過程であるとされている。第1に、プログラムの明確な記述が、事前に明らかにされた目的と期待された業績を1組として中心題目とすること。第2に、期

待された業績は、そのような業績を達成するために要求されるアウトプットに由来、またはリンクしている資源の要求を正当化できること。第3に、期待された業績を達成するための実績は、「業績指標」(performance indicator)によって測定されること。「業績指標」とは、国連の定義によれば、期待された業績が達成されたかどうか、またはその達成の度合いを測定するために用いる特徴または特色であるとされている。業績指標は、業績を測定するために用いられる期待された実績に直接または間接的に符号しているという。次を参照。UN document, A/54/456, *Results-Based Budgeting,* Annex I: Glossary of Relevant Terms, 11 October 1999, pp.19-20.

2　ところで、最後の第Ⅳ期の結果志向型予算方式の国連への導入の時期に関しては、国連の自立的補助機関たる国連開発計画や国連人口基金などにおいては、同予算方式が2002年よりも若干前に導入されているため、異論のある向きもあるかもしれない。しかし、本論文においては、その主たる考察対象を国連事務局としていることから、国連事務局に導入された時期である2002年を採用することとする。国連開発計画への結果志向型予算導入に関しては、次を参照。UNDP document, *RBM in UNDP: Overview and General Principles*, p.7 at www.undp.org/eo/documents/methodology/rbm/RBM-Overview-GP.doc (accessed on 21 August 2011).

3　1950年の国連総会決議については、次を参照。UN document, A/RES/456(V), 16 November 1950. 旧国連財政規則第12条については、次を参照。UN Document, *(Former) Financial Regulations of the United Nations, Article* XII on External Audit and Appendix to the Financial Regulations on Principles to Govern the Audit Procedures of the United Nations.

4　外務省国際連合局編『国際機関総覧』1991年版(日本国際問題研究所、1991年)、221頁。

5　黒神直純「国連事務局の発展と行政裁判所」日本国際連合学会編『グローバル・アクターとしての国連事務局(国連研究第3号)』国際書院、2002年、137頁。国際連盟規約には、公務員の「国際性」に関する規定が不在だったことを指摘している。

6　国際連盟事務局職員に「国際的性格」が必要とされると主張したのは、後に、初代国際連盟事務局長ともなったイギリスのドラモント(H. E. Drummond)である。次を参照。H. E. Drummond, "The Secretariat of the League of Nations," *Public Administration*, vol.9, issue 2, 1931, pp. 228-235.

7　城山英明『国際行政の構造』(東京大学出版会、1997年)、56頁。

8　Georges Langrod, *The International Civil Service: Its Origins, Its Nature, Its Evolution* (Dobbs Ferry, N.Y.: Oceana Publications, 1963), p.51, 100.

9　*Ibid.*, p.51, 100.

10　「準拠性アカウンタビリティー(compliance accountability)」の定義については、次を参照。山谷清志「第6章:行政の評価と統制」福田耕二、真渕勝、縣公一郎編著『行政の新展開』(法律文化社、2002年)、152頁。

11　Robert Jackson, *A Study of the Capacity of the United Nations Development System* (also called the "Capacity Study"), Geneva, 1969, "Volume II: Part II, Chapter two: III: The Evolution of United Nations Structure for Development Assistance," paras. 9-10.

12　田所昌幸『国連財政──予算から見た国連の実像』(有斐閣、1996 年)、53 頁。
13　同上、34 頁。
14　同上、34 頁。
15　同上、38-53 頁。
16　UN document, Resolution 2049(XX), *Establishment of the Ad Hoc Committee of Experts to Examine the Finances of the United Nations and the Specialized Agencies*, 13 December 1965.「アドホック委員会(Ad Hoc Committee of Experts to Examine the Finances of the United Nations and the Specialized Agencies)」、通称「14 ヶ国委員会」設置の経緯については、次を参照。Evan Luard, *The United Nations: How it Works and What it Does* (London: Macmillan Press, 1979), pp.129-130.
17　UN document, A/6289, 28 March 1966; and UN document, A/6343, 19 July 1966, paras. 26-67.
18　「中期計画」とは、国連においては、統治機関の決定する立法的マンデートをプログラムに翻訳したものであると理解されている。同定義に関しては、後の 1982 年に制定される「計画策定、予算のプログラム的側面、執行のモニタリングおよび評価の方法を律する規則」第 3 条第 1 項を参照。同規則は、次を参照。UN document, A/RES/37/234, *Programme Planning*, Annex; Regulations Governing Programme Planning, the Programme Aspects of the Budget, the Monitoring of Implementation and the Methods of Evaluation, 21 December 1982.
19　UN document, Resolution 2150(XXI), *Report of the Ad Hoc Committee of Experts to Examine the Finances of the United Nations and the Specialized Agencies*, 4 November 1966, paras. 1 and 3.
20　国連システム合同監査団のマンデートおよび活動の詳細については、次のウェブサイトを参照。www.unjiu.org/(2011 年 8 月 22 日にアクセス)
21　Maurice Bertrand, "Planification, programmation, budgétisation et évaluation à l'ONU," *Annuaire Français de Droit International*, XXXII-1986-publié par CNRS, p.404. ベルトランにより提出された報告書については、次を参照。UN document, A/7822, 3 December 1969 (JIU/REP/69/7, September 1969).
22　田所、前掲書、61 頁。
23　Bertrand, *op.cit.*, p.404.
24　国連システム合同監査団による後押しに関しては、次を参照。Bertrand, *op.cit.*, p.404. また、プログラム予算、及び中期計画を導入した国連総会決議に関しては、次を参照。UN document, Resolution A/3043 (XXVII), *Form of Presentation of the United Nations Budget and Duration of the Budget Cycle*, 19 December 1972; and UN document, Resolution 3199 (XXVIII), Formulation, *Review and Approval of Programmes and Budgets*, 18 December 1973.
25　同定義については、次を参照。城山英明「国連財政システムの現状と課題──多様な適応とマネジメント改革の試み」日本国際連合学会編『グローバル・アクターとしての国連事務局(国連研究第 3 号)』国際書院、2002 年、209-210 頁。
26　同上、209-210 頁。
27　古川俊一・北大路信郷『新版　公共部門評価の理論と実際──政府から非営

利組織まで』(日本加除出版株式会社、2004 年)、35 頁。
28 同上、35 頁。
29 山谷清志『政策評価の理論とその展開――政府のアカウンタビリティー』(晃洋書房、1997 年)、「第 2 章：政策評価の理論動向」。
30 US General Accounting Office, GAO-NSIAD-87-54, *United Nations: Progress to Strengthen UN Internal Evaluation Systems Has Been Slow*, 14 January 1987.
31 UN document, JIU/REP/88/1, JIU, Geneva, 1988, para.122.
32 UN document, *Evaluation Manual of the United Nations/ Central Evaluation Unit,* October 1986, p.67 and Preface pp.i-ii.
33 US General Accounting Office, GAO/NSIAD-86-141, Report to the Secretary of State, *United Nations: More Can Be Done to Strengthen the U.N. Joint Inspection Unit*, 17 June 1986, p.2, 4.
34 *Ibid.*, pp.9-10.
35 UN document, Resolution A/31/192, *Statute of the Joint Inspection Unit,* 22 December 1976. See Annex: Statute of the Joint Inspection Unit, Article 5.
36 US GAO Report, GAO/NSIAD-86-141, *op.cit.*, p.4, 40.
37 *Ibid.*, p.4, 40.
38 Victor-Yves Ghébali, "L'Evolution du Corps Commun d'Inspection des Nations Unies," *Annuaire Français de Droit International*, XXXII-1986-publié par CNRS, pp.439-453.
39 US GAO Report, GAO/NSIAD-87-54, *op.cit.*, p.13.
40 *Ibid.*, p.13.
41 *Ibid.*, p.13.
42 *Ibid.*, p.3.
43 UN document, A/RES/36/228, *Programme Planning B*, 18 December 1981.
44 UN document, General Assembly Resolution, A/RES/37/234, *Programme Planning*, 21 December 1982.
45 以下、同規則は次を参照。UN document, Resolution A/37/234, Annex, *Regulations Governing Programme Planning, the Programme Aspects of the Budget, the Monitoring of Implementation and the Methods of Evaluation*, 21 December 1982.
46 *Ibid.*
47 Bertrand, *op.cit.*, pp.407-410.
48 *Ibid.*, pp.407-410.
49 *Ibid.*, pp.407-410.
50 *Ibid.*, pp.407-410.
51 *Ibid.*, pp.407-410.
52 *Ibid.*, pp.407-410.
53 *Ibid.*, pp.407-410.
54 *Ibid.*, p.405.
55 UN document, ST/SGB/2000/8, Secretary-General's bulletin, *Regulations and Rules Governing Programme Planning, the Programme Aspects of the Budget, the Monitoring of Implementation and the Methods of Evaluation*, 19 April 2000, Regulations 4.7 and 4.13.

第3章　国連の管理型アカウンタビリティーの概念の推移　85

56　Bertrand, *op.cit.*, p.408.
57　UN document, A/RES/37/234, *op.cit.* しかし、その後も議論は継続して行われ、手続規則の改訂もあり、構成要素も変遷し、現在では大プログラムは姿を消し、その代わりに部(Parts)とセクション(Sections)が取って代わり、その下位に、プログラムとサブ・プログラムがある4層構造になっている。UN document, ST/SGB/2000/8, *op.cit.*, Regulation 5.4.
58　以下、同規則は次を参照。UN document, Resolution A/37/234, Annex, *Regulations Governing Programme Planning, the Programme Aspects of the Budget, the Monitoring of Implementation and the Methods of Evaluation*, 21 December 1982.
59　US GAO Report, GAO/NSIAD-87-54, *op.cit.*, p.14. それによれば、17の機関のうち11の機関において、評価所管部署または評価をフルタイムで遂行する職員を欠いていると報告した。評価所管部署がある6つの機関においても、従事する職員の総数が15人であり、そのうち2人はパートタイムであり、さらに別の2人は評価以外の活動にも従事していると報告された。
60　*Ibid.*, p.15.
61　*Ibid.*, p.15.
62　UN document, Resolution A/38/227, 20 December 1983.
63　*Ibid.*
64　UN document, ST/SGB/211, *Establishment of a Central Evaluation Unit*, 20 March 1985.
65　*Ibid., para. 3.*
66　US GAO Report, GAO/NSIAD-87-54, *op.cit.*, p.16.
67　*Ibid.*, p.16.
68　UN document, *UN Evaluation Manual*, pp.8-25 and pp.67-82.
69　*Ibid.*
70　*Ibid.*
71　US GAO Report, GAO/NSIAD-87-54, *op.cit.*, p.17.
72　*Ibid.*, p.17.
73　*Ibid.*, p.17.
74　*Ibid.*, p.17.
75　*Ibid.*, p.6.
76　*Ibid.*, p.3, 5.
77　UN document, ST/SGB/262, *Establishment of the Office for Inspections and Investigations*, 24 August 1993.
78　UN document, General Assembly Decision 47/454, *Financial Reports and Audited Financial Statements, and Reports of the Board of Auditors*, 23 December 1992.
79　UN document, A/RES/47/214, Part V on Other Matters, 12 February 1993.
80　UN document, A/RES/47/211, 23 December 1992.
81　*Ibid.*, para.14.
82　*Ibid.*, para.13.
83　UN document, A/RES/47/226, 30 April 1993.

84　UN document, JIU/REP/93/5, *Accountability and Oversight in the United Nations Secretariat*, 1993.
85　UN document, ST/SGB/262, *Establishment of the Office for Inspections and Investigations*, 24 August 1993, para.1.
86　*Ibid.*, para.1.
87　UN document, ST/SGB/263, *Appointment of Senior Officials*, 24 August 1993, para.1. 同ポストには、エジプト人のモハメッド・アリ・ニアジ（Mohamed Aly Niazi）が国連事務総長によって任命された。
88　UN document, ST/SGB/262, *op.cit.*, para.1.
89　United States General Accounting Office, GAO/NSIAD-98-9, *United Nations: Status of Internal Oversight Service*, 19 November 1997, p.2.
90　UN document, A/48/420/Add.1, 22 November 1993, para.12.
91　*Ibid.*, para.12.
92　US GAO Report, GAO/NSIAD-98-9,*op.cit.*
93　*Ibid.*
94　UN document, A/48/420, JIU Report entitled *Accountability and Oversight in the United Nations Secretariat* (JIU/REP/93/5), 12 October 1993.
95　*Ibid.*
96　UN document, A/C.5/48/35, Letter dated 24 November 1993 from the Permanent Representative of the United States of America to the United Nations addressed to the Secretary-General, 29 November 1993.
97　*Ibid*, p.1.
98　*Ibid*, p.3.
99　*Ibid*, p.3.
100　正確には、The Panel of External Auditors of the United Nations, the Specialized Agencies and the International Atomic Energy Agency.
101　UN document, A/RES/48/218, 23 December 1993, II para.8.
102　国連システム合同監査団元会長の久山純弘氏との面談によるインタビュー（2005年4月27日、東京）。
103　同上。
104　US GAO Report, GAO/NSIAD-98-9,*op.cit.*, p.1.
105　Public Law 103-236 (sec.401(b)).
106　US GAO Report, GAO/NSIAD-98-9, *op.cit.*, p.1.
107　3つの手続の詳細に関しては、次を参照。Public Law 103-236 (sec.401(b)).
108　UN document, Resolution A/48/218 B, 29 July 1994, para.4.
109　UN document, Secretary General's Bulletin, ST/SGB/273, *Establishment of the Office of Internal Oversight Services*, 7 September 1994.
110　United Nations Reform Act of 1997 (S.903, sec.201).
111　UN document, ST/SGB/273, *op.cit.*, para.1.
112　US GAO Report, GAO/NSIAD-98-9,*op.cit.*, p.3.
113　*Ibid.*, p.3.

114　UN document, ST/SGB/273, *op.cit*., para.1.
115　*Ibid*., para.8.
116　US GAO Report, GAO/NSIAD-98-9,*op.cit*., p.3.
117　UN document, ST/SGB/273, *op.cit*., para.19-24.
118　*Ibid*., para.19-24.
119　US GAO Report, GAO/NSIAD-98-9,*op.cit*., p.5.
120　UN document, ST/SGB/273, *op.cit*., para.2.
121　UN document, JIU/REP/2004/5, *Overview of the Series of Results on Managing for Results in the United Nations System*, Joint Inspection Unit, Geneva, 2004, p.13.
122　OECD諸国における公的セクター改革のもたらした開発援助機関への影響に関しては、次を参照。OECD/DAC, *Results-Based Management in the Development Co-operation Agencies: A Review of Experience, Executive Summary*, OECD/DAC, February 2000, pp.3-4.
123　下村恭民・中川淳司・齋藤淳『ODA大綱の政治経済学』(有斐閣、1999年)、6頁。
124　同上、6頁。
125　同上、6頁。
126　城山英明『国際援助行政』(東京大学出版会、2007年)、Ⅳ章。外務省経済協力局『経済協力評価報告書』2002年(外務省、2003年)、3頁。
127　OECD/DAC, *Development Co-operation 1996 Report* (Paris: OECD, 1996), p.107.
128　World Bank, *Annual Report* (Washington, D.C.: World Bank, 1993), p.62.
129　OECD/DAC, *Results-Based Management in the Development Co-operation Agencies, op.cit*., p.3.
130　*Ibid*., p.3.
131　UNDP document, *RBM in UNDP: Overview and General Principles, op.cit*., p.2.
132　*Ibid*., p.3.
133　UN document, JIU/REP/2004/5, *Overview of the Series of Reports on Managing for Results in the United Nations System*, JIU, Geneva, 2004, p.3.
134　WIPO document, A/35/2 dated 7 August 2000, *Program Performance in the 1998-1999 Biennium*, Assemblies of the Member States of WIPO, Thirty-fifth Series of Meetings, Geneva, September 25 to October 3, 2000, p.1. なお、世界知的所有権機関(World Intellectual Property Organization: WIPO)のマンデートおよび活動の詳細に関する情報は、次のウェブサイトを参照。www.wipo.int/portal/index.html.en (accessed on 22 August 2011).
135　WIPOの「結果志向型計画および予算」(results-based programming and budgeting)の導入については、次を参照。WIPO document, A/35/2, *op.cit*., p.1.
136　WIPO document, A/35/2, *op.cit*., p.2.
137　*Ibid*., p.3.
138　WIPO document, A/32/2, WO/BC/18/2, *Draft Program and Budget 1998-1999*, Geneva, 9 February 1998, in particular, Introduction: Part 1: Policy, p.iii.
139　*Ibid*., p.iv.
140　www.mofa-irc.go.jp/link/kikaninfo/wipo.htm(accessed on 5 May 2006).

141　*Ibid.*
142　UNDP document, RBM in UNDP, *op.cit.*, p.2.
143　*Ibid.*, p.4.
144　UNDP document, 98/23 Executive Board Decisions and DP/1999/CRP.4.
145　UNDP document, *RBM in UNDP, op.cit.*, p.4.
146　UNDP document, *UNDP Results Framework: Overview*, p.7.
147　UNDP document, *Ibid.*, p.7. ただし、国連開発計画の成果志向型年次報告書に関しても、自己評価であるという限界があり、また、アウトカムの定義は、限りなくアウトプットに近いものであるという批判もある。これについては、次を参照。城山英明・田所昌幸「終章：総括と提言」、田所昌幸・城山英明編著『国際機関と日本——活動分析と評価』(日本経済評論社、2004年)、419頁。
148　国連人口基金においては、最初の多年度資金計画フレームワークが、2000年から2000〜03年度の4ヶ年にわたり導入されるに至った。導入を決定した次の決議を参照。UNFPA document, Executive Board Decision 2000/9, 2000.
149　元田結花「第3章：国連開発計画」、田所昌幸・城山英明編著『国際機関と日本——活動分析と評価』(日本経済評論社、2004年)、142-143頁。
150　UN document, A/RES/55/231, *Results-Based Budgeting,* 23 January 2001 (Resolution adopted on 23 December 2000).
151　*Ibid.*, para.6. It was described as 'in a gradual and incremental manner'.
152　UN document, JIU/REP/2004/7, *Delegation of Authority and Accountability*, JIU, Geneva, 2004, p.13.
153　US GAO Report, GAO/NSIAD-87-54, *United Nations: Progress to Strengthen U.N. Internal Evaluation Systems Has Been Slow*, 14 January 1987, p.3, 5.

第 4 章　国連に導入された新公共経営論の特徴

梗概

　2002 年以降始まった国連への新公共経営論の導入は、長い間行財政改革の分野では、あまり大きな地殻変動を経験してこなかった国連にとっては、激震に近いインパクトであったと言っても過言ではないだろう。具体的な結果を目指した管理運営、政府部門の民間委託による人件費削減、現場への大幅な権限委譲など多くの OECD 諸国にみられた新公共経営論の様々な特徴は、国連においてはどのように取捨選択され、取り入れられたのだろうか。

　本章における考察の視点は、主として２つある。一つが、新公共経営論の国連事務局への導入にあたり、各国への導入と比較して、どのような障害や問題があったのかという視点である。国連事務局は、その義務および機能の国際的性質、その国際的構成、その永続性などによって特徴づけられる国際事務局ゆえの特殊性をもっている[1]。その特殊性とは、予算や計画策定が国家間の外交交渉によって決定されるということだけでなく、人事が国際公務員制度という国際性を重視した制度に依拠していることなど、様々な側面に及んでいる。そのような幾重もの足枷をはめられた国連事務局特有の困難さを考察する。

　もう一つの考察の視点は、各国における新公共経営論への多様なアプローチが存在する中、国連に導入された新公共経営論はどのような類型に属するのかという観点である。一口に新公共経営論と言っても、コスト低減が主たる目的となっているタイプもあれば、現場への権限委譲が主たる目的となっているより緩やかなタイプもある。世界の主要国の新公共経営論導入に向けてのアプローチの違いを比較検討しながら、国連型新公共経営論の特徴を明らかにすることを試みる。国連への新公共経営論の導入は、まずは予算分野から始まり、その後人事分野に波及していった。予算分野への導入にあたっては、管理統制強化の負の効果を懸念する途上国や事務局から根強い反対の意見が相次いだ。人事分野への導入にいたっては、そうでなくとも職員の身分保障という点で長年の不満が鬱積していた国連事務局内から、強い警戒心や懸念が表明された。本章においては、このような新公共経営論導入に対する途上国や事務局内からの根強い反対を、国連型の新公共経営論というものを見出すことにより、どのように説得し和らげていったのかという過程を浮き彫りにする。

1　新公共経営論の一般的特徴

(1) 定義

　本章における検討に入る前に、新公共経営論、結果志向型管理方式、及び業績志向型管理方式という3つの用語は、本書ではどのように区別して用いられるのかという定義に関する問題に言及しておく。

　第2章においても、新公共経営論と結果志向型管理方式の違いに関して若干触れたように、歴史的には新公共経営論とは、1980年代にイギリスや北欧諸国を中心に起こった行政改革の潮流の流れを汲む考え方である。それに対して、1990年代、特に北アメリカ諸国で政府改革の活発化に伴って採用されるようになったのが、結果志向型管理方式である。結果志向型管理方式においては、ハトリーに代表されるように業績測定が重視されており、サービスあるいはプログラムのアウトカムの定期的測定が発展してきた[2]。一方、新公共経営論においては——特にイギリスなどに顕著だが——、業績指標が重視されることが多く[3]、業績測定にみられるようなアウトカムの測定よりもアウトプットを評価することが多かった[4]。

　また、結果志向型管理方式と業績志向型管理方式の違いに関しては、諸説あるが、例えば1990年代のOECDの報告書においては、結果志向型管理方式が、結果を達成するための行政管理上のアプローチと定義されるのに対して[5]、業績志向型管理方式とは、業績を志向した体系化されたアプローチと定義されていた[6]。このように両概念を区別する立場からは、業績志向型管理の技術は、結果志向型管理にレバレッジを効かせるために発展してきたと主張されることがある[7]。すなわち、結果志向型管理方式は結果を達成するための行政管理上のアプローチではあるが、業績を達成するためにはそれだけでは不十分で、人的資源管理や情報システム改革などの組織的な政策や戦略によって補足される必要があると主張される[8]。しかし、現在においては、結果志向型管理も、人的資源管理や情報システム管理などの広範な領域を包含すると解釈されることが多くなってきているため、結果として、両概念の差異がほとんどなくなってしまっているのも事実である。例えば、先に挙げたOECD

の報告書においても2000年になると、両概念はほぼ類似の概念として扱われるようになっていた[9]。

したがって、本書においても結果志向型管理方式と業績志向型管理方式を、原則として同義で用いることとする。さらに新公共経営論に関しても、本書においては特段の断りがない限り、業績を重視した広義のガバナンス改革という意味で、人的資源管理や情報システム改革などを含む業績志向型管理方式と、ほぼ同様の意味で用いることとする。なお、国連の文脈においては、これら3つの用語のうち、結果志向型管理方式という言い方が最も一般的に用いられるという傾向がある[10]。

(2) 新公共経営論の基本的要素

新公共経営論、結果志向型管理方式、業績志向型管理方式と言っても、これらの管理方式の捉えられ方、定義及び概要は、一般的に言って国により様々である。したがって、これらの新しい行政管理手法の最大公約数的な共通要素とは何かを、国連において新公共経営論導入の是非が盛んに議論された1990年代後半頃の各国の状況を参考にしながら、まず探る必要がある。

業績志向型管理方式の5つの要素

1995年、OECDの公共経営委員会は、OECD諸国におけるガバナンスの変容を調査研究した結果、業績志向型管理方式という場合、主として次の5つの要素を伴うことが観察されるとした[11]。

a プログラムの業績の目的と目標が決定されていること。
b 管理者は、業績を達成するための過程において裁量を享受していること。
c 実際の業績が、測定され報告されること。
d 業績測定に関する情報が、プログラム予算、策定、組織あるいは個人の報酬あるいは罰則にフィードバックされること。
e 同情報は、審査機関にも供給されること。

これら5つの要素は、1990年代前半、OECD諸国において、新しい行政

管理手法として採用された業績志向型管理方式の最大公約数的な共通要素だったと考えてよいだろう[12]。また、上記のbの「管理者による裁量の享受」の問題と、dの「業績に応じた報酬(あるいは罰則)制度」の問題にも密接に関係しているが、結果志向型管理を実践していくためには、予算とプログラムの連携強化だけではなく、人的資源管理方式の改革も必要だという認識が徐々に高まって行った[13]。

そして、人的資源管理改革の重要性に着眼したOECDは、1996年、OECD諸国において実施された人的資源管理改革の主たる内容に関する調査結果を明らかにした。その内容を、採用国の多い順に並べてみると、次の通りだった[14]。公的セクターの労働力の規模の縮小、人的資源管理における「分権化」と「移行」、新しい人事管理の開発プログラム、雇用機会均等に関する政策の導入、仕事の分類や再設計に関する改革、よりフレックスな労働時間に関する取り決めの導入、ラインの部局に維持費の予算を認めること、厳格な人事規則からの脱皮と包括的な人事政策の策定、業績評価システムの導入、新規の採用、選定、昇進に関する取決めの導入、業績に応じた給与決定方式の導入と給与システムの改革などであった。

同調査結果からも明らかなように、OECD諸国で試みられた人的資源管理改革は、財政緊縮の問題を抱えたOECD諸国においては、結果としてしばしば公的部門の人員規模の縮小の問題に帰結していた[15]。確かに一部の例外を除くほとんどの国で、人員削減は最も高い優先順位を与えられ取り組まれた課題であった[16]。例えばその顕著な例はスウェーデンであり、同国では公的セクターにおける大幅な人員削減が短期間に実施された[17]。しかし国連においては、結果志向型予算方式導入の際の加盟国間の議論において明らかにされたように、人員削減自体が主たる目的または目標とは明示的に規定されず、あくまで業績志向の内部行政管理の向上を目的とするとされた[18]。

国連における人的資源改革の3つの要素

OECDによって挙げられた数々の改革の論点のうち、公的セクターにおける労働力の規模の縮小など、国連事務局における人的資源管理改革との関連

性が低い分野を除くと、特に重要なのは、次の３つではないかと思われる。

① 人的資源管理における分権化と移行の推進
② 厳格な規則による管理からの脱却
③ 業績に応じた給与決定方式の導入

　これらの３つの点に関して、OECD諸国においてはどのような改革が実施されたのかを、まずは簡単に整理してみる。
　まず①の「人的資源管理における分権化と移行」という問題を取り上げる。OECD諸国における実践の結果からは、従来の伝統的な厳格な規則による管理から業績志向の管理へと転換するためには、人的資源管理において、まず分権化と移行が起きる必要がある、と報告された[19]。
　議論の前提として、分権化と移行の概念の意味についてまず検討する。なぜなら、この２つの概念には様々な定義が存在しており、混同されやすいからである。本書では、まずOECDによるそれぞれの定義を参照することにより、この２つの概念の違いを整理してみる。
　1995年のOECDの「推移するガバナンス」と題する報告書によれば、移行の概念とは、意思決定に関するより大幅な権限と自律性を授与するあらゆる形態を含む概念であると定義されていた[20]。しかし、1996年のOECDの「人的管理の公共部門改革への統合」と題する報告書においては、分権化の概念と移行の概念の違いが、定義の上でも、明確に区別されるようになっていた[21]。それによれば分権化とは、（首相府、総務省、財務省、予算局などの）中央管理機関から、現業部門の省庁へ、意思決定に関するより大幅な権限と自律性を授与することと定義されていた[22]。そして移行とは、現業部門の省庁において当該省庁内の下部組織へ、あるいは当該省庁内のより下層の管理部門へ、意思決定に関するより大幅な権限と自律性を授与することと定義された[23]。したがって、1996年の移行の定義においては、1995年の定義のように、すべての形態を含む用語ではなくなったことに留意する必要がある。
　さて、この分権化及び移行に関しては、中央管理部門の役割をどのように

考えるかという観点から、OECD 諸国間では大別して２つの異なったアプローチが存在してきたことが注目される[24]。一つは、人的資源管理に関する中央管理部門の関与を最小限にしようとするアプローチである。中央管理部門による公務員制度全体に関する政策や規則の策定の分野も含め、その関与を最小限にするというアプローチで、これが最も強く推進されてきたのは、ニュージーランドおよびスウェーデンなどの国々だった[25]。もう一つは、人的資源管理についての政策の決定などに関する中央管理部門の権限は温存し、公務員制度全体の人事政策における統一性は保ちながらも、人的資源管理における業務的側面のみ、移行を積極的に推進するというアプローチである[26]。このような例としては、オーストラリアなどがあった[27]。

次に、②の「厳格な規則による管理からの脱却」という問題を取り上げる。これに関しては、OECD 諸国によって実施された人的資源改革においては、結果志向型管理の実現のために、従来の厳格な人事規則による徹底した管理の代わりに、より緩やかな政策的枠組みや政策的指針による経営的管理が求められるようになったことが指摘された[28]。

最後に、③の「業績に応じた給与決定方式の導入」の是非の問題を取り上げる[29]。これは、すでに OECD 諸国を中心としてその導入が進んでいる給与システム改革の問題だった[30]。業績に応じた給与決定方式とは、業績評価を執行部門の管理者または職員の賞与や給与の査定に活用することを指す[31]。具体的には個々の業務単位の業務の執行状況にあわせて、賞与や給与のうち業績評価部分を加算あるいは減額する仕組みである[32]。

2　国連における新公共経営論導入上の課題

国連における新公共経営論の導入は、2002〜03 予算年度の予算管理分野への漸次的導入から始まった。したがって、まず予算分野に結果志向型管理方式を導入するにあたり、国連加盟国や国連事務局内部から表明された様々な懸念をどのようにして解消していったのか、あるいはいまだ課題として残っているのかを検討する[33]。次に、予算分野以外の人的資源管理方式[34] などの

その他の局面にも目を向け、国連事務局への新公共経営論の導入上の課題を探る。その際、国連の統治機関における議論や国連システム合同監査団による調査結果[35]などにも言及する。また新公共経営論導入により想定される行政訴訟の頻発化に対応するために、国連の行政裁判のあり方や内部司法の運営がどのように改革されてきたのかという問題にも言及する。以下、予算管理方式の改革、人的資源管理方式の改革、国連における内部司法運営の改革という、3つの分野における改革を順次取り上げて検討する。

(1) 予算管理方式の改革

1 結果志向型管理方式導入の目的と導入時の懸念

結果志向型管理方式のうち最初に国連に導入されたのは、結果志向型予算方式だった。同予算方式を国連事務局に導入するにあたり、国連の統治機関における議論などで表明された同方式導入の目的及び国連加盟国の懸念は何だったのかという問題を導入前の議論にさかのぼって探究する。

1997年アナン国連事務総長(当時)は、国連総会に対して結果志向型予算方式導入の提案を行った。同提案を受け国連総会は、1998年国連システム合同監査団に対し、結果志向型予算方式を国連事務局に導入するにあたりどのような問題があるのか、国連システム内の他の専門機関の同方式適用の経験に関する比較研究を行うことにより探究するよう要請した[36]。さらに2003年には国連総会は、同監査団に対し平和維持活動における同予算方式実施に関する評価を実施するよう要請した[37]。国連システム合同監査団は、このような国連総会からの要請あるいは自らのイニシアティブに基づき、国連への結果志向型予算方式を含む同管理方式導入に関するいくつかの重要な問題提起を行ってきており、それらの提言を参考にしながら検討する[38]。

まず、なぜ国連に結果志向型管理方式を導入するかという目的については、国連システム合同監査団は、次のようなメリットを提示していた[39]。例えば、①国連加盟国にとって、実際に起きた結果の提示を常に確保できるようになること、②優先分野の設定が明確になり、希少な資源を優先分野に分配できるようになること、③予算の策定、承認、実施の過程において、国連加盟国

に対するさらなる透明性が確保できること、④国連加盟国が予算と計画のすべての局面に関与することが可能になり、国連事務局との対話の機会が増大すること、⑤当該組織の競争力などが確保できることなどのメリットが挙げられていた。すなわち結果志向型管理方式の導入により、国連加盟国に対して透明性の向上とアカウンタビリティーの強化がもたらされることが強調されていた。

ただし、このような目的に賛同し、結果志向型管理方式ないしは新公共経営論を推進したのは、アメリカを中心とする主としてOECD諸国などの国連の主要出資国であった[40]。一方、それに対し平和構築、選挙支援、人道援助などの国連行政の主たる受益者たる開発途上国側は、根強い警戒感を抱いていた[41]。

次に、結果志向型管理方式あるいは同予算方式の導入の障害となるかもしれないこととして、国連加盟国によって表明された主たる懸念を、総会決議あるいは第5委員会(行財政問題担当)やその他の統治機関における当時の議論などから探ってみると、次の6つに集約することができよう[42]。すなわち、①事業費の圧縮または人件費の削減に対する懸念、②国連の活動における質的価値が軽視されるようになることへの懸念、③予知不能な外部的な影響要因をどう処理するのかという問題、④改革の推進力となるものは何かという議論、⑤国連加盟国による統制力低下に対する懸念、⑥中期計画の役割低下に対する懸念、などであった。以下、それぞれの論点を検討する。

まず①の事業費の圧縮または人件費の削減に対する懸念とは、「結果志向型予算方式導入の真の目的は、事業費の圧縮、または人件費の削減にあるのではないか」ということに関する懸念だった[43]。国連行政の主たる受益者たる開発途上国の間では、そのような警戒感が根強かった。その結果、国連事務局に結果志向型予算方式を導入するための具体的検討に入ることを決定した国連総会決議の中では、結果志向型予算は事業費削減または人件費削減を目指したものではないことが、明示的に言及されることとなった[44]。

②の質的価値が軽視されるようになることへの懸念とは、「定量的結果の尊重の末に、それが資源獲得のための唯一の基礎となってしまい、国連の活

動の質的側面が軽視されるようになるのではないか」ということに関する懸念だった[45]。例えば、国連の活動においては、規範的価値創造というのは、非常に大きなウエートを占めている。具体例を挙げれば、開発援助分野における国連開発グループによる開発援助の規模は、世銀グループなどによって行われる大規模な開発援助活動と比較した場合、はるかに劣位に立っている[46]。しかし、例えば国連開発計画は、1980年代に国際通貨基金や世銀が推進した構造調整政策がもたらす負の側面にいち早く注意を喚起し、開発の社会的側面への配慮を促した実績をもつなど、規範的価値の創造における貢献は大きい[47]。確かに国連の事業活動から、その後の人間の安全保障[48]の概念の提起に代表されるような規範的価値創造などの質的側面を捨象してしまったら、国連の事業活動の価値自体が著しく低下することは避けられないだろう。

このような国連加盟国から表明された定量的結果の偏重に対する警戒に関して、国連システム合同監査団は、国連事務局に導入される結果志向型予算の希求される結果とは定量的基準だけに基づくのではなく、定性的基準に対する配慮にも基づくべきであると勧告したことが注目された[49]。

また、定量的基準という論点に関しては、「国連によって実施されるすべてのプログラム活動に、定量的計測化に基づく結果志向型予算を導入することは不可能なのではないか」という懸念も、同時に表明された[50]。国連の行政活動には、定量的計測に必ずしも即さず、かつ期待される結果自体が予知不能な活動が多いと思われることが背景にあったためである。

この点に関しラック (Edward C. Luck) は、次のような指摘をしており、興味深い[51]。例えば国連創設の主要目的たる安全保障分野においては、フォーラムの提供という政治的機能あるいは正統化機能というようなものが非常に重要である。これを安保理の開催回数や決議数の増加などによって間接的に評価することは可能であっても、これらの機能のアウトカムを定量的に示すことは困難であると指摘した。

③の予知不能な外部的な影響要因に関する懸念とは、「予知不能な外部的な影響要因を、事前に計画及び予算策定の段階で勘案すること自体が不可能なのではないか」ということに関する懸念だった[52]。予知不能な外部的要因を

予算や計画の策定にどのように勘案するかという問題は、平和維持活動や緊急人道援助活動などの不安定な分野では、突然の外部的要因が予算及び計画の策定時当初における前提条件を、根底から覆してしまうこともありうるため、極めて重要である[53]。これに対するアプローチとしては、次の4つの選択肢が考えられた[54]。

まず第1の選択肢は、業務計画の中に外部的要因から受ける衝撃を、なるべく事前に取り入れておくということだった。しかし同オプションには、外部的要因の蓋然性がよほど高くない限り、必ずしも常に可能だとは限らないという問題があった。

第2の選択肢は、外部的要因のうち国連加盟国の行為に関するものについては、それがプロジェクトやプログラムの遂行に予知不能な影響を与えないように、国連加盟国をなるべく事前の計画や予算の策定段階から関与させ参加させておくということだった。結果志向型予算方式の目的の一つが、国連加盟国に対してさらなる透明性を確保し、対話を促進させることであったことからも、第2の選択肢は積極的に推進されるべきだと考えられた。

第3の選択肢は、重大な外部的要因が起こった時、新たな条件下における達成されるべき結果の調整などの計画の再策定(リプログラミング)をするということだった。しかし結果志向型予算方式の本来の目的が、国連加盟国からの事前に期待された結果の達成にあることを鑑みれば、同選択肢は他に選択肢のないような状況を除いては、容易に正当化されるべきではないと考えられた。

最後に第4の選択肢は、計画策定時に期待される結果の定義の仕方をなるべく狭義にすることにより、当該組織のコントロールの及ぶ範囲内でそれらを達成できるかどうかが決まるようにするということだった。しかし、期待される結果あるいはアウトカムとは、数量的に定義されるアウトプットとは違い、本来は主としてサービスを受け取る側の視点から論じられるべきものである[55]。したがってそれらは、外部世界との関連の中で定義されるべきであることを考えると、このようなアプローチは、結果志向型予算の本来の目的からはいささか逸脱しているのではないかと考えられた。

したがって、第1と第2の選択肢を予算と計画の策定時から積極的に併用的に採用し、不可避の事態が勃発した際に、第3の選択肢の唱えるリプログラミングにより期待される結果の修正を行うことによって対処するというやり方が考えられた。国連事務局の場合、平和維持活動や緊急人道援助活動のような予知不能な外的要因に左右されやすい活動を多く抱えているため、この種の問題への対処は今後もとりわけ重要な課題だと考えられる[56]。

④の改革の推進力となるものは何かに関する議論とは、「国連における結果志向型予算方式の導入及び実施に必要なのは、国連加盟国からの圧力なのか、それとも国連事務総長の個人的リーダーシップなのか」ということに関する議論だった。この改革の推進力はどちらなのかという問題は、第5委員会（行財政担当）や総会（全体会合）などで結果志向型予算に関して討議された際、国連加盟国によって取り上げられるということはなかった[57]。しかしそれにもかかわらず、国連システム合同監査団は重要な論点であるとして提起していた[58]。

この問題を検討するために、国連システム諸機関における結果志向型予算方式の導入、及び実施状況を概観してみるとしよう。例えば前述したように国連開発計画や国連人口基金においては、主要出資国たるOECD諸国の影響力の強い統治機関の存在ゆえに、OECD諸国による結果を求める圧力が、それらの機関における結果志向型予算方式の導入及び実施へとつながっていった。しかし、それとても各機関の行政の長の支持なしには、事務局内における実質的な推進は不可能であった。

また、主たる推進力としての行政の長による具体的貢献とは、各機関によりその程度にはかなりの差があったことが報告されている[59]。例えば行政の長の個人的なリーダーシップが同方式推進に向けての最も有力な原動力だった事例としては、前述した世界知的所有権機関が挙げられよう[60]。その一方で、行政の長自身は統治機関によって指示された同方式導入に対して、最終的に業績指標の追加を指示しただけの場合もあったなど、その介入の形態は様々であったという[61]。

したがって、どちらが主要な推進力であったかという問題は、国連シス

テム諸機関のガバナンスの構造、状況、各行政の長の行政管理に関する考え方の違いにより様々で、容易には結論づけしがたい。だがいずれのケースにおいても共通していたのは、国連加盟国と行政の長の間の相互理解、及びOECD諸国グループと開発途上国グループなどの間の国連加盟国間のコンセンサスの存在が鍵となるということである。例えば世界知的所有権機関においても、事務局長の個人的リーダーシップだけでなく、結果志向型予算方式の開発過程から、国連加盟国に対して意見交換を目的とした説明会合を開催するなどの配慮が払われていたことの意義は見逃せない[62]。それは、主要出資国からの外圧だけでも、あるいは内部的リーダーシップだけでも、改革は組織内部に深く進行し、周辺分野に次第に波及してはいかないからであろう。そのためには行政の長が、結果志向型予算方式の手法の開発過程の初期の段階から国連加盟国を関与させ、同手法に対する国連加盟国のオーナーシップの意識を醸成していくことが重要なのではないかと考えられる。

⑤の国連加盟国の統制力低下に対する懸念とは、「結果志向型予算方式の導入前には、予算及び計画策定の分野で多大な影響力をもっていた行財政問題諸問委員会[63]や計画調整委員会[64]などの統治機関の役割が低下し、国連加盟国の統制の及ぶ範囲が狭くなってしまうのではないか」ということに関する懸念だった[65]。しかし実際は、結果志向型予算方式の導入により、計画や予算策定の過程における国連加盟国の関与の機会は、通常従来よりも増え、それに付随して行財政問題諮問委員会や計画調整委員会などの統治機関は、以前よりもその機能を拡大させることが求められるようになる。その結果として計画や予算に対する国連加盟国による統制は、むしろ強化される傾向がある。主要出資国たるアメリカを中心とするOECD諸国の結果志向型予算導入の真の意図も、そこにあったのではないかと推測される。

最後に、⑥の中期計画の役割低下に対する懸念とは、「統治機関の決定した政策的指針である中期計画のもつ役割が、結果志向型予算方式導入により低下してしまうのではないか」ということに関する懸念だった[66]。これに関しては、結果志向型予算方式の導入は、通常予算と計画の整合性をさらに高め、両者の有機的結合を促進するものだと考えられているため、中期計画のもつ

意義が損なわれることはないと推定される。

　以上挙げられた結果志向型予算方式導入に際して表明された懸念は、主として開発途上国側から表明されたものであった。その背景には、数の力をもとに国連総会での予算審議に多大な影響を与えてきた開発途上国グループは、結果志向型予算方式導入により、自らの政治的影響力が低下することを危惧していたことがあったと考えられる。しかし、国連予算に対する透明性の確保や費やされた資金の結果に対する要求は、主要出資国たる OECD 諸国にとっては、納税者に対する説明責任という観点からも、すでに譲れないものとなっていた[67]。したがって、開発途上国グループの結果志向型管理方式に関する不信を払拭するために、まずは国連事務局側が開発途上国との間の信頼醸成のためのイニシアティブをとっていくことなどが当時、喫緊の課題となっていた。

2　結果志向型予算方式導入後の課題

　2002〜03予算年度から、国連事務局には結果志向型予算方式が導入された。前節の考察において(91頁)、業績志向型管理方式の主たる要素としてaからeまで5つの要素が挙げられていた。そのうち人的資源管理方式に関連した2つの要素(bとd)を除いた残りの3つの要素を取り上げ、国連への導入状況を考察し、今後の課題を探る。すなわち、aの「プログラムの業績の目的と目標が決定されていること」、cの「実際の業績が測定され報告されること」、eの「業績測定に関する情報は審査機関にも供給されること」の3つである。

　まずaの「プログラムの業績の目的と目標が決定されていること」という要素に関しては、当該予算方式の導入により、プログラムの業績の目的と目標がそれぞれ決定され、予算とリンクしたかたちで明示されるようになった。その完成度に関しては、2年ごとの予算策定のたびに徐々に向上しており、漸進的に進歩していると考えられる。

　次に、cの「実際の業績が測定され報告されること」という要素に関しては、国連においてはどの程度達成されるようになったのか、業績の測定および報告という異なる2つの要素に分けて検討してみる。まず前者の業績測定に関

しては、2002〜03予算年度からの国連事務局における結果志向型予算方式の導入により、予算化された活動と期待された業績の間に明らかなリンクを生じさせることが可能になった。しかし細部に目を向ければ、導入当初の業績指標の設定の方法は、必ずしも明確であるとは言えず、業績指標の中には結果を評価する手段に欠けていたものも見られた[68]。ただし相対的にみて、最初の結果志向型予算方式である2002〜03予算年度に比して、第2回目の2004〜05予算年度は業績指標の形式がかなり改善されたということができた。それには、第1回目の同予算方式施行により初めて比較の基礎となるベースラインデータが得られたことが大きかったと考えられる[69]。それゆえ前予算年度の業績であるベースラインデータとの比較に基づく、現行の予算年度の業績目標をより詳細に記載できるようになった[70]。これにより初めて、時間の経過とともに期待されていた業績と実際の達成度との比較ができるようになったわけで、これは国連の予算手法において画期的な変化であるということができよう。

　後者の報告に関しては、期待された目標と比較した実際の業績の結果が時宜を得て報告されているか否かということを意味していると考えられる。報告は、業績測定に関する情報を、予算策定や人事管理にフィードバックするための前提となる機能であることもあり、大変重要である。

　ただし、OECDの公共経営委員会が業績志向型管理方式を定義した1995年当時と違い、報告の機能だけでは不十分で、現在においてはモニタリングの機能も結果志向型管理には必要であるという認識が高まっていることには留意する必要がある[71]。モニタリングは、現在進行中のプログラムの進捗状況を管理部門や主要なステークホルダーに早期に警告することにより、期待された結果の達成を補助する機能を担っており、その積極的活用は重要な課題である。

　最後に、eの「業績測定に関する情報は審査機関にも供給されること」という要素を取り上げる。この基準は、国連事務局においては国連総会や第5委員会(行財政担当)などを始めとする国連の統治機関や国連の外部監査機関などを指していると考えられる。例えば結果志向型予算方式導入直後の2003年

行財政問題諮問委員会においては、プログラムのインパクトや効果に関する情報を国連事務局から組織的に受け取っていないことが問題となり、事務局の姿勢を批判するというような場面もあった[72]。

(2) 人的資源管理方式の改革

　国連における結果志向型管理方式の導入は、予算管理方式の導入から漸進的に始まった。しかし忘れてはならないのは、国連事務局においては人件費が国連の通常予算の8割を占めているという事実である。したがって、人的資源管理分野への結果志向型管理の導入という問題は、非常に重要である[73]。ただし留意しなければならないのは、国連における人的資源管理改革においては、OECD諸国で一般に見られた人員削減によるコスト低減は目的とはされず、あくまで業績志向の内部行政管理の向上を目指すとされていたことである。では、国連型の結果志向型人的資源管理改革とは、具体的にはどのような内容の改革を目指すべきなのか。

　これについては、様々な意見が存在すると思われるが、前節では、1996年のOECDの調査結果に挙げられた多数の人的資源管理改革に関する論点のうち、国連との関連が深く、かつ重要だと思われた論点を3つ挙げた(93頁参照)。すなわち、①人的資源管理における分権化と移行の推進、②厳格な規則による管理からの脱却、③業績に応じた給与決定方式の導入の問題だった。以下、これらの論点を中心に考察する。

1 人的資源管理における分権化や移行の推進

　国連において、OECD諸国で一般に言われた分権化や移行の推進の問題に該当する概念とは、何なのだろうか。これまでの国連の総会をはじめとする統治機関における議論や、国連システム合同監査団による研究成果から鑑みて、それは、権限の委譲の推進にあると考えて間違いないだろう[74]。では、国連における権限の委譲の概念は、1996年のOECDによる分権化や移行の定義とは、どのような関係にあるのだろうか。

　国連システム合同監査団は、2004年に発表した報告書の中で、国連シス

テムにおける「権限の委譲の概念は、意思決定権の移行を意味する」と定義した[75]。これを OECD によってなされた定義と比較すれば、国連システム合同監査団の定義は、1995 年に OECD によってなされた移行の定義とほぼ一致している。あるいは、1996 年に OECD によってなされた分権化と移行の双方の概念を包含する概念とほぼ一致している。

しかし、その一方で国連システム合同監査団は、「権限の委譲は分権化の概念とは区別されるべきである」と注意を喚起した[76]。国連システム合同監査団によれば、分権化とは国連においては、従来は単なる様々な地理的場所における事務局の部署の間の行政的責任の配分として理解されてきた傾向が強かったという[77]。これは OECD 諸国の国内行政とは違い、世界中で現業活動を行ってきた国連のような機関においては、権限の委譲とは伝統的に中央集権的管理とリンクしたフィールドへの行政的負担の配分として捉えられてきたことによると推測される[78]。そして従来、このような分権化の推進に積極的だったのは、国連システムの中でもフィールドのプレゼンスの強かった機関だったことが窺える[79]。

ただし、国連の実践におけるこのような分権化の捉え方は、中央管理機関から現業部門省庁への大幅な意思決定に関する権限と自律性の授与という、1996 年に OECD によってなされた分権化の定義と比較すると、かなり後退している感が否めない。分権化とは、本来中央管理部門による中央集権的管理を温存しながら、行政的負担だけ地方事務所などに配分するというような趣旨ではなく、中央に集中管理された権限自体の地方組織への委譲を目指すべき概念と捉えられていた。そこには、OECD の定義にみられるように、意思決定権の移行が当然包含されていなければならない。したがって国連が目指すべき権限の委譲とは、垂直的指令関係における意思決定権の移行ではないかと考えられる[80]。垂直的指令関係における権限の委譲とは、通常行政組織の中の上下関係における権限の委譲を指す。すなわち一つが、中央管理機関から現業部門の部局への権限委譲(いわゆる OECD のいう分権化)であり、もう一つが現業部門の部局内での上下関係における権限委譲(いわゆる OECD のいう移行)から構成されている。

ただし、どれだけの権限を委譲するのかということに関しては、国連システム内部でも、現在のところ十分なコンセンサスが得られたとはまだ言えないことに留意する必要がある。例えば2005年の国連機関事務局長調整委員会[81]においても、地理的衡平の原則やジェンダーバランスなどに関しては権限の委譲に適さず、より上層の管理レベルに留めておいた方が好ましいのではないかという議論がなされた[82]。

垂直的指令関係における権限委譲の2つの要素から判断した場合、現在の国連事務局において権限委譲は推進されていると言えるのだろうか。

まず、一つ目の論点である国連事務局の中央管理部門から部局レベルへの権限委譲に関しては、ここ数年大きく推進されたのではないかと、職員組合も含め評価している[83]。その具体例として、2002年より国連事務局において施行された新規職員選抜システムを挙げることができる[84]。国連においては、従来人的資源管理に関しては人事局による中央集権的管理が強かった。そこにおいて同システムは、担当所管部局の長に新規職員の選抜に関する権限を新たに委譲したという点で画期的な試みである。この新規職員選抜システムは2002年以降、2006年、2010年と順次改正され改善されてきている[85]。その結果現在では内部規則上は局長(D-1レベル)までの職員選考は、その上司である国連事務次長あるいは国連事務次長補に権限が委譲されるようになった[86]。一方、局長クラスでもD-2レベルになると、依然としてシニア・レビュー・グループの審査を経て国連事務総長が行うとされており、権限の委譲はされていない[87]。またD-2レベルの局長よりも上のレベルの国連事務次長あるいは国連事務次長補などのレベルになると、新規職員選抜システムのまったくの適用外とされている[88]。このように政治的指名の色彩が強い幹部職員に関しては依然として権限委譲の対象外となってはいるが、D-1レベルの局長以下に関しては当該部門を率いる上司に権限が委譲されるようになったということは画期的な進歩であると言えよう。

その一方で、もう一つの論点である部局レベルまで委譲された権限を、部局内の垂直的指令関係においてさらに権限委譲することに関しては、依然として大きな問題を抱えていると考えられる[89]。したがってOECDによる分

権化及移行の定義に基づけば、国連事務局においては、新規職員選抜システムにもみられるように分権化は推進されつつあるが、まだ移行に関しては、努力の余地がおおいに残っていると指摘しうると思われる。

2　厳格な規則による管理からの脱却

次に、第2番目の要素である厳格な人事規則からの脱却という問題を取り上げる。これは、厳格な規則による人事管理を目指すのか、あるいは基本的な指針による誘導を目指すのかという問題に換言することができるだろう。この基本的な指針による誘導とは、従来の詳細な職員規則の設定による厳格な人事管理から、結果または業績を重視する柔軟性に富んだ人事管理への変換を意味すると考えられる[90]。これに関しても、OECD諸国同様に国連事務局においても、後者の基本的な指針による管理方法の導入が必要とされることになるだろう。とりわけ予知不能な外部的要因の影響を受けやすい、平和維持活動や緊急援助活動などの国連事務局の活動において、当初期待された結果を志向するためには、目的を逸脱しない範囲での融通性に富んだ人事管理が要求されている[91]。とりわけ平和維持活動のような分野においては、ミッションによっては、あるいはどのようなミッションでもその立ち上げ時期においては、予知不能な外部的要因により当初の計画からの大幅な変更が要求されることが多い[92]。したがって現場への権限委譲の推進に基づく、より柔軟性の高い人的資源管理方式の導入、およびそれに伴う関連職員規則の変更などの問題に取り組むことは重要である。

3　業績に応じた給与決定方式の導入

最後に、先に挙げられた3つの要素のうち、第3番目の要素である業績に応じた給与決定方式の国連への導入という問題を取り上げる。この最後の論点は、賛否両論が大いに分かれるところである。国連システム合同監査団は、2004年の監査報告書にて業績に応じた給与決定方式が、国連にも本格的に導入されるべきだとして様々な勧告を行った[93]。本来の国連の人事システムのあり方を想起してみれば、実はその基本原則はメリットシステムに基づい

ているのであり、本来は年功序列システムではない[94]。ただし、現行の慣行をみてみれば、事実上年功序列システムに偏ってしまっている現状が指摘されうる。したがって、業績に応じた給与決定方式は、実はむしろ本来あるべき姿に戻るだけであるという議論も可能だろう。

　OECD諸国においては、給与体制、採用システムや職員登用システムなどにおける裁量の拡大、および支出削減のための雇用カットなどの手法がみられた[95]。しかし、国連事務局だけが他の国連システム諸機関とは別個のイニシアティブで事務局職員に関する給与・採用・登用・解雇システムを劇的に改革するのは、現在のところ不可能に近い。というのも国際人事委員会が、国連システム全体の勤務条件の規制や調整を管轄しているからである[96]。国際人事委員会は、統一した国際公務員制度の発展を目的として国連共通制度について勤務条件の規制や調整を行う機関である[97]。同委員会の勧告は、国連総会で採択された後、国連共通制度の機関の長によって各理事会に提出され承認を受ける仕組みになっている[98]。国連事務総長には、原則的には、それを逸脱しない範囲内での裁量が認められているだけである。したがって、もう一つの方策としては、国連システム全体が結果志向型管理方式の人事分野への導入に、国際人事委員会を中心として足並みを揃えることが考えられよう[99]。ただし、それぞれの専門機関の業務内容が千差万別で、それに伴い要求される人的資源管理政策も変化に富むことから、抜本的な改革をもたらすためには、相当の調整および時間が必要とされるであろう。

(3) 国連における内部司法運営の改革
1　結果志向型管理方式導入前の懸念

　最後に、国連行政裁判所の改革や、訴訟によらない和解促進手段の充実などの、国連における広義の意味の内部司法運営の改革の問題を取り上げる[100]。結果志向型管理方式の導入直前の頃、国連総会などを舞台に内部司法の運営のあり方に対し、主に次の3つの観点から活発な議論が繰り広げられた[101]。すなわち、a) 国連システム内の複数の行政裁判所の整合性に関する問題[102]、b) 国連行政裁判所改革と2審制創設の問題[103]、c) 国連システムの行政裁判

所における行政訴訟のプロセスの深刻な遅延の問題[104]と、人事に関する紛争の迅速な解決のための、司法的な手続き以外の方法や制度拡充の必要性の問題[105]だった。これら3つの論点を取り上げ考察する。

ⓐ 複数の行政裁判所の整合性の問題

第1に、国連システム内に複数の行政裁判所が並存しており、それらの行政裁判所間の整合性の必要性が指摘されてきた問題を取り上げる[106]。国連システム職員の雇用契約や任用条件、あるいは身分保障などに関して紛争が生じた場合、これらの問題を解決するために、国連システムには様々な紛争解決手段が用意されている[107]。このうち行政裁判所とは、国際公務員の雇用契約や任用条件の不履行などの訴訟を取り扱う機関である[108]。結果志向型管理方式導入前、国連システムには国連行政裁判所のほかに、国際労働機関行政裁判所、世銀行政裁判所、国際通貨基金行政裁判所などの4つの行政裁判所が設置されていた[109]。

国連行政裁判所は、1949年に国連総会決議によって設立された[110]。同裁判所は、国連職員だけでなく、国際民間航空機関、および国際海事機関の職員の労使関係にも管轄権を有しているとされた[111]。国際労働機関行政裁判所は、本来は国際連盟の行政裁判所として1927年に設立されたが、連盟の解散後も同機関の行政裁判所として存続し、現在に至っている[112]。同裁判所は、国際労働機関の職員だけでなく、国連食糧農業機関や国連教育科学文化機関その他の職員の労使関係にも管轄権を有する[113]。世銀行政裁判所と国際通貨基金行政裁判所は、世銀グループや国際通貨基金などのブレトンウッズ機構の職員の労使関係を管轄している[114]。

このように国連システムの中に異なった規程に基づいて設立された複数の行政裁判所が存在しており、それゆえに国連システムの職員の間に必然的に不平等と差別が生じているということは、これまでも大きな問題とされてきた[115]。例えば、国連行政裁判所と国際労働機関行政裁判所の権限を比較すると、国連行政裁判所においては、国連事務総長は、敗訴の場合に、解職措置の取り消しなどの判決を履行するか、それとも補償金の支払いをするかの選択をすることが認められてきた。その結果、ほとんどの場合、補償金の支払いを

選択してきたと言われる。一方、国際労働機関行政裁判所においては、裁判所自身に決定の取り消しを命令する権限が認められており、それが不可能あるいは望ましくない場合には補償金の支払いを命じるが、その判断も裁判所に帰属する[116]。このようなことから、国連行政裁判所に比べ、国際労働機関行政裁判所の権限の方が強力で、かつ裁判所に対する信頼など全般的な評価も高かった。国連システム職員間の不平等を解消するために、とりわけ国際行政裁判所と国際労働機関行政裁判所という2つの裁判所を統合し、単一の行政裁判所を設立しようとする提案は、長年にわたり議論されてきたテーマでもあった[117]。

ⓑ 2審制創設の問題

　国連行政裁判所制度に関する第2の論点として、第2審の創設の必要性という問題も長年議論されてきた[118]。これまでも実質的に2審制に代替するものとして、国連行政裁判所には判決審査制度が存在した時期はあった。旧国際行政裁判所規程11条1項に基づき、国連加盟国、国連事務総長、または個人は、国連行政裁判所の権限踰越、管轄権の不行使、法律問題の過誤または手続き違反を理由として、行政裁判所判決の不服を申し立て、国際司法裁判所の勧告的意見の要請を行うことができるとされていた[119]。個人の請求をふるいにかけるために1955年、行政裁判所判決再審査請求委員会が同規程11条4項に基づき設置され、当該委員会に対して行政裁判所の判決の不服を申し立てることができるようになった[120]。しかし1995年以降、国連総会決議により行政裁判所判決再審査請求委員会が廃止されたことにより、国連行政裁判所の判決を再審査する機関の不在が問題とされるようになった[121]。

　これに関しては、申し立てをする権利が国連加盟国にも認められていたことから、同規程11条を根拠に国連加盟国に介入の手がかりを与えていた側面があったことを重視し、同条手続き廃止は、国家からの介入の排除を手続き面において実現したとする意見もある[122]。また同手続きの問題点として、個人の請求をふるいにかける行政裁判所判決再審査請求委員会は、総会の一般委員会の国連加盟国によって構成されていたため、公正な法律的判断が下される保証がなかった[123]。さらに国際司法裁判所は、国家間紛争の裁判と国

連などに対する勧告的意見を任務としているため、職員には出廷する権利がないなど、職員は不平等・不利な立場におかれていたことなども指摘されてきた[124]。このように問題が多いとされていた同規程11条が廃止されたこと自体は、歓迎すべきことだった。しかし、国連職員の身分保障という観点からは、国連行政裁判所の判決が1審終結であるということに対して、判決に何らかの手続き上の瑕疵などがあった時のためにも、2審制の導入をはじめとする何らかの対策が喫緊に取られるべきだと考えられた[125]。

ⓒ 行政訴訟のプロセスの深刻な遅延

　国連システムにおける行政裁判所制度に関する第3の論点として、行政裁判所による行政訴訟のプロセスの深刻な遅延の問題が挙げられた。これまでも国連システム内における行政訴訟のあり方は迅速性に欠けており、訴訟件数の累積数の増加をもたらしてきたという指摘がしばしばされてきた[126]。旧国連行政裁判所を取り上げ、どのような問題があったのか考察してみる。

　まず旧国連行政裁判所における申し立ての手続きを概観する[127]。同裁判所の請求人は、国連職員、あるいはその権利を継承した者、またはその権利を享受する個人だった。これに対して被告は国連事務総長だった。旧国連職員規則によれば、職員の任命条件の不履行などの行政決定や懲戒処分に対して職員が申し立てを行う場合、行政機関の設置が規定されていた。このような職員の任命条件の不履行などの行政決定や懲戒処分に関して、職員による申し立てに対する一般的な管轄権を有している機関が合同審査委員会だった。請求人は行政裁判所に申し立てをする前に、合同審査委員会に雇用契約・任用条件の不履行を申し立てる請求をするとされた。同委員会は意見を作成し、それを国連事務総長に勧告として伝えていた。当該勧告が請求人にとって不利なものの場合、行政裁判所への請求はそのまま受理されるとされたが、請求人にとって有利な場合には、国連事務総長が勧告を実施しなかった場合などにのみ行政裁判所への請求は受理されるとされた。行政裁判所の決定は、多数決に基づいて行われていた。

　このような一連の手続きには大変時間がかかったことから、国連職員にとってはモラールの低下を招き、また国連諸機関にとっては訴訟の長期化による

財政的負担などの悪影響を与えてきたということが指摘されてきた[128]。結果志向型管理方式が導入される前でさえ、国連の司法の運営のあり方は現場のニーズに適切に対応しきれていなかったというのが実状だった。このような状況にもかかわらず、新しい結果志向型の人事改革が推進されたとしたら、従来の国連システムの行政裁判のあり方では、到底対処しきれないことが懸念されていた[129]。なぜなら新方式への移行直後には、業績に応じた給与の決定に関する異議申し立てを含む、様々な人事管理上の問題に関する行政訴訟の頻発が想定されていたからである。それは急激な訴訟件数の増加をもたらし、同時に国連行政裁判所の訴訟処理能力の破綻をもたらすか、または少なくとも訴訟処理の遅延、それによる訴訟件数のさらなる累積が危惧されていた[130]。

2 結果志向型管理方式導入に向けての改革
ⓐ 非公式手続きの改革

結果志向型管理方式の人事部門への導入を目前として、国連における内部司法運営の改革に対するプレッシャーが高まっていった。行政裁判の迅速化に向けての改革が遅々として進まない状況の中にあった2002年、国連システム合同監査団は国連が狭義の正式な訴訟手続きによる解決のみに拘泥せずに、より柔軟かつ迅速な解決が望める非公式な訴訟前手続きの制度を充実させることを提言するにいたった[131]。国連システム合同監査団の意味した訴訟前手続きとは、正式な行政訴訟の前段階として行われていた非公式な内部的な訴えの手続きのことを指していた[132]。すなわち非公式手続きたる調停、仲介、交渉などの機能のさらなる活用を意図したものだった[133]。正式な行政訴訟と非公式な訴えの手続きとの大きな違いの一つに、次のような要素がある[134]。正式な行政訴訟は、提訴可能な行政的決定に由来する苦情のみに取り扱うことが可能である。それに対して非公式な訴えにおいては、必ずしも行政的決定に由来しない、例えば職場の人間関係の困難さなどに由来する紛争なども含めて幅広く取り上げられるという利点がある[135]。また非公式手続きは、正式な手続きに比べてより融通が利き束縛が少ないという利点もある[136]。

当時、国連に存在した非公式な内部的な解決の手続きとしては、主として次のような形態があった[137]。まず第1に人事局による介入[138]、第2に職員本人によるカウンセラーへの相談[139]、第3に職員組合による相談、第4に機構内オンブズマンや、差別及びその他の苦情に関するパネルによる和解の促進、第5にカウンセル・パネルによる非公式手続き段階における介入[140]などであった。

　これらの非公式な手続きの拡充の柱として考えられたのが、第4の機構内オンブズマンの活用だった。そもそもオンブズマンの制度は、2001年の国連総会決議により国連事務局への導入が決定されたものだった[141]。それを受け最初のオンブズマンが国連事務総長により2002年7月に指名され、オンブズマン事務所が2002年10月に設置された[142]。

　国連におけるオンブズマンの前身は、1976年の国連総会決議によって設置された差別的取り扱いに関する疑義の捜査のためのパネルにまでさかのぼる[143]。同パネルは主要な任務地に設置され、1983年に差別及びその他の苦情に関するパネルという名称に改名された[144]。同パネルのマンデートは非公式な手段によって苦情を解決することを目指しており、それが不可能な場合には人事局長に適切な行為を勧告することだった。合同審査委員会や国連行政裁判所などの正式な訴えの手続きを補完する救済手段として、より調停機能を強調するために設置された。

　しかしその後、同パネルが期待されたような成果を上げていなかったとして、2000年に国連システム合同監査団は、同パネルがもっとダイナミックな機能をもつフルタイムのオンブズマン制度に代替されるべきであることを勧告するにいたった[145]。それを受け国連事務総長は、オンブズマン制度を国連事務局に導入することを国連総会に提案し、総会の了承の下、同制度が創設されることとなった[146]。その結果、差別及びその他の苦情に関するパネルに関してはその存続の必要性自体が総会で議論されるところとなり、2007年には廃止されることになった[147]。

　2002年の国連事務総長告示によれば、オンブズマンは事務次長補レベルとして任命され、任期は5年で、再選はなく、任期終了後国連でのいかなる

任用の資格もないとされた[148]。オンブズマン事務所は国連事務総長室に設置するとされ、オンブズマンは任務遂行の必要上、事務総長に直接アクセスできるとされた。また任務の遂行にあたり、いかなる国連機関または職員からも独立でなければならないとされた。

　このようにして新しく設置されたオンブズマンは、国連による任用に関わるいかなる性質の紛争をも検討する権限を有するとされた[149]。「紛争」は、正式な行政訴訟とは違い、雇用に関連するあらゆる性質の係争を包含するよう広範に定義されていた[150]。またオンブズマンには、差別及びその他の苦情に関するパネルとは違い、紛争解決のために適切な手段をとることができるよう、必要な最大限の裁量が認められていた。オンブズマンには意思決定権こそ付与されてはいなかったものの、それ以外の忠告、示唆、勧告、あるいは必要に応じ紛争解決に必要な行為をとることなど、広範な裁量の手段が認められていた。

　このように非公式な訴えの手続きの充実のために、2002年に国連事務局本部に導入されたオンブズマン制度だが、その後もサービスが拡充されていった。さらに2008年1月1日には、国連行政裁判所の改革の文脈の中で、オンブズマン事務所が再構築されることになり、新たに調停部が設けられることになった[151]。調停部は、ニューヨーク本部のオンブズマン事務所に設置され、調停によって得られた合意は、拘束力を有することになり、非公式及び公式制度へのさらなる付託を排除するとされた[152]。さらにフィールドへのサービスの拡充も図られ、ニューヨーク本部以外に、バンコク、ジュネーブ、ナイロビ、サンチアゴ、ウィーンにそれぞれオンブズマンの支部が設置されることになった[153]。

　国連の人事管理の分野における業績志向型管理の導入に伴い、非公式な訴えの手続きの有用性や需要は今後も一層増していくことが推測されている。それだけの需要に応えるためにも、オンブズマンを主軸とする非公式な訴えの手段の一層の質的及び量的拡充と地理的拡大が望まれている。

ⓑ 国連行政裁判所の改革

2000年代初頭、業績志向型管理の人事分野への導入が迫る中、非司法的な紛争解決手続の分野では、2002年に機構内オンブズマンの創設という大きな進展が見られた。一方、司法的な紛争解決手続きの制度改革に関しては、紛争解決の遅延という事態の中、抜本的改革の必要性は従来から広く認識されてはいたが、なかなか進まなかった。

そのような膠着状態に風穴を開けたのは、2005年の国連創設60周年の世界首脳会合の世界サミット成果文書であった[154]。国連を強化するという目的の下、人権理事会の設置が決まるなど数々の重要な議題が取り上げられたが、その中で国連事務局の改革の問題にも目が向けられた。国連強化の要請を受け、アナン事務総長(当時)は2006年3月に報告書「国連に投資する」を総会に提出した[155]。そしてこの報告書の第1節「人に投資する」の提案をさらに深く掘り下げ、同年8月に事務総長報告書「人に投資する」が発表された[156]。同報告書の注目すべき点は、職員の身分保障に関する内部司法制度の改善の問題と、人的資源管理の改革の問題を不可分のものとして意識し、早急に議論の俎上に挙げるべきとしたことだった[157]。

一方、国連総会の方も、国連における司法制度の運営のあり方をめぐり動き出していた。2005年国連総会は、国連の司法システムの再設計を検討するために、外部の独立した専門家によるパネル——通称、再設計パネル——の設置を決定した[158]。この再設計パネルの主たるマンデートは、次の通りだった[159]。①新たな組織的な紛争解決方法を考案することによって、職員の苦情を解決するための別のシステムを提案すること、②その際仲介、調停、仲裁、オンブズマンなどの相互の合意によって解決できるような、職員の苦情を取り扱う、紛争解決のためのもう一つの有効なシステムを考案すること、③同僚による再検討の方法を考案すること、④紛争の発生数を最小限にするために、教育や訓練のような積極的な手段を考案すること、⑤オンブズマンの機能を審査すること、⑥事例の分類のための基準を考案すること、⑦国連行政裁判所と国際労働機関行政裁判所が調和するよう考案すること、⑧第1審と第2審という2段階構造からなる、統一的な司法システムを設置すべく、そ

の可能性を審査すること、⑨司法制度における国連事務総長の法的代理の問題を検討すること。以上の観点から、再設計パネルは国連の司法運営のあり方の再検討を行い、2006年7月に国連事務総長に「国連の司法運営制度に関する再設計パネル報告書」を提出した[160]。

　再設計パネルの報告書では、全職員の3分の2が本部から離れフィールドでの活動に従事するようになっている、という急激な変化に言及された上で、フィールドにも強固な司法制度を確立する必要性と、制度を利用できる職員の対象を拡大する必要性について言及されていた。同報告書によれば、非公式な紛争解決手続きに関しては、オンブズマン事務所の制度的拡充が提言され、公式な紛争解決手続きに関しては、国連行政裁判所の2審制への移行が主たる柱として提言されていた。さらに同報告書によれば、第1審裁判所として国連紛争裁判所を新設し、その上位に従来の国連行政裁判所を改組して国連上訴裁判所とするという提案が行われていた。また国連紛争裁判所の設置に伴い、国連行政裁判所への訴訟手続きの前段階として設置されていた合同訴願委員会と合同懲戒委員会という2つの勧告機関を廃止し、国連紛争裁判所に統合することが提案された[161]。再設計パネルは、これらの勧告機関の委員の専門的資質の欠如や、国連行政裁判所における手続的遅延その他を2審制移行への理由として挙げていた[162]。

　再設計パネルの提言を受け、翌2007年4月国連総会は、同報告書の骨子を承認した[163]。その後同年12月の国連総会においては、上記提言を実施に移すためのスケジュール上の具体的な設置期日が決められるにいたった[164]。まず非公式な紛争解決手続きの中心となるべき、新たなオンブズマン事務所及び調停部は、2008年1月1日に設置されることが決まった。また公式な紛争解決手続きの中心となる2審制裁判所制度に関しては、第1審たる国連紛争裁判所と第2審たる国連上訴裁判所が、2009年1月1日から設立されることが決まった。その際に、公式制度の事務を司る司法運営事務所の設置も合わせて決定された[165]。また、裁判官候補者の選抜や総会に司法の運営制度の実施に関する見解を与えることを任務とする内部司法理事会が、2008年3月1日までに設置されることが決まった[166]。このように具体的設置期日が

設定されたことにより、総会第5委員会(行財政問題担当)や第6委員会(法律問題担当)における議論にも拍車がかかり、2008年12月の第5委員会(同)による裁判所規程の採択にまで至った[167]。これにより国連行政裁判所は廃止され、代わって2審制の裁判所制度が国連にも導入されることとなった。これは、国連設立以来、最初の内部司法運営における抜本的な改革と言ってよいだろう。

このように国連は、業績志向型管理の人事分野への導入に備えて、国連行政裁判所の廃止と2審制への移行、そしてオンブズマン制度の導入による非公式な紛争解決制度の拡充というような抜本的な改革を次から次へと打ち出していった。その結果、国連における司法の運営のあり方は大きな変容を遂げつつある[168]。

一方、国連が自らの司法の運営に関する改革を独自に打ち出していった結果、国際労働機関行政裁判所をはじめとする国連システム内の複数の行政裁判所全体の整合性という問題に関しては、やや置き去りになってしまった感がある。国連システム内における整合性の成就という最終目標に行きつくためには、複数の行政裁判所規程の調和を図り、双方の判事の意見交換を活発化することをきっかけに、これまで必ずしも一様ではなかった裁判所間の判例の統一を図っていくことなどが、まずは先決条件であると考えられる[169]。

3　国連型新公共経営論の類型化

一口に新公共経営論といっても、各国への伝播の過程で、様々なタイプに分岐していったことが知られている。例えば、小さな政府を目指したコスト削減が主眼のトップダウンのタイプから、現場での自主性尊重などのボトムアップのタイプまで、その理念も手法も形態も様々である。本節では、国連に導入された新公共経営論の特徴を、OECDの先行研究の成果などを参照しながら考察したい。1997年、OECDは各国で行われた新公共経営論へのアプローチに関する各国比較を行った結果、いくつかのパターンに類型化することが可能であることを示した。一つが、権限委譲の推進と市場メカニズム[170]の活用の度合いを分析の観点にし、各国の新公共経営論の導入方法

第 4 章　国連に導入された新公共経営論の特徴　117

を、いくつかのグループに分類することを試みたアプローチだった。もう一つが、改革の方向や新公共経営論の推進の仕方を分析の視座にしたものだった[171]。これら2つの分析枠組みを参照しながら、国連型新公共経営論の類型を探りたい。

(1) 第1の類型化のパターン：「官僚制」から「公共経営モデル」への転換

OECDの掲げた第1のパターンは、伝統的な官僚制からより革新的な公共経営モデルへの転換の度合いを類型化することを試みたものだった[172]。その分類の際の座標軸としては、次の2つが挙げられていた。まず第1の座標軸が、権限委譲の推進と結果に基づく管理が行われているかどうかであり、第2の座標軸が、民営化を含む市場メカニズムが可能な限り活用されているかどうかであった。すなわち、前者が行政官タイプから経営者タイプへ、後者が官僚制から市場メカニズムへの移行という、2つの要素を軸にして類型化するやり方だった。

1997年のOECDの各国調査の結果では、市場メカニズムの適用範囲を可能な限り拡大しようとするイギリスやニュージーランドのようなグループと、市場メカニズムの適用範囲は限定するが、同時に経営者としての役割を重視するスウェーデン、オランダ、デンマーク、フィンランドのようなグループの2つの類型が浮かび上がっていた[173]。

この2つの座標軸を国連に適用してみると、国連に導入された新公共経営論はどのようなタイプのものだったと考えられるか。

第1の座標軸：「権限委譲の推進」と「結果に基づく管理」

第1の座標軸は、権限委譲の推進が行われているかどうか、そして結果に基づく管理が行われているかどうかという問題に関するものである。

後者の結果に基づく管理という要素については、国連における大きな成果として2002〜03予算年度からの国連事務局への結果志向型予算方式の漸次的導入が挙げられる[174]。ドナーであるOECD諸国からの圧力により、国連開発計画などの開発援助機関においては、1990年代末には結果志向型予算方

式が導入されていたが、国連事務局においては、それよりも少し遅れて2002年から導入されることとなった。

このように国連事務局においては、予算方式において結果志向型管理方式の導入が、まず始まった。人事面においては、現場への権限委譲の推進が、国連事務局の新行政手法の今後の中核となっていくことに関して異論はないものの、思い切った人事政策の実施に関しては、新規採用の分野を除いては、なかなか実践的な政策の方がいまだ追いついていないのが現状だと考えられる[175]。この点において国連事務局は、現場への権限委譲や分権化の進んでいる国連開発計画などと比較し、やや遅れをとっているところではないかと思われる。

第2の座標軸：「市場メカニズム」の適用

第2の座標軸たる市場メカニズムの適用という問題に関しては、国連の行っている主たる事業活動、例えば平和維持活動や人道援助などの民営化が、真剣に検討されることはなかったとみられる[176]。というのもこれらの国連の主たる事業活動は、一般的には純粋公共財[177]と分類されるべき活動で、民間部門と非競合的であり、かつ排除費用が大きいとされている分野であったからだと考えられる。純粋公共財は、各国の民営化の潮流の中でも基本的には政府によって供給されるべき財として捉えられ、民営化の対象とはならなかった[178]。各国において主に民営化の対象とされてきたのは、準公共財[179]の方であった。しかし国連の主たる活動は、そのほとんどが個別の政府によっては供給できない、または供給できたとしても政治的に不都合または経済的に非効率とみなされる類のサービスであったと考えられる。そのため、イギリスやニュージーランドなどでみられたように、民営化が改革の主眼となるというようなことにはならなかった。

市場メカニズムの適用は、むしろ国連事務局内の作業の民間委託の活用というような観点から、極めて限定的に試みられてきたといえよう[180]。例えば国連事務局は、情報システム、清掃、維持修繕など施設管理などの分野の作業を民間業者に積極的に委託することにより、歳出削減することを試みてい

第4章　国連に導入された新公共経営論の特徴　119

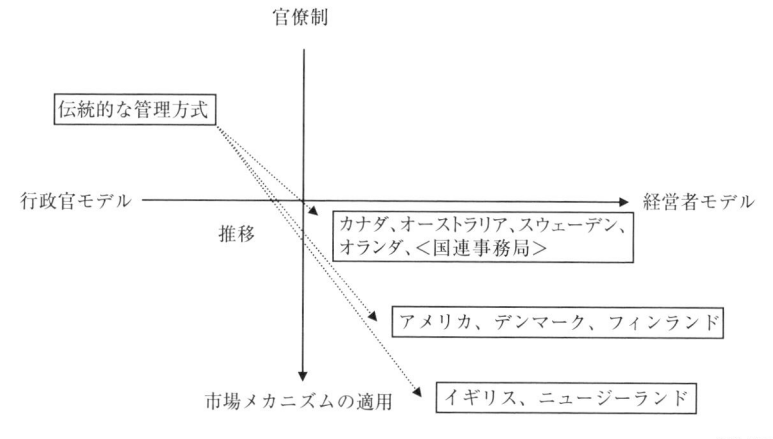

```
                    官僚制
                      │
   ┌──────────┐       │
   │伝統的な管理方式│     │
   └──────────┘ ╲     │
                  ╲   │
行政官モデル         ╲ │                    経営者モデル
─────────────────────┼────────────────────────→
                推移 │╲  ┌────────────────────────┐
                    │ ╲ │カナダ、オーストラリア、スウェーデン、│
                    │  ╲│オランダ、＜国連事務局＞         │
                    │   └────────────────────────┘
                    │    ╲
                    │     ┌──────────────────────┐
                    │     │アメリカ、デンマーク、フィンランド│
                    │      └──────────────────────┘
                    │        ╲
                    │         ┌──────────────────┐
                    ▼         │イギリス、ニュージーランド│
              市場メカニズムの適用 └──────────────────┘
```

(筆者作成)

図5　伝統的な管理方式から新公共経営論へ

(参照：OECD, *In Search of Results,* Figure 1, p. 11.)

る[181]。

このように国連に導入された新公共経営論は、市場メカニズムの適用範囲は極めて限定的ながらも、経営者としての役割は重視し、現場における業績志向の意識を高めようとしたという意味で、スウェーデンなどの属する北欧型グループに近いものであったことがわかる(図5参照)。

(2) 第2の類型化のパターン：改革の方向・戦略による類型化

次に OECD の掲げた第2のパターンは、改革の方向や推進の仕方の戦略による分類を試みたものである[182]。その分類の際の座標軸としては、次の2つが挙げられていた。第1の座標軸は、改革のドライブがトップダウンなのか、それともボトムアップかという観点であった。第2の座標軸は、変革の規模が包括的か、それとも漸進的か、またはアドホックかという観点であった。

1997年の OECD の調査結果では、このうちトップダウンで包括的なのが、イギリスやニュージーランドなどのグループであり、ボトムアップで漸進的あるいはアドホックなのが、フィンランド、デンマーク、スウェーデンなどのグループであるとされた[183]。

この第2番目の類型化の手法を国連に適用してみると、国連に導入された新公共経営論はどのようなタイプのものだったといえるのか。

第1の座標軸：トップダウンかボトムアップか

まず第1の座標軸においては、国連における改革の推進力が、トップダウンかボトムアップかという点が問題とされている。前章においては、結果志向型予算方式の国連事務局への導入の経緯が検証された。それによれば、まずはOECD諸国内の公的セクター改革に端を発する結果志向の管理への取り組みが、次第に国際的開発援助の分野にも波及し、国連などによって行われる多国間開発援助にも、結果の提示を求める外部的圧力として作用するようになったことが明らかにされた。このようなプロジェクトベースの業績測定の導入に端をなす、国連開発計画などにおける結果志向の取り組みは、ドナーであるOECD諸国（加盟国でもある）やその納税者からの絶え間ない圧力の結果として、もたらされたという見方ができよう。その影響は、次第に国連本体の事務局にも及び、1997年の国連事務総長による結果志向型予算方式導入の提案に至ったわけだった。したがって、改革の推進力としては、当初は主要出資国たるOECD諸国を中心とする外部からの圧力、その後国連事務総長自身のトップダウンのリーダーシップという、大別して2つの要因が存在していたということが窺えよう[184]。

ただし、結果志向型予算方式の実施過程を通じて、国連事務局内ではイギリスでみられたようなトップダウン型のカリスマ的なリーダーシップの重視や、明示的で劇的な組織文化の変革などは求められなかった。その理由としては第1に、結果志向の管理に対する国連加盟国の立場も一枚岩ではなかったことが挙げられる。当時、国連行政の主たる受益者である開発途上国においては、結果志向型管理に対する不信感が強かった。それは、国連事務総長によるトップダウンの改革断行の足枷となって作用したことが考えられる。第2に、国連職員の出身国の多様性や文化的な多様性の尊重などの国連特有の文化的要因が、明示的で劇的な組織文化の変革を妨げる要因となったのではないかと推測される。その結果、国連においては、むしろ内発的な学習効

果に基づく組織文化の変革や、本部からフィールドへの分権化の推進や、現場担当者への権限委譲に基づく成果重視の管理方式への移行など、ボトムアップの改革が次第に目標とされるようになっていった過程が窺える[185]。

第2の座標軸：変革の規模

次に、第2の座標軸である変革の規模が包括的か漸進的（あるいは、アドホック）かという問題を取り上げる。2000年初頭当時、改革の主眼とされたのは結果志向型予算方式の導入だった。その他の改革の柱たる国連の通常予算の8割を占める人的資源管理方式の改革や、国連行政裁判所改革などの司法の運営の改革などにおいては、変革が遅々として進まなかった[186]。そのような中、2005年の世界首脳会合を契機に、国連の強化という観点から、審議が一気に進んでいくこととなった。そしてそれが、国連行政裁判所の廃止と2審制への移行や、オンブズマン制度の導入などにつながっていった。したがって変革の範囲に関しては、少なくとも導入当初においては、包括的な結果志向型管理方式全般の改革というよりも、予算分野に限定した改革であったということが言えよう。それが、漸進的に人事分野や司法の運営分野など周辺分

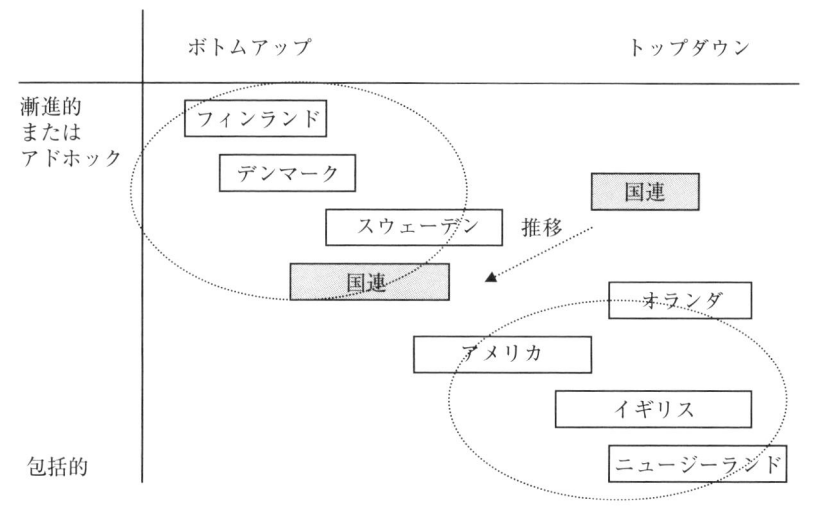

図6　改革の方向・戦略による類型化

（参照：OECD, In Search of Results, Figure 4, p.15.）

野にも徐々に波及し、拡大していった様子が窺える。

　このように国連に導入された新公共経営論は、改革の推進力の方向に関しては、当初の主要出資国による外部的圧力の存在、及び国連事務総長自身のリーダーシップによるトップダウンの方向から、徐々に実施過程においてボトムアップの方向に推移したことが窺える。また変革の規模に関しては、導入当初は予算分野に限られ限定的であったが、その後、漸進的ながらも人事及び司法の分野にも波及し、より包括的な範囲を包含する方向に進んでいった。その意味で国連における新公共経営論の類型は、第2の類型化においても、第1の類型化の結果と同様に、スウェーデンなどの属する北欧型グループに近いものであったことが窺える（図6参照）。

4　小　括

　現代の国連における管理型アカウンタビリティーの概念の背景には、新公共経営論の理念がある。しかし、新公共経営論と一口に言っても、各国への伝播の過程において、様々なパターンが生み出されてきており、一様ではない。具体的な結果や業績を目指した管理運営方法、政府部門の民間委託による人件費削減と事業費圧縮によるコスト低減、中央集権的管理から現業部門への大幅な権限委譲など、各国の事情により、そのアプローチの仕方は様々だった。本章では、このようなOECD諸国で見られた新公共経営論への多様なアプローチのうち、国連がどのようなアプローチを取捨選択し、取り入れてきたのかを考察した。

　第1の考察の視点は、新公共経営論の国連事務局への導入にあたり、各国の中央政府あるいは地方公共団体への導入と比較して、どのような障害や問題があったのかということだった。国連における新公共経営論導入は、国連行政の主たる受益者である発展途上国からの根強い抵抗や反発を受け、順調には進まなかった。また、国連の人事制度は、国際公務員制度という国際性を重視した制度に依拠しており、そこから生じる様々な制約が課せられていた。その結果、国連に導入されることになった新公共経営論においては、

OECD 諸国で最も頻繁に見られたような、政府部門の民間委託による人件費削減や事業費圧縮によるコスト低減は、主たる目的から除外されることとなった。そこで希求されることになったのは、あくまで業績や成果を志向した行政管理技術やプログラムの有効性の向上、そして中央集権的な人事管理からの脱却などであった。

　国連における新公共経営論の導入は、2002 年、まず予算管理方式への結果志向型管理方式の漸次的導入から始まった。その後、人事管理方式にも徐々に結果志向型管理を導入していった。人的資源管理分野における国連への新公共経営論導入は、人員削減によるコスト低減というようなアプローチはとられず、あくまで現場への権限委譲の推進や、厳格な規則による人事管理から現場の自主性を尊重した緩やかな管理への移行というようなアプローチがとられていた。その過程において最も問題視されたのが、長年改革が頓挫していた人事的紛争解決手続きの問題だった。従来から紛争解決の遅延などであまり評判の芳しくなかった国連の内部司法運営の制度は、結果志向型管理を導入することに伴う紛争の増加の見込みを前に、抜本的な改革が喫緊に実施されることが求められていた。その結果、非司法的な紛争解決と司法的な紛争解決の両分野で、時期は多少前後することになったが、大幅な刷新が試みられた。まず 2002 年には、非公式な紛争解決手続きの改革の柱として、国連に(機構内)オンブズマンが導入された。その後オンブズマン制度は、2008 年の調停部の発足により、非公式な紛争解決手続きの多様化や、地域支部の設置による地理的なサービスの拡大など、サービス内容を一層拡充させてきている。さらに公式な紛争解決手続きの分野では、2009 年になって、長年の懸案事項だった国連行政裁判制度の 2 審制への移行が、ついに成し遂げられた。これは、内部司法の運営分野における国連創設以来最初の最も抜本的かつ画期的な改革といってもいい成果であり、職員の身分保障の充実という観点からも、大きな成果だったといえよう。

　第 2 の考察の視点は、各国における新公共経営論への多様なアプローチが存在する中、国連に導入された新公共経営論は各国比較の上で、どのような類型に属するのかということだった。その過程で、OECD 諸国にみられた対

表5　国連における新公共経営論の特徴

	イギリス型	北欧型	国連
民営化手法	広範に活用（例：公的部門の株式会社化など）	限定的な活用（例：公的部門への契約型取引の導入など）	極めて限定的な活用
中央集権的かどうか	中央集権的手法	地方分権を推進 権限委譲を前提とした成果志向型管理手法	現場への権限委譲を重視した分権化の推進を目指している最中
トップダウンかどうか	カリスマ的リーダーシップによるトップダウンの改革	ボトムアップによる内発的な組織改革が中心	当初トップダウンに始まったが、現場重視のボトムアップ型変革へ推移している最中
改革の進捗度	急進的	漸進的	国連事務総長による急進的改革提案は、総会により漸進的改革に変更された
重視される価値基準	効率性や経済性	有効性	有効性重視への国連加盟国からの圧力は強いが、現在は、結果志向型予算方式の導入による効率性の追求の段階

(筆者作成)

(参照：OECD, *In Search of Results*　および　大住(1999年)、前掲書、60頁)

照的な2つの類型に着目した。

　第1の類型が、効率性や経済性を最優先し、小さな政府を希求し、民営化を積極的に推進したイギリス型改革だった。そこでは、中央集権的手法により、政府部門の大規模な民間委託による人件費削減と事業費圧縮によるコスト低減が主たる目的とされた。同時に、カリスマ的リーダーシップによるトップダウンの急激な組織文化の変革が目指された。

　第2の類型が、民営化の活用は限定的にとどめる一方で、プログラムの有効性や事業担当者の経営的資質を尊重する北欧型改革モデルだった。そこでは、現場への権限委譲と自主性の尊重を前提とした成果志向型管理手法がとられ、地方分権が推進された。それは同時に、ボトムアップによる漸進的かつ内発的な組織改革が中心だった。

　国連に導入された新公共経営論の特徴を見てみると、民営化の活用につい

ては極めて限定的だということがわかる。有効性重視への国連加盟国からの圧力は強いが、実際は、結果志向型管理を通じた効率性の追求に取り組んでいる段階にあると考えられる。現場への権限委譲を重視する分権化が推進され、改革は、当初国連事務総長によるトップダウンのリーダーシップで始まったが、次第に現場重視のボトムアップ型へ推移しつつある。改革の進捗度に関しては、当初は国連事務総長による急進的な改革案の提案により始まったが、それを懸念した総会により、漸進的改革に変更された。

このイギリス型改革と北欧型改革の２つの改革の相違点を整理し、それとの比較の上で、国連に導入された新公共経営論の特徴をまとめてみると、**表5**のようになろう。

以上の第Ⅰ部の考察により、国連の総括管理の分野における行財政改革の漸進的な進展が検証された。一方、国連の行政統制の分野においては、どのような展開がみられたのだろうか。第Ⅱ部においては、イラク石油食糧交換計画の行政統制の致命的失敗から国連は何を学んだのか、その後の経過も踏まえ、国連がいまどのような問題を抱えているかを検証する。

注
1 T. Meron, "International Secretariat," in R. Bernhardt (ed.), *Encyclopedia of Public International Law Vol. II* (Elsevier, 1995), pp.1376-1379.
2 中井達『政策評価――費用便益分析から包絡分析法まで』(ミネルヴァ書房、2005年)、67頁。
3 業績指標(performance indicator)とは、OECDの公共経営委員会による1995年の定義によれば、「アウトプットあるいは業績が直接的に測定できないときに用いられる代理的な定量的手段である」と定義されている。OECD, *Governance in Transition: Public Management Reforms in OECD Countries* (Paris: OECD, 1995), p.158.
4 中井、前掲書、67頁。
5 OECD/DAC, *Results-Based Management in the Development Co-operation Agencies: A Review of Experience, Executive Summary*, OECD/DAC, February 2000, p.3.
6 OECD (1995), *Governance in Transition, op.cit.*, p.158.
7 OECD, *In Search of Results: Performance Management Practices* (Paris: OECD, 1997), p.25.
8 UN document, JIU/REP/2004/6, *Series of Managing for Results in the United Nations system; Part I; Implementation of Results-Based Management in the United Nations Organizations*, JIU, Geneva, 2004, p.2.
9 OECD/DAC (2000), *RBM in the Development Co-operation Agencies, op.cit.*, p.3.

10　本書において、国連に導入された新公共経営論を意味する時には、原則として結果志向型管理方式という用語を用いることとする。
11　OECD(1995), *Governance in Transition, op.cit.*, p.158.
12　新公共経営論は、各国の行政現場において、公的部門の効率化、活性化を図ることを目的に推進されてきた様々な試行錯誤の結果として表れてきた。したがって、その理論や体系は、実務での成功事例に基づいているため、国、地域、時代により、コンセプトやアプローチにかなりの違いがある。これについては、次を参照。玉村雅敏「NPMとは何か」、山内弘隆・上山信一(編)、『パブリック・セクターの経済・経営学』(NTT出版、2003年)、169-197頁。
13　OECD/PUMA, *Integrating People Management into Public Service Reform* (Paris: OECD, 1996), p.14.
14　*Ibid.*, p.13, 18. See "Chart 1: Number of OECD countries reporting programmes introduced or significantly revised during the period 1987 to 1992". なお、調査の対象期間は、1987～92年である。
15　OECD/PUMA(1996), *op.cit.*, p.9, 25.
16　*Ibid.*, p18.
17　スウェーデンは、わずか3年間で、37万人の公的セクター雇用者を2万4,000人減員したことで知られている。次を参照。*Ibid.*, p.26.
18　UN document, A/RES/53/205, *Results-Based Budgeting*, 2 February 1999, para.5.
19　OECD/PUMA(1996), *op.cit.*, p.22.
20　OECD(1995), *Governance in Transition, op.cit.*, p.157.
21　OECD/PUMA(1996), *op.cit.*
22　*Ibid.*, p.44.
23　*Ibid.*, p.44.
24　*Ibid.*, pp.20-21.
25　*Ibid.*, p.19.
26　*Ibid.*, p.19.
27　*Ibid.*, p.19.
28　*Ibid.*, p.9, 19.
29　*Ibid.*, p.9.
30　*Ibid.*, p.35.
31　大住荘四郎『ニュー・パブリック・マネジメント――理念・ビジョン・戦略』(日本評論社、1999年)、90頁。以下、大住(1999年)とする。
32　同上、90頁。
33　UN document, JIU/REP/99/3, *Results-Based Budgeting: The Experience of United Nations System Organizations,* JIU, Geneva, 1999.
34　「人的資源管理」(human resources management)とは、人的資源を有効に活用するために、職員のモチベーションを高め、もっている能力を発揮することができるように、能力の開発を行うとともにその育成を行う個人主義をベースとした組織管理手法である。同定義については、次を参照。行政管理研究センター編『政策評価の基礎用語』(行政管理研究センター、2005年)、24頁。

35 例えば、2004年に公表された結果志向型管理方式に関する一連の監査報告書が挙げられよう。次を参照。UN document, JIU/REP/2004/5-8, JIU, Geneva, 2004.
36 UN document, A/RES/53/205, *op.cit.*, in particular, para.11.
37 UN document, A/RES/57/290 B, *Administrative and Budgetary Aspects of the Financing of the United Nations Peacekeeping Operations B*, 3 July 2003（Resolution adopted on 18 June 2003）, in particular, para.7.
38 例えば、UN document, JIU/REP/2004/5-8, JIU, Geneva, 2004.
39 UN document, JIU/REP/99/3, *op.cit.*, pp.6-7.
40 OECD諸国による結果志向型予算方式導入を求める発言の一例として、第5委員会における次のアメリカ代表の発言を参照。UN document, A/C.5/53/SR.45/Add.1 dated 28 January 1999, Official Records of the General Assembly, Fiftieth-third session, Fifth Committee, Summary Record of the Second Part of the 45th Meeting held on 18 December 1998, in particular, para.49. さらに、例えば、欧州連合を代理したオーストリア代表の発言を参照。UN document, A/53/PV.93 dated 18 December 1998, Official Records of the General Assembly, Fiftieth-third session, 93rd plenary meeting, in particular, p.7.
41 発展途上国による結果志向型予算方式導入への警戒感を表明した発言の一例として、第5委員会における、グループ77及び中国を代理したインドネシア代表の発言を参照。UN document, A/C.5/53/SR.7 dated 29 October 1998, Official Records of the General Assembly, Fiftieth-third session, Fifth Committee, Summary Record of the 7th Meeting held on 14 October 1998, in particular, para.40.
42 UN document, JIU/REP/99/3, *op.cit.*, pp.7-16.
43 *Ibid.*, p.11.
44 UN document, A/RES/53/205, *op.cit.*, para. 5（b）and（c）.
45 UN document, JIU/REP/99/3, *op.cit.*, p.12.
46 世界銀行「年次報告」による世界銀行の貸付総額、及び、UNDP document, DP/1995/51, UNDP Budget Proposals, showing Estimated Extrabudgetary Income from External Resources.
47 高柳彰夫「人間開発・社会開発と国連」臼井久和・馬橋憲男編著『新しい国連——冷戦から21世紀へ』（有信堂、2004年）、66-67頁。及び、元田結花「第3章、国連開発計画」、田所昌幸・城山英明編著『国際機関と日本——活動分析と評価』（日本経済評論社、2004年）、143頁。
48 「人間の安全保障」とは、人間の安全保障委員会により、「人間の生にとってかけがえのない中枢部分を守り、すべての人の自由と可能性を実現すること」と定義されている。次を参照。人間の安全保障委員会報告書『安全保障の今日的課題』（朝日新聞社、2003年）、11頁。
49 UN document, JIU/REP/99/3, *op.cit.*, p.13.
50 *Ibid.*, p.7.
51 Edward C. Luck, "Comment on the NIRA Project 'Public Management of International Organizations'," paper prepared for the NIRA International Organization Project, 2002 at www.nira.go.jp/pubj/shinkan/ronbun/04.html (accessed on 5 January 2007).

52 UN document, JIU/REP/99/3, *op. cit.*, pp. 13-14.
53 UN document, JIU/REP/2006/1, *Evaluation of Results-Based Budgeting in Peacekeeping Operations*, JIU, Geneva, 2006, pp.1-2.
54 4つのオプションについては、次を参照。UN document, JIU/REP/99/3, *op.cit.*, pp.13-14
55 行政管理研究センター、前掲書、30頁。
56 UN document, JIU/REP/2006/1, *op.cit.*, pp.1-2.
57 UN document, JIU/REP/99/3, *op.cit.*, p.14.
58 *Ibid.*, p.14.
59 *Ibid.*, p.14.
60 WIPO document, A/35/2 dated 7 August 2000, *Program Performance in the 1998-1999 Biennium*, Assemblies of the Member States of WIPO, Thirty-fifth Series of Meetings, Geneva, September 25 to October 3, 2000, p.2.
61 UN document, JIU/REP/99/3, *op.cit.*, p.14.
62 WIPO document, A/35/2, *op.cit.*, p.2.
63 行財政問題諮問委員会(Advisory Committee on Administrative and Budgetary Questions: ACABQ)は、国連全体の予算案と決算報告を審議し勧告を行う機関である。次を参照。横田洋三編著『新国際機構論』上(国際書院、2006年)、133頁および198頁。
64 計画調整委員会(Committee for Programme and Coordination: CPC)は、経済社会理事会の下にあって、予算プログラムの中・長期計画の調整を行う。横田(2006年)、前掲書、198頁。
65 UN document, JIU/REP/99/3, *op.cit.*, pp.15-16.
66 *Ibid.*, p.16.
67 戦後長く、国連に対し理想主義的な見方が主流を占めていた日本においてさえも、日本の国内の経済あるいは財政事情の悪化などから、財政的な貢献に見合った国際機関の具体的な効用に関心が集まっている。これについては、次を参照。田所昌幸・城山英明「序章：課題と分析の視角」、田所昌幸・城山英明編著『国際機関と日本－活動分析と評価』(日本経済評論社、2004年)、特に3-4頁。
68 US General Accounting Office, GAO-04-399, Report to Congressional Requesters, *United Nations: Reforms Progressing, But Comprehensive Assessments Needed to Measure Impact*, 13 February 2004, p.19.
69 *Ibid.*, p.20.
70 *Ibid.*, p.20.
71 UN document, JIU/REP/2004/6, *op.cit.*, in particular, F: Effective performance monitoring systems. 8. 結果志向型管理におけるモニタリングとは、2004年の国連による定義によれば、「進行中の活動に関する現在の、有効な、関連した情報を確保することを目的として、数多くのすでに選択された、定義されたアウトプットや結果を、それらの結果が得られたプロセスとともに、現在進行形で追跡し検証するプロセス」であるとされていた。同定義については、次を参照。UN document, A/54/456, *Results-Based Budgeting*, Annex I: Glossary of Relevant Terms, 11

October 1999, p.19. また、2002 年の国連開発計画による定義においては、結果志向型管理におけるモニタリングとは、「結果を達成するために、進捗状況の早期の示唆あるいは進捗していないことの示唆を、管理部門や現在進行中の介入（プログラムやプロジェクトなど）の主要なステークホルダーに行うことを主要な目的とする、継続した機能である」とされていた。同定義については、次を参照。UNDP Evaluation Office, "Handbook on Monitoring and Evaluating for Results", 2002.

72　US GAO Report, GAO-05-392T, *United Nations: Sustained oversight is needed for reforms to achieve lasting results*, 2 March 2005, p.8.

73　*Ibid.*, p.3.

74　例えば国連システム合同監査団による結果志向型管理に関する 2004 年の一連の報告書の一つは、「権限委譲(delegation of authority)とアカウンタビリティー」と題されている。UN document, JIU/REP/2004/7, *Delegation of Authority and Accountability*, JIU, Geneva, 2004.

75　*Ibid.*, p.2. 本書では、本報告書の中で用いられた devolution of decision-making powers を意思決定権の移行と訳している。

76　*Ibid.*, p.2.

77　*Ibid.*, p.2.

78　*Ibid.*, p.2.

79　*Ibid.*, p.2. ただし結果志向型管理方式の導入に伴い、国連開発計画などにおいては、近年フィールドオフィスへの権限委譲を含めた分権化が推進されるようになってきている。具体的には次を参照。元田、前掲論文、146-147 頁。

80　UN document, JIU/REP/2004/7, *op.cit.*, p.2.

81　国連機関事務局長調整委員会(United Nations System Chief Executive Board for Coordination)は、国連諸機関の事務局相互の調整をトップレベルで行う。CEB と略されることが多い。

82　UN document, A/59/617/Add.1, Report of the Joint Inspection Unit, *Managing for Results in the United Nations System（JIU/REP/2004/5）*, Note by the Secretary-General, 10 February 2005, para.7. 国連事務局においては、現在では人的資源評価カード(human resources scorecard)を用いて部局ごとに地理的配分やジェンダーバランスについての状況をモニターしているが、原部局が採用権限をもっているという状況に変化はないため、人事部などが強制的に過小バランスの者の採用を促すことなどはできないという。（ニューヨークの国連日本政府代表部に対する聞き取り調査。2011 年 8 月 10 日。）

83　UN document, JIU/REP/2004/7, *op.cit.*, pp.3-4.

84　UN Secretary-General's Bulletin, ST/SGB/2002/5, *Introduction of a New Staff Selection System,* 23 April 2002.

85　2006 年の改正は次を参照。UN document, ST/AI/2006/3, *Administrative Instruction: Staff Selection System*, 15 November 2006 and ST/AI/2006/3/Rev.1, *Administrative Instruction: Staff Selection System*, 11 January 2010. 2010 年の改正は次を参照。UN document, ST/AI/2010/3, *Administrative Instruction: Staff Selection System,* 21

April 2010.
86 UN document, ST/AI/2010/3, *op.cit.*, Section 2.3.
87 UN document, ST/AI/2010/3, *op.cit.*, Section 2.4. シニア・レビュー・グループについては、次を参照。UN Secretary-General's Bulletin, ST/SGB/2009/2, *Senior Review Group,* 1 January 2009.
88 UN document, ST/AI/2010/3, *op.cit.*, Section 3.2 (a). 国連事務次長及び国連事務次長補に関しては、任用は通常5年までで、延長、更新される場合があると規定されているのみである。これについては、次を参照。UN Secretary-General's Bulletin, ST/SGB/2009/6, Staff Regulation, 27 May 2009, *Staff Regulation* 4.5 (a).
89 UN document, A/58/211, United Nations Office of Internal Oversight Services (OIOS) Assessment, *Review of Duplication, Complexity and Bureaucracy in United Nations Administrative Processes and Procedures,* para.5. 例えば国連事務局の中では政務局などが本部中心の人事管理を行っているのではないかと、これまでも指摘されたことがあった。城山英明・田所昌幸「おわりに：比較と検討」、田所昌幸・城山英明編著『国際機関と日本――活動分析と評価』(日本経済評論社、2004年)、336頁。
90 OECD/PUMA(1996), *op.cit.*, p.19.
91 UN document, JIU/REP/2006/1, *op.cit.*, pp.22-23.
92 *Ibid.*, p.1.
93 UN document, JIU/REP/2004/8, *Managing performance and contracts, Part Ⅲ, Series on managing for results in the United Nations system,* JIU, Geneva, 2004, p.16.
94 田代空「国際公務員制度の現状と課題」日本国際連合学会編『グローバル・アクターとしての国連事務局(国連研究第3号)』(国際書院、2002年)、64-66頁。なお国連システム職員の人事管理は、ノーブルメイヤ原則(Noblemaire Principle)とフレミング原則(Flemming Principle)という2大原則に基づいている。国際公務員制度の成り立ちや人事制度の枠組みに関しては、次を参照。黒神直純『国際公務員法の研究』(信山社、2006年)。
95 OECD/PUMA(1996), *op.cit.*, p.9.
96 国際人事委員会(International Civil Service Commission: ICSC)の人事行政を採用しているのは、金融機関型の世銀や国際通貨基金を除き、国際原子力機関と世界貿易機構を加えた、国連システムの諸機関である。国連本体及び国連の自立的補助機関も、同行政を採用している。次を参照。横田洋三編著『新版 国際機構論』(国際書院、2002年)、92-93頁、及び206頁。
97 横田(2006年)、前掲書、89頁。
98 同上、89頁。
99 その意味では、2000年に国際人事委員会が採択した「人的資源管理フレームワーク：給与と待遇の再検討」(Framework for Human Resources Management: Review of the Pay and Benefits System)は、改革への第一歩となるのではないかと一時は期待されもした。人的資源管理フレームワークとは、国連システム職員の給与や待遇などの問題を、結果志向型人的資源管理のあり方全体から再検討しようとした試みだった。次を参照。UN document, Supplement No.30(A/55/30), *Report of the International Civil Service Commission for the year 2000,* 2000, pp.6-9 and Annex Ⅲ. 具

体的には、給与等級のブロードバンド化や上級管理システム（senior management system）の創設などが提案された（A/57/30）。しかし具体化への道のりは険しく、2011年現在、頓挫したままである。（ニューヨークの国連日本政府代表部に対する聞き取り調査。2011年8月10日。）

100 UN document, JIU/REP/2004/7, *op.cit.*, pp.21-23. その後、国連行政裁判所（United Nations Administrative Tribunal、UNATと略されることが多い）は2審制の導入により廃止された。なお本書の検討対象が主として国連事務局であることから、本章では国連事務局に勤務する職員の人事上の紛争を扱う機関や仕組みを中心に考察している。

101 UN document, A/RES/59/283, *Administration of Justice at the United Nations*, 2 June 2005, para.1.

102 *Ibid.*, para.1.

103 国連システムの行政裁判所の特殊性について、次を参照。杉原高嶺『国際司法裁判制度』（有斐閣、1996年）、22-23頁。

104 UN document, A/RES/59/283, *op.cit.*, para.2.

105 *Ibid.*, para.49.

106 世銀などの金融機関型国際機関の行政裁判所と、国連行政裁判所との調和については、次の論考が参考になる。黒神直純「国際公務員の身分保障に関する一考察―国連行政裁判所判例と世銀行政裁判所判例の比較を通じて」『岡山大学法学会雑誌』第47巻第4号、1986年。

107 太寿堂鼎「国際公務員の身分保障と行政裁判所」『法学論叢』、京都大学、第71巻第4号、1962年、1-28頁。宮崎繁樹「国際公務員の労働訴訟」『法律論叢』明治大学、第58巻第4・5合併号、1986年、395-436頁。

108 横田（2006年）、前掲書、103頁。

109 佐藤哲夫『国際組織法』（有斐閣、2005年）、232-233頁。

110 UN document, A/RES/351（IV）, *Establishment of a United Nations Administrative Tribunal,* 9 December 1949. 太寿堂鼎「国際連合行政裁判所」田岡良一先生還暦記念論文集『国際連合の研究』第2巻（有斐閣、1963年）。

111 佐藤、前掲書、233頁。

112 横田（2002年）、前掲書、106頁。

113 佐藤、前掲書、233頁。

114 同上、233頁。

115 遠藤安彦「国際連合と専門機関における職員問題の調整」『近畿大学法学』近畿大学、第38巻第1～4合併号、1991年、153-183頁。及び、次の国連決議を参照。UN document, A/RES/57/307, *Administration of Justice in the Secretariat,* 22 May 2003 (Resolution adopted on 13 April 2003).

116 佐藤、前掲書、232-233頁。

117 行政裁判所の統合の問題に関しては、これまで多くの報告書や提案がなされてきたが、例えば、次を参照。UN document, A/56/800, *Report of the Secretary-General on Administration of Justice in the Secretariat,* 13 February 2002; UN document, A/42/328, *Report of the Secretary-General on the Feasibility of Establishing a Single Administrative Tribunal*,

15 June 1987; and UN document, CCAQ/PER/R.107, Annex II, *Study on Administrative Tribunal: Procedures and Unification,* initiated by the Administrative Committee on Coordination (ACC) and undertaken by the consultant, Gurdon Wattles.

118　UN document, JIU/REP/2002/5, *Reform of the Administration of Justice in the United Nations System: Options for Higher Recourse Instances,* JIU, Geneva, 2002.

119　国連行政裁判所判決再審査請求手続きの導入と廃止に至る経緯をわかりやすく解説したものとして、次を参照。佐藤、前掲書、233-235頁。

120　行政裁判所判決再審査請求委員会(Committee on Applications for Review of Administrative Tribunal Judgements)の制度は、国連行政裁判所規程11条1項及び同条4項による規程に基づくとされる。当該制度は計3回利用されたが、いずれのケースにおいても国際司法裁判所の勧告的意見は、行政裁判所の判決を支持した。Application for Review of Judgement No.333 of the UNAT (Advisory Opinion of 27 May 1987), *ICJ Reports* 1987, pp.18-174; Application for Review of Judgement No.158 of the UNAT (Advisory Opinion of 12 July 1973), *ICJ Reports* 1973, pp.166-300; and Application for Review of Judgement No.273 of the UNAT (Advisory Opinion of 20 July 1982), *ICJ Reports* 1982, pp.325-552. 次を参照、黒神直純「国連事務局の発展と行政裁判所」日本国際連合学会編『グローバル・アクターとしての国連事務局(国連研究第3号)』(国際書院、2002年)、150頁及び155-156頁。及び、横田、前掲書(2006年)、104頁。

121　UN document, A/RES/50/54, *Review of the Procedure Provided for Under Article 11 of the Statute of the Administrative Tribunal of the United Nations,* 29 January 1996 (Resolution adopted on 11 December 1995), in particular, para.1 (a).

122　黒神(2002年)、前掲論文、150頁。及び、黒神直純「国連行政裁判所判決審査手続の廃止について」岡山大学法学会編『世紀転換期の法と政治(岡山大学50周年記念論文集)』(有斐閣、2001年)、257-289頁。

123　黒神(2006年)、前掲書、142-143頁。

124　同上、142頁。

125　同上、154頁。UN document, JIU/REP/2002/5, *op.cit.,* in particular, p.vii.

126　UN document, JIU/REP/2004/7, *op.cit.,* p.21.

127　以下の申し立て手続きについては、旧「国連行政裁判所規定」(Statute of the United Nations Administrative Tribunal)を参照。

128　UN document, JIU/REP/2004/7, *op.cit.,* p.21.

129　*Ibid.,* p.21.

130　*Ibid.,* p.21.

131　UN document, JIU/REP/2002/5, *op.cit.,* p.v.

132　「公式制度」と「非公式制度」という用語について、司法的か否かが公式か否かに必ずしも対応しているわけではないので、この用語が適切ではないことを、黒神直純は指摘する。ただし、総会における議論では、非司法的あるいは準司法的解決に、「非公式」(informal)、また司法的解決に「公式」(formal)という語をそれぞれ用いることが一般に定着しているため、本書でもそれに従うこととする。黒神直純「国連行政裁判所の改革について――国連紛争裁判所と国連上訴裁判所の

設立』『法学と政治学の新たなる展開(岡山大学創立60周年記念論文集)』(有斐閣、2010年)、233頁、注38を参照のこと。

133　UN document, JIU/REP/2002/5, *op.cit*., p.vi.

134　UN document, A/59/414, *Administration of Justice in the Secretariat: Role of the Panel on Discrimination and Other Grievances*: Report of the Secretary-General, 5 October 2004, p.2.

135　*Ibid*., p.2.

136　*Ibid*., p.2.

137　UN document, ST/IC/2004/4, Information Circular, *Conflict Resolution in the United Nations Secretariat*, 23 January 2004, pp.4-7.

138　UN document, Secretary-General's Bulletin, ST/SGB/1998, 1 June 1998.

139　*Ibid*. 現在では、オンブズマン事務所(United Nations Ombudsman and Mediation Services)が提供する職員相談サービスは、職員間の認知度も高く、利用も広がっているとのこと。(ニューヨークの国連日本政府代表部に対する聞き取り調査。2011年8月10日。)

140　現在では、カウンセル・パネルが果たしていた役割は、国連行政裁判所改革の一環として設置された司法運営事務所(Office of Administrative Justice)の中の職員弁護事務所(Office of Staff Legal Assistance)が、後継体として果たしている。UN document, A/RES/62/228, *Administration of Justice at the United Nations*, 6 February 2008 (Resolution adopted on 22 December 2007), paras. 10-21.

141　UN document, A/RES/55/258, *Human Resources Management*, 27 June 2001 (Resolution adopted on 14 June 2001), in particular, XI: Administration of Justice, para.3.

142　UN document, Secretary-General's Bulletin, ST/SGB/2002/12, 15 October 2002.

143　差別的取り扱いに関する疑義の捜査のためのパネル(Panel to Investigate Allegations of Discriminatory Treatment)については、次を参照。UN document, A/RES/31/26, *Composition of the Secretariat*, 29 November 1976, para.7.

144　差別及びその他の苦情に関するパネル(Panel on Discrimination and Other Grievances)については、次を参照。UN document, Administrative Instructions, ST/AI/246, 28 July 1977 and ST/AI/308/Rev.1, 25 November 1983.

145　UN document, JIU/REP/2000/1, *Administration of Justice at the United Nations*, JIU, Geneva, 2000, p.22.

146　UN document, A/RES/55/258, *op.cit*., in particular, "XI: Administration of Justice", para.3.

147　総会は2003年、国連事務総長に対して、オンブズマンと職員組合と協議の上、パネルの存続の是非に関して提案を提出するよう要請する決議を行った。次を参照。UN document, A/RES/57/307, *op.cit*. それを受けた国連事務総長の総会に対する提案(2004年)は、次を参照。UN document, A/59/414, *op.cit*. パネルの廃止に関する総会の決議に関しては次を参照。UN document, A/RES/61/261, *Administration of Justice at the United Nations*, 30 April 2007 (Resolution adopted on 4 April 2007), para.10.

148　Secretary-General's bulletin, ST/SGB/2002/12.

149　紛争は conflicts の意。*Ibid*.

150　UN document, A/59/414, o*p.cit.*, p.3.
151　UN document, A/RES/62/228, *op.cit.*
152　UN document, A/62/7/Add.7, *Eighth report*, Report of the Secretary-General on the administration of justice, 25 October 2007, para.21.
153　UN document, A/RES/62/228, *op.cit.*, para.62.
154　UN document, A/RES/60/1, *World Summit Outcome*, 24 October 2005.
155　UN document, A/60/692, *Investing in the United Nations: For a stronger Organization worldwide*, 7 March 2006.
156　UN document, A/61/255, *Investing in people*, 9 August 2006.
157　黒神、前掲論文（2010 年）、229 頁。
158　国連の司法システムの再設計を検討するための外部独立専門家パネル（Panel of External and Independent Experts）――通称、再設計パネル（Redesign Panel）については、次を参照。UN document, A/RES/59/283, *op.,cit.*, paras.47-50.
159　*Ibid.*, in particular, para. 47.
160　UN document, A/61/205, *Report of the Redeisgn Panel on the United Nations system of administration of justice*, 28 July 2006.
161　国連紛争裁判所（United Nations Dispute Tribunal; UNDT）と国連上訴裁判所（United Nations Appeals Tribunal; UNAT）の設置と、合同訴願委員会（Joint Appeal Board）と合同懲戒委員会（Joint Disciplinary Committee）の廃止については、次を参照。*Ibid.*
162　*Ibid.*, paras.62-73.
163　UN document, A/RES/61/261, *op.cit.*
164　UN document, A/RES/62/228, *op.cit.*
165　*Ibid.*, paras. 10-21. 司法運営事務所は、司法運営に全体的な責任を負う事務所長事務所、職員に専門的な弁護を提供する法律専門官から構成される職員弁護事務所、紛争裁判所及び上訴裁判所の書記局から構成される。
166　*Ibid.*, paras. 35-38.
167　UN document, A/RES/63/253, *Administration of Justice at the United Nations, Administration of Justice at the United Nations,* 17 March 2009.
168　新制度の抱える問題点に関する分析としては、次の論考が参考になる。黒神（2010 年）、前掲論文、pp.234-245.
169　（旧）国連行政裁判所規程と国際労働機関行政裁判所規程の調和の問題についての具体的提言に関しては、次の国連システム合同監査団の監査報告書を参照。UN document, JIU/REP/2004/3, *Administration of Justice: Harmonization of the Statutes of the United Nations Administrative Tribunal and the International Labour Organization Administrative Tribunal*, JIU, Geneva, 2004, p.iv.
170　市場メカニズムの適用とは、民営化（privatization）、エージェンシー、内部市場などの契約型システムの導入を指している。
171　OECD（1997）, *In Search of Results, op.cit.*, p.28, Table 2: *Clustering OECD Member countries according to their management focus.* 同調査では、調査対象となった 11 ヶ国を 4 つの類型に分けている。本書で取り上げた「イギリス・アメリカ型」と「北欧型」

のほかに、「大陸型」と「ラテン型」という他の２つの類型が挙げられていた。後者の２つの類型は、業績志向型管理方式というよりは、むしろ規則と規範に基づく管理方式を重視する、伝統的な官僚制のあり方を色濃く残していた。したがって新公共経営論の導入に関しては途上という見方もできることから、本書における検討の対象からは除外している。

172 *Ibid.*, pp.10-11.
173 *Ibid.*, p.11. See Figure 1: *Bureaucracies and markets, administrators and managers: a mapping of country shifts.*
174 UN document, A/RES/55/231, *Results-based budgeting,* 23 January 2001.
175 UN documents, JIU/REP/2004/5, Overview of the series of reports on managing for results in the United Nations system, JIU, Geneva, 2004, para.4 and JIU/REP/2004/7, *op.cit.*, p.14.
176 UN document, JIU/REP/2002/7, *Management Audit Review of Outsourcing in the United Nations and United Nations Funds and Programmes,* JIU, Geneva, 2002, p. vi .
177 「純粋公共財」とは、サミュエルソンによれば、各自の消費が他のいかなる個人のその財の消費の減少をもたらさないような「供給の結合性(非競合性)」と、いちど共同体の一部のメンバーに供給されると、他のメンバーの消費を排除することが非効率であるか不可能である「排除不可能性」という２つの特徴をもつことが挙げられている。次を参照、大住荘四郎『パブリック・マネジメント――戦略行政への理論と実践』(日本評論社、2002年)14頁。(以下、大住、2002年)たとえば、純粋公共財として国内でよく挙げられるのは、国防、警察、消防、立法、途上国援助などだが、どれも国連の主たる活動分野とよく符合している。
178 同上、15頁。
179 「準公共財」とは、競合性は低いあるいはないものの排除費用の大きいとされる公共放送などや、競合性は高いものの排除費用の小さいとされる電力、ガス、水道、高速道路などを指す。同上、14頁。
180 民間委託は、国連においては outsourcing という用語が適用されることが多い。UN document, JIU/REP/2002/7, op.cit., p.v.
181 *Ibid.*, p.v.
182 OECD(1997), *In Search of Results, op.cit.*, pp.14-15.
183 *Ibid.*, p.15. See Figure 4: *Tactics and strategies of change: top-down versus bottom-up and size of change.*
184 UN document, A/51/950, *Renewing the United Nations: a programme for reform,* 14 July 1997.
185 UN document, JIU/REP/2004/7, *op.cit.*, p.14.
186 UN document, JIU/REP/2004/5, *op.cit.*, p.3.

第Ⅱ部

国連の行政監査の制度的分析

　「監査なくして、アカウンタビリティーはない。アカウンタビリティーなくして、コントロールはない」とイギリスのマッケンジーは言明したが、アカウンタビリティーの概念と監査の間は、いったいどのような理論的関係で結ばれているのだろうか。また行政監査はアカウンタビリティーのメカニズムの中で、どのような役割を果たしているのだろうか。

　第Ⅱ部では、国連の行政統制機能のうち、恒常的な行政統制の要となるべき行政監査の実際の活動を題材に取り上げ考察する。具体的には、国連行政に対する国際社会の信頼を根本から覆すことになった、国連イラク石油食糧交換計画を事例研究として取り上げ分析する。そしてこのような過ちを繰り返さないために、国連の行政統制は、今どのような改革が必要とされているのかという課題にも言及する。

※第Ⅱ部の研究成果の一部は、下記の拙稿等を通じ公表された。

蓮生郁代「国際連合における行政監査機能の現状と課題――国連イラク石油食料交換計画にみる制度的課題」『一橋法学』第 4 巻第 3 号、2005 年 11 月、1045-1075 頁。

第5章　行政監査機能の判断基準

梗概

　「監査なくして、アカウンタビリティーはない。アカウンタビリティーなくして、コントロールはない」と言明したマッケンジーは、「(しかし)公衆は——洗練された政治的公衆でさえ——、行政監査に関するほとんどの知識をもちえていない」と続けた[1]。残念ながら、それと同じ関係が現在、少なくとも国連の行政監査と一般公衆——政治的感度の高い公衆を含む——との間に存在している。監査はなぜアカウンタビリティーが機能する上で重要なのだろうか。

　行政監査は、行政統制の要の役割を果たしているとしばしば言われる。イラクの石油食糧交換計画では、行政監査がうまく機能しなかったことが数々の腐敗を招いた要因だったと批判された。では、行政監査が機能していると評価されるためには、監査がどのようであることが必要なのか。

　これまで行政監査に関する各国の議論において常に焦点となってきたのは、いかにして監査を権力者——外部の権力者だけでなく内部もありうる——の恣意的な影響から自由にし、監査の独立性を保つのかということだった。アリストテレスも『政治学』の中で、古代ギリシャの事例を引用して、監査の独立性を強調した先駆者の一人だった[2]。すなわち、「もろもろの役は、その凡てではなくとも、そのうちの或るものは多額の公金を取扱うものであるから、その計算書を受け取って会計検査を行うべき役が別になくてはならない、そしてその役自身は他の仕事に携わってはならない」。それは、独立性の保たれていない監査は著しく信憑性を損なうと考えられたからだった。では、この監査における独立性とは何を意味しており、どのようにして保つことができるのか。

　また独立性以外には、監査の質を決定づける重要な要素はないのか。本章においては、これまであまり焦点があてられることのなかったオーディエンス——監査報告書の読み手——という概念に着目する。オーディエンスの範囲の拡大や能力の増強は、監査の透明性や民主的な健全性を高める上でとりわけ重要である。このオーディエンスという新しい概念をどうやって概念化するのかというような点にも目を配りながら、本章においては行政監査機能の判断基準を模索する。

1 行政監査の定義と特徴

(1) 監査一般の定義

　日本における「監査」という用語については、1881(明治14)年公布の会計検査院章程において用いられたのが初めてで、それが一般化したのは、1890(明治23)年公布の旧商法において「監査役」という用語が用いられるようになってからだという[3]。

　日本語の監査にあたる外国語の語源には、2つの系統があるという[4]。一つは、英語の"audit"やフランス語の"audition"に由来する語源で、もともとはラテン語の"audire"、すなわち「聴く」という意味からきているのだという。これは、紀元前4000年頃の古代バビロニアからその後中世の欧州に至るまで、初期の監査のあり方が監査人が監査を受ける人を聴取する形態をとっていたことに由来すると考えられている[5]。もう一つは、ドイツ語、スペイン語の"revision"に由来しており、同じくラテン語の"revisere"からきているという。その意味は「再び見る」ということである。いずれの語源からもみてとれるのは、これらの行為が他人の行為に対して聴取すること、または観察、調査する意を包含していることである。

　アメリカの会計学者リトルトン(Ananias Charles Littleton)は、1953年に監査とは、「報告するために、検査することによって、確かめること」であると定義している[6]。このリトルトンの定義の示す監査の3つの要件、「検査すること」「確かめること」「報告すること」に注目した石田三郎は、監査の概念を次のように定義している。すなわち監査とは、「ある行為あるいはある行為の結果を示す情報等について、独立の立場にある第3者が検査することによって、その真実性、妥当性などを確かめ、その結果を関係者に報告することである」とした[7]。そこには、監査のもつ第3者的中立性や独立性の概念などの特徴がみられた。

　監査の種類や目的が時代の要請とともに変容するものであることを鑑みると、監査は、広範かつ多様な活動を包摂できるように定義されるべきだと考えられる。1973年のアメリカ会計学会の監査の定義は、監査のプロセスと

目的の双方を包摂する内容となっていた。すなわち、「監査とは、経済活動及び経済事象に関する言明と設定された規準との合致の程度を確かめるために、これらの言明に関する証拠を客観的に入手し評価し、さらにその結果を利害関係をもつ利用者に伝達する体系的なプロセスである」と定義されていた[8]。同定義を検討したアメリカ会計学会の基礎的監査諸概念委員会は、多様な目的で実施される監査を包含するために、監査の定義を意識的に拡大したと考えられている[9]。

(2) 監査対象による監査の分類

　上記で定義された概念は、私的セクター及び公的セクター双方の監査を包含する概念である。監査には、いわゆる利潤追求を目的とした私的セクターの商業監査または私的監査と、公益追求を目的とした公的セクターの監査たる公的監査の2種類がある[10]。

　この公的監査とは何を指すのか。「公イコール官」であるという政治的伝統が一般的に色濃く残る日本と異なり、アメリカ及びイギリスにおいては、公的監査の対象は中央政府や地方政府のみならず、NGO[11]などの非営利民間団体もその対象と理解されていることに留意する必要がある。したがって公的監査は、政府を対象にした政府監査と、NGOなどの非営利民間団体を対象にした非政府監査の2種類に分類できるとされる[12]。NGOの活動が、財政的規模の上からも長年活発だったアメリカやイギリスなどにおいては、この非政府監査という分野も、確固たる監査として確立してきた分野であることを忘れてはならない[13]。

　ところで国連などの政府間国際機関を対象にした監査は、非政府団体を対象にしているわけではないことから、政府監査の一種であると考えられる。しかし通常の「政府」の概念は、国家の中央政府や地方自治体などを主に念頭においているため、混同を避けるために、本書では「政府」監査の代わりに、「行政」監査という名称を用いるとする。

　監査対象という視点から監査を分類し表にまとめてみると、表6のようになると考えられる。

表6　監査対象による監査の分類

セクターの分類	監査の名称		監査対象
私的セクター	私的監査または商業監査		営利企業
公的セクター	公的監査	政府監査（行政監査ともいう）	中央政府や地方自治体など
			政府間国際機関など
		非政府監査	NGOなど

(筆者作成)

さらに監査を「内部監査」と「外部監査」の2つに分類する方法もある。これは、監査主体と監査対象が同じ組織に属するかどうかを基準にして分類する方法である[14]。すなわち内部監査とは、各省庁がその所管事務について自ら行う監査のことであり、外部監査とは、当該省庁に対し独立の地位を有する機関が外部から行う監査のことを言う。

(3) 行政監査の一般的特徴

行政監査の一般的特徴として、次の3つが挙げられると考えられる[15]。

第1に、行政監査は行政の一般的あり方に照準を合わせ、問題点の改善に役立つ情報や助言・勧告を提供することを目指すものである。したがって、具体的な業務実績把握や職員の実績評定自体が本旨ではない。

第2に、行政監査は独立の専門的機関が第三者的観点から行う。監査担当機関は行政府から独立していることもあるが、行政府内の独立機関のことも被監査機関と同じ行政庁に属することもある。したがって形式的な独立性の差はあるが、肝心なのは、実質的に当該行政活動の当事者から離れた客観的中立的な観点に立つことである。

第3に、行政監査の事後的な性格である。この点で行政監査は、業務の実施中に作業計画の執行状況を把握するために行われるモニタリングとは区別されることに注意しなければならない。

なお広義の行政監査には、狭義の監査機能だけでなく、捜査、検査、評価、その他が包含されるが、ここでは狭義の監査機能に焦点を合わせて考察する。

2　行政監査の制度的判断基準

　本節では、行政監査がアカウンタビリティーの向上のために機能しているのかどうかを評価するために必要な判断基準を探究することを目的とする。当該判断基準は、第6章のイラクの国連石油食糧交換計画に関する事例研究、および第7章のより包括的な国連の行政監査制度改革に関する考察において、分析の視座として適用されることになる。

(1) 公的監査理論における監査機能の判断基準

　本節では、公的セクターにおける行政監査機能の一般的な判断基準を探究するために、イギリスの公的監査理論における研究成果を参考にする。具体的には、イギリスの法学者ホワイトとホリングスワースによる公的監査の機能の判断基準を取り上げる。ホワイトとホリングスワースは、公的監査理論においては、公的監査機能を判断する基準は大別して2つあると言明した[16]。一つが実体的基準で、公的監査がどのような審査基準に基づいて実施されるかという観点からの判断基準である。もう一つが制度的基準で、公的監査の制度設計が機能を促進するようになされているかという観点からの判断基準である。以下、それぞれの基準を検討する。

1　実体的基準

　実体的基準とは具体的に何を意味しているかについて、先に挙げたホワイトとホリングスワースは、網羅的あるいは詳細な分析は行っていなかった。したがって内外の行政学または行政監査理論において、一般的にどのように捉えられているのかという共通項を探る[17]。

　それによれば、次のように概念化された基準が浮かび上がってくる。まず、合規性または合法性の基準と呼ばれる伝統的な基準。それから、英語の頭文字をとって「3Eの基準」とも呼称されている経済性の基準、効率性の基準、有効性という3つの基準である。

　まず伝統的な基準を取り上げる。合規性または合法性の基準とは、会計検

査において会計経理の適否を判定する際の最も伝統的かつ基本的な基準である。すなわち、個々の会計経理が法令、予算、会計規則と会計経理上の諸慣行に照らして違法不当でないかという観点から判断される基準である[18]。

次に3Eの基準を取り上げる。経済性の基準とは、適切な質に注意を払いつつも、獲得または利用される資源の費用を最小限にしているかどうかという観点から審査する基準である[19]。効率性の基準とは、物資、サービス、その他の結果の投入と、最大限のアウトプットを生産するため利用された資源の間の関係に関する基準である。所与のインプットでいかにして最大限のアウトプットを達成できるか、または所与のアウトプットをいかにして最小限のインプットで達成できるかということが問題となる。有効性の基準とは、あらかじめ設定された結果と、プロジェクト、プログラム、その他の活動の実施された結果との関係に関する基準である。物資、サービス、その他の活動の実際のアウトプットが、あらかじめ設定された政策目的、活動目標、及びその他の意図された効果をどの程度達成しているのかを検証する。

2 制度的基準

もう一つの判断基準である制度的基準とは、公的監査の制度設計が機能を促進するようになされているかという観点からの判断基準であった。これに関してホワイトとホリングスワースは、主にイギリスの中央政府の政府監査制度を参考にしながら、詳細な検討を行っていた。両者によれば制度的基準は、さらに次の3つの基準に分類することができるという。すなわち、適切な独立性の確保に関する基準、適切なオーディエンスの存在に関する基準、最終的受領者まで公金の流れを追尾できる権利に関する基準の3つであるという[20]。

適切な独立性の確保に関する基準は、これら3つの制度的基準のうち、最も重要だと考えられている。国家レベルの政府監査においては、通常憲法によって保障されなければならないとされている[21]。適切な独立性の確保とは、監査官が監査の対象から受ける影響を防ぎ、一定の独立性を保ちながら監査を遂行することが可能であるよう必要な条件を概念化したものである。独立性の概念が制度的にもあらゆる意味で最優先に確保されなければならないと

されているのは、独立性の保たれていない監査は、その信憑性を著しく損なうからである。

　適切なオーディエンスの存在に関する基準とは、監査報告書の読み手であるオーディエンスの適性に関する基準である[22]。ここでいうオーディエンスとは、ただ単に監査報告書の読み手であるというだけの受動的な存在では、オーディエンスとしての適格性に欠くと理解されている。オーディエンスとは、監査報告書の発見や勧告に基づいて、必要とあれば、被監査機関に対して申し開きをするよう求め、かつ適切な是正行動を要求することが可能であるような能動的な存在であることが要求されている[23]。しかし、オーディエンスの概念分析に関しては、これまでほとんど先行研究がなかったと見受けられる。したがって、行政監査の制度設計の有効性の問題を議論するためには、オーディエンスとしての能力をどのように概念化するのかという問題が新たに探求される必要がある。

　最後に公金追尾の権利とは、最終的受領者まで公金の流れを追尾できる権利のことを意味する[24]。この基準は、イギリスの新公共経営論に基づく政府部門の民間部門への外部委託の問題と密接に関わっている[25]。その背景には、イギリスにおいては財政赤字削減のために、小さな政府が積極的に推進され、政府部門の民間部門への外部委託によりコスト削減が図られてきたという状況がある。当時、民間部門に委託され民間企業により実施されてはいたものの、実は公金により支出されているこれらの活動に対し、公的監査がどこまで公金の流れを追尾できるのかということが問題になっていた。ちなみにイギリスの政府監査である国立会計検査院には、公金追尾の権利は必ずしも自動的には与えられていなかった[26]。

(2)「適切な独立性の確保」に関する基準

　これらの3つの基準のうち、公金追尾の権利に関しては、国連においては、イギリスでみられたような小さな政府の推奨と、それに伴う大規模な民間部門への外部委託などが積極的に推進されてきたわけではないため、必ずしも該当するわけではない。したがって、国連の行政監査を制度的に評価するた

めに特に重要だと思われる残り2つの基準、すなわち適切な独立性の確保に関する基準と、適切なオーディエンスの存在に関する基準を取り上げ、その概念の内容を明らかにする。

1 意 義

監査に関する制度的基準において、独立性の確保がいちばん重要視されているということは、非営利の公的セクターの公的監査に限らず、営利企業を目的とした民間セクターの営利監査においても同じである。例えば日本の監査基準は、一般基準において次のように独立性の概念を定めている。すなわち「企業が発表する財務諸表の監査は、……当該企業に対して独立の立場にある者によって行われなければならない」(一般基準の一[27])及び「監査人は、事実の認定、処理の判断及び意見の表明を行うに当たって、常に公正不偏の態度を保持しなければならない」(一般基準の二[28])としている。ちなみに日本においては、前者の独立性の概念が「外観的独立性(身分的・経済的独立性)」、後者の独立性の概念が「実質的独立性(精神的独立性)」と呼ばれている[29]。

この監査における独立性獲得に向けての法化の歴史というのは、17世紀末、町の役職者が監査人になることを禁止した最初の法律が、スコットランドで制定されたことに始まるという[30]。1844年には、イギリスで登録企業における、短期の監査官の設置が初めて義務化された。しかし当時、監査官は当該企業の株主であるのが通常であり、経営からの独立性はなかった。監査官の経営からの独立性が初めて明文化されたのは1900年の会社法[31]であり、このとき監査官は会社の関係者であってはならないと初めて明記された。1948年になると、今度は初めて経営からの独立性だけでなく、監査官には専門的資格が必要であるという要件が法文に加えられるところとなった。これらの歴史的経緯に基づき、現在のイギリスの監査に関する法においては、監査官の独立性及び専門性の双方が確保されるよう、その確保の手段までが詳細に規定されている[32]。

このように営利監査においては、監査官の独立性が意義のある監査の要件として長い年月をかけて法制化されてきたわけであるが、公的監査において

も、監査の独立性の確保が重要なのは言うまでもない。ところで各国政府や国際機構の公的監査の共通の基本原則は、最高会計検査院国際機構の定めた監査基準に依拠している[33]。この最高会計検査院国際機構の監査基準においても、独立性の確保は監査がよって立つところの基本原則として定められている。すなわち「監査官および最高会計検査院[34]は、独立でなければならない」という規定である[35]。この最高会計検査院国際機構の監査基準の特徴の一つは、絶対的な独立性ではなく、相対的な独立性を希求しているところにある。それは、絶対的な独立が監査にとり不可能であるという認識に基づいていると考えられる。そして相対的な独立性を確保するために、行政府、立法府及び司法府との関わりの中で、その一定の距離の置き方を探究している[36]。一例を挙げれば、最高会計検査院は立法府によって制定された法を遵守しなければならないが、それだからといって立法府からの指令に従うことがないように、立法府からの適切な独立性が保たれなければならない、という具合である。

では、監査における独立性の概念とは、いったい何を意味するのだろうか。独立という言葉の基本的概念は、他者によるいかなる統制や指令からも自由であるということを示唆する[37]。したがってこの独立性という概念を究極まで推し進めれば、それはいかなる権力からも自由であり、いかなる統制も受けないということになるだろう。しかしそのような絶対的な自由または独立が、監査の基本原則として前提とされているとは到底考えられない。例えば法の支配の原則であるが、当然同原則は基本的前提として監査の独立や自由の前に常に存在していると考えるべきであろう。したがって監査は法の尊重のもとに法に準拠して行われなければならず、監査の独立性もその範囲内でのみ認められるということが言えるだろう。

監査における独立性の概念は、多面的で様々な局面が考えられるのは言うまでもない。理論的な枠組みにおける捉え方や実践的な枠組みにおける捉え方など、当然アプローチの仕方は大きく異なり、その内容も様々である。ここでは、アメリカのガバメント・アカウンタビリティー・オフィスの政府監査基準による実践的分類と、イギリスの公的監査理論による理論的分類を取

り上げて検討する。

2 アメリカの政府監査基準による実践的分類

まず、アメリカのガバメント・アカウンタビリティー・オフィスの政府監査基準にみられる、実践的な独立性の概念の分析を考察してみよう。現行のアメリカの政府監査基準(2007年改訂版)においては、公的監査における独立性とは、独立性を阻害している要因から自由であることが重要なだけでなく、独立が阻害されているという印象からも自由でなければならないことが強調されている[38]。そしてそのような独立性を阻害しうる要因としては、組織的要因、人的要因、外部的要因の3つが挙げられている。

組織的独立性の概念とは、政府監査機関が仕事を遂行し、その結果を公平に報告するにあたり、政府監査機関の能力が妨げられないように、組織内において独立性が保たれるようにすることを意味する[39]。

人的独立性の概念とは、監査官が公平であること、あるいは公平にみえることを妨げるような監査官を取り巻く人間的関係その他の要因を断ち切ることを指す[40]。

外部的独立性の概念とは、監査官が独立した客観的な意見や結論を形成するにあたり、監査機関の外部からの要因によって監査官の仕事が制限されたり、監査官の能力が干渉を受けたりすることのないように独立性を保つことを指す[41]。独立性に対する外部的干渉としては、監査官が管理職、被監査機関の職員、または監視機関などからの圧力により、客観的行動をとることを妨げられたり、専門的な懐疑心を働かせることを思いとどまらせたりする時に起こるとされる。

3 イギリスの監査理論にみられる理論的分類

次に、イギリスの監査理論にみられる独立性の概念の理論的分析を考察する。イギリスの中央政府の政府監査を例に、独立性の概念の理論的分析を行ったホワイトとホリングスワースによれば、独立性の概念は、次の3つのサブ概念に分類できるとされた。すなわち、組織的独立性、人的独立性、及び業

務上の独立性だった[42]。

　ホワイトとホリングスワースによる独立性の概念の分類方法は、先に考察したアメリカのガバメント・アカウンタビリティー・オフィスの政府監査基準に基づく独立性の概念の分類方法と、まったく関係がないわけではない。むしろ2つの分類方法はサブ概念の名称の付け方は異なっても、内容的には一対一対応をしていると考えられる。最初の2つの人的独立性と組織的独立性に関しては、両者とも同じ名称を用いている。一つだけ名称が異なる第3番目の業務上の独立性に関しても、以下で考察されるように、内容的にはガバメント・アカウンタビリティー・オフィスの政府監査基準の外部的独立性に対応していると考えられる。以下、それぞれのサブ概念が意図するところを考察する。

組織的独立性

　組織的独立性の基準とは、ホワイトとホリングスワースによれば、政府の一組織として当該監査機関がどのように組織されているのか、どのように財政的に賄われているのか、政府の他の機関とはどのような関係を保っているかなどという観点から判断するとされる[43]。したがって組織的独立性の確保を評価する際中心となるのは、監査所管部署とそれを監視または統制する存在との関係のあり方を規定する基準、及び内部監査の予算が他の部署の意思や選好に左右されていないかを判断する予算的独立性の確保の基準であるとされる[44]。

　これをみると、ホワイトとホリングスワースは、組織的独立性の概念をかなり抽象的な次元で捉えていたのがわかる。しかし、組織的独立性の概念を実際に確保するためには、行政的な制度設計をどうするのかという、これとはまったく違う次元での議論も必要である。したがって、ホワイトとホリングスワースの議論からは離れるが、内部監査人協会の実践的な監査基準を参考にして、組織的独立性確保に関する議論をもう少し深めたい[45]。

　組織的独立性確保に関する議論で近年最も重視されるようになってきたのは、内部監査の報告ラインの設計の問題ではないかと考えられる。すなわち

報告ラインの設計には、機能的報告ラインと行政的報告ラインの2系統が明確に区別されているかということが、近年注目されるようになってきた。内部監査人協会の設定した実践的な監査準拠基準たるプラクティス・アドバイザリー・ステートメントにおいても、この両者を区別して設計すべきことが規定されている[46]。

プラクティス・アドバイザリー・ステートメント1110には、具体的には以下のようなことが規定されている[47]。すなわち機能的報告ラインとは、監査に関する機能的内容を伝達する報告ラインであり、リスク評価、監査計画、人員配置、内部監査の長への報酬の承認、すべての内部監査活動の結果の審査、監査の範囲や予算の制限に関する管理上の質問などの内容が報告される。一方、行政的報告ラインとは、監査に関する日常的活動などの行政的内容を伝達する報告ラインであると定義される。

さらにプラクティス・アドバイザリー・ステートメント1110は、内部監査の行政的報告に関しては、内部監査の長は当該機関の行政の長に報告すれば足りるとする。しかしその一方で、内部監査の機能的報告に関しては、内部監査の長は行政の長ではなく、監査委員会、理事会、その他の適切な統治機関などに対して報告しなければならないとする。

なお、これらプラクティス・アドバイザリー・ステートメントなどの内部監査人協会の設定した実践的な監査準拠基準は、2002年6月以降、国連の内部監査部の監査準拠基準として採用されるに至っている[48]。

人的独立性

人的独立性の基準に関するホワイトとホリングスワースの議論をまず紹介する。人的独立性とは、監査所管部署の構成員である監査官が外部の影響、とりわけ当該監査の発注者による影響から、どの程度保護されているのかという観点から判断される基準であると考えられている[49]。人的独立性の概念には、行政監査部門の長(ヘッド)に関する基準と、行政監査部門の監査官(スタッフ)に関する基準の2種類があるという[50]。

まず、行政監査部門の長の独立性の確保に関しては、そのために最も重要

なのは、行政監査部門の長が、行政府、立法府、司法府、とりわけ行政府から受ける圧力や影響力をなるべく最小限にすることである。この行政府との関係に一定の距離を保つために、様々な工夫が試みられている。特にいちばん重要なのが指名の手続きに関するもので、行政府の長（首相など）が行政監査所管部署の長の指名をコントロールできないように保障することを要求している[51]。指名以外には、行政監査部門の長としての任期を無期限にすることにより、再指名に関する何らかの政治的駆け引きから行政監査部門の長を解放し、自由・独立が保たれるように設計することもある。同様の配慮から、定年退職に関する規定を設けない場合もある[52]。

次に、行政監査部門の監査官の独立性の確保のために最も重要なのは、行政監査部門の監査官が被るかもしれない被監査部門からの圧力や影響力を最小限にすることであろう。これを達成するための主たる手段は、被監査部門との癒着回避のための監査官の定期的人事ローテーションなどである[53]。イギリスの国立会計検査院では、通常最長5年で人事異動しなければならないとされている[54]。このような行政監査部門の監査官に関する基準は、主に職業的独立性の確保のための基準と呼ばれている[55]。

業務上の独立性

業務上の独立性に関するホワイトとホリングスワースによる定義をみてみると、当該監査所管部署の日常業務の遂行に関し、当該機関がなんらかの利益集団の意思や選好などに依存することなく、日常的な業務を執行できることを概念化したものであるとされている[56]。業務上の独立性が確保されているかを判断する上で考慮すべき主要な基準には、監査管轄権、監査官による情報へのアクセス権、報告の権限の3つの概念があるという[57]。

最初の監査管轄権の概念は、監査機関が監査を及ぼすことのできる機構的な範囲や内容的な範囲に関する概念であると考えられる[58]。

第2番目の監査官の情報へアクセスする権利は、質の高い監査報告書の作成に不可欠の条件であり、通常は監査機関の設立文書などにより保障されている[59]。

第3番目の報告の権限に関する基準とは、監査機関が監査結果の有効な活用のために、監査結果を適切な者や機関に報告することのできる権限に関する基準である[60]。監査官が監査の発見や結果を適切な者や機関に報告する自由が保障されていなければ、当該機関が監査の結果を活用して、非監査機関に対して不承認行為に関する改善を要求することもできなくなってしまうであろう。その場合、監査はアカウンタビリティーの向上のために役に立つこともできなくなってしまう。したがって、監査官に報告の権限を確保することは大変重要なことである。この報告の権限を判定する基準としては、報告する機関や報告の頻度が適切であることなどが考えられるのではないかと思われる。

　これらの業務上の独立性に関する3つのサブ概念の中で最も重要なのは、第1番目の監査管轄権の概念だと考えられる。この監査管轄権の概念は、さらに実質的監査管轄権と制度的監査管轄権の2つの概念に分類できると考えられている[61]。

　実質的監査管轄権とは、財務監査や3E監査のような監査の内容の類型に関する管轄権である。例えばイギリスの国立会計検査院による政府監査においては、政策の目的を審査する管轄権は付与されていないが、アメリカのガバメント・アカウンタビリティー・オフィスによる政府監査では、政策を審査する管轄権が付与されているというようなことを意味する[62]。この実質的監査管轄権に関する現代的な争点の一つとして挙げられるのは、行政監査の業務の中に果たして経営コンサルタント的業務も包含されるか否かという問題である[63]。これは民間セクターでも現代的争点となっているが、監査は業務改善指導などまで踏み込むべきか否かなど、国連システムの現場でも賛否両論が繰り広げられているという[64]。

　一方、もう一つの制度的監査管轄権とは、監査の対象となる機関または部署を明らかにするという機構的な管轄権である。制度的監査管轄権の範囲は、一般的には法令や監査機関の設立文書などに明文で記載されるべきであり、監査実施ごとの監査部門と被監査部門間のアドホックの合意によるべきではないとされている。これは、重要なポイントである。なぜならアドホッ

クの合意の場合には、監査実施の可能性が両者の交渉の結果に左右されてしまう可能性があり、監査部門の制度的監査管轄権は被監査部門の意向に影響されるべきではないからである[65]。

　これについて国連の内部監査準拠基準であるプラクティス・アドバイザリー・ステートメントも、「内部監査業務は、内部監査の範囲の決定、業務の遂行、結果の伝達において、いかなる干渉からも自由でなければならない」として、内部監査の監査管轄権はいかなる干渉からも自由でなければならないことを定めている[66]。

(3) 適切なオーディエンスの存在に関する基準

　行政監査報告書の読み手であるオーディエンスは、アカウンタビリティー強化のための鍵となりえる存在である。しかし、このように重要な存在であるオーディエンスの概念化ついては、これまで先行研究もほとんどなかったのが実状である。したがってアカウンタビリティー強化の鍵となりえるオーディエンスの概念化のために、ここでは次のような試案を提示したい。

　ホワイトとホリングスワースは、オーディエンスの能力には受動的能力だけでは不十分で、能動的能力も時には必要とされるという議論を展開していた。この議論をさらに発展させれば、オーディエンスの能力は、受動的な能力に関する基準と能動的な能力に関する基準の2つの作業的概念に分けて概念化できるのではないかと思われる。本書では、前者を制度的基準、後者を実質的基準と名づけて検討したい。

1　制度的基準

　オーディエンスという言葉の第一義的な意味は、「監査報告書の読み手である」ということは前述した。したがって行為者が監査情報の開示を受けていない場合には、オーディエンスとしての最低限の必要条件を満たしていないと判断されると考えてよいだろう。そこでオーディエンスとしての必要条件としての監査情報へのアクセスの権利を概念化した場合、次のような作業的概念に置き換えることが可能ではないかと思われる。

まず、最低限の基準である、オーディエンスがなんらかの監査報告書へのアクセスの権利をもつか否かという入り口基準が考えられる。次に、監査報告書の内容または種類に応じて、その情報開示は制限がかけられているのが通常であろうから、どの程度機密性が高い監査報告書までアクセスの権利をもてるのかという、監査報告書の内容に応じた分類が考えられるだろう。すなわち、もしも監査報告書が機密性が高いと判断され、オーディエンスが自動的にアクセスをもてなかった場合、オーディエンスの要請に応じて、監査報告書が開示されるか否かという基準が考えられるだろう。最後に、機密性が高いとされる監査報告書に対しても、オーディエンスは自動的にアクセスをもつか否かという基準が考えられるだろう。このように、オーディエンスとしての受動的能力を評価するための基準として、上記の3つの基準を例示してみた。

2 実質的基準

もしもオーディエンスとしての受動的能力が十分備わっていて、あらゆる監査情報に対するアクセスが十全に保証されたとしても、それでオーディエンスとしての能力が必要十分に備わっているとは言えないだろう。オーディエンスは、監査情報の結果や発見に基づき、被監査機関に直接または間接に働きかけ、最終的には監査結果に基づく是正行動をとらせるような能力があるかどうかという観点からも、その能力を評価されるべきと考えられるからである。このようなオーディエンスとしての能動的能力を評価することは、あらゆる角度から可能だと思われるが、ここではオーディエンスがどのような社会的影響を与えうるかという観点から、オーディエンスとしての能力を概念化してみる。ただし、これらはあくまでも試論であり、決して網羅的なリストではない。

オーディエンスとして、能動的であるとみなされるためにクリアしなければならない最低限の水準から始めてみよう。まず、オーディエンスが被監査機関の行為を不承認した場合、それを表現する能力があるかどうかという基準があろう。次に、これは監査に特有な条件とも言えるが、監査報告書の専

門性に鑑み、オーディエンスが監査報告書を専門的観点から審査する能力を有しているか否かという基準が考えられよう。その他には、オーディエンスが被監査機関の行為を不承認した場合、是正行動を促すような道義的な圧力を直接的またはマスメディアなどの間接的な手段を通じて加えることができるかどうかという基準が考えられよう。さらに同様な場合、是正行動を促すような行政的権限を直接または間接的に及ぼすことができるかどうか、あるいは是正行動を促すような勧告的あるいは立法的権限を直接または間接的に及ぼせるかどうかという基準などが考えられる。

このようにオーディエンスとしての能動的能力を評価するための基準として、オーディエンスの及ぼす社会的影響という観点から、以上の5つの基準を例示してみた。

3　小　括

本章においては、公的セクターにおける行政監査の機能評価の理論的判断基準を探究した。その過程において、アメリカのガバメント・アカウンタビリティー・オフィスの政府監査基準にみられる実践的基準、及びイギリスの公的監査理論にみられる理論的基準などを参考にした。

理論的判断基準には、実体的基準と制度的基準という大別して2つの基準があることが明らかにされた。実体的基準としては、合規性または合法性の基準、経済性の基準、効率性の基準、有効性の基準の4つが挙げられた。そして制度的基準には、適切な独立性の確保に関する基準、適切なオーディエンスの存在に関する基準、公金追尾の権利の3つが挙げられた。

これらの評価基準のうち最も重視されていたのが、適切な独立性の確保に関する基準であった。これは、監査にとり独立性の確保が信憑性の維持のためにも最優先課題であることを示すものでもあった。この独立性の概念は、アメリカのガバメント・アカウンタビリティー・オフィスの政府監査基準においても、イギリスの公的監査理論の基準においても、さらに3つのサブ概念に細分類されていた。すなわち、組織的独立性の基準、人的独立性の基準、

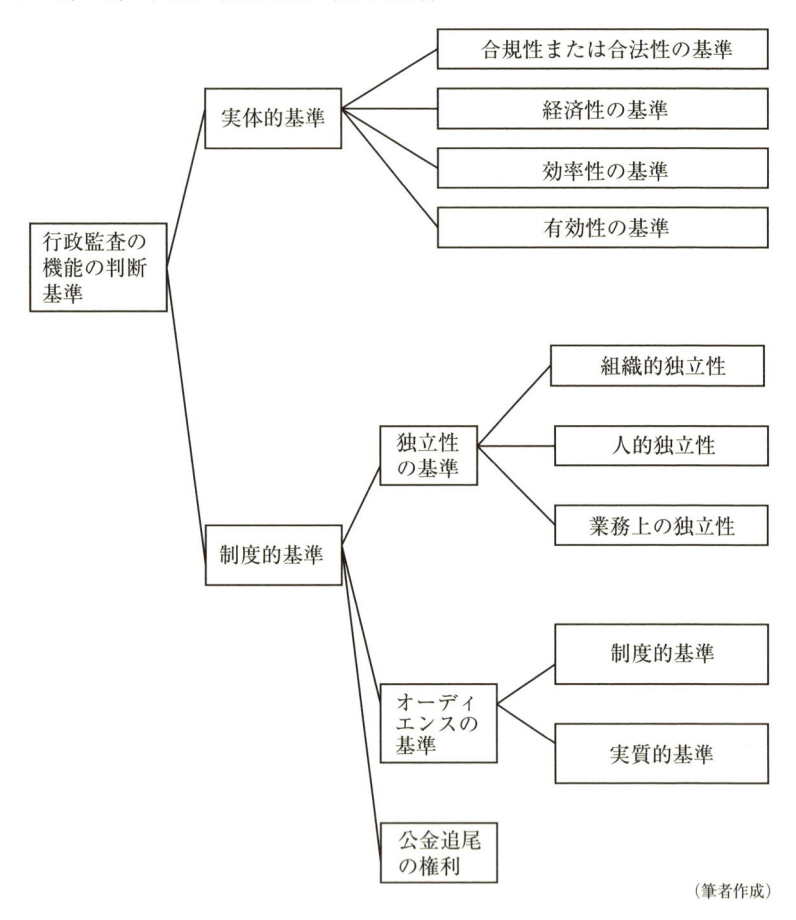

図7 行政監査機能の判断基準の試案

- 行政監査の機能の判断基準
  - 実体的基準
    - 合規性または合法性の基準
    - 経済性の基準
    - 効率性の基準
    - 有効性の基準
  - 制度的基準
    - 独立性の基準
      - 組織的独立性
      - 人的独立性
      - 業務上の独立性
    - オーディエンスの基準
      - 制度的基準
      - 実質的基準
    - 公金追尾の権利

(筆者作成)

業務上の独立性の基準(ガバメント・アカウンタビリティー・オフィスの監査基準では、これが外部的独立性の基準に該当する)の3つであった。

　これらの公的セクターにおける行政監査の機能の判断基準を、イギリスの公的監査理論にみられる基準をベースに修正を加え試案をまとめてみると、図7のようになろう。

　さらに本章においては、これまで十分な分析がなされてこなかったと思われる、適切なオーディエンスの存在が、アカウンタビリティーのメカニズムを機能させる上で果たしている役割に着目した。そして監査が機能している

第5章 行政監査機能の判断基準　157

というためには、オーディエンスがどのような能力をもち、どのような要件を満たしていることが必要なのかを探求した。その過程において、オーディエンスの能力を監査報告書へのアクセスの権利などから判断する受動的能力と、監査報告書の結果をどのようにして被監査機関に対して働きかけていくかに関する能動的能力の2つに分類することを提案した。そして、前者を制度的基準、後者を実質的基準と名づけ、それぞれの基準の概念化の作業を試みた。

　本章で提案したオーディエンスの能力を判断するための基準の試案を、制

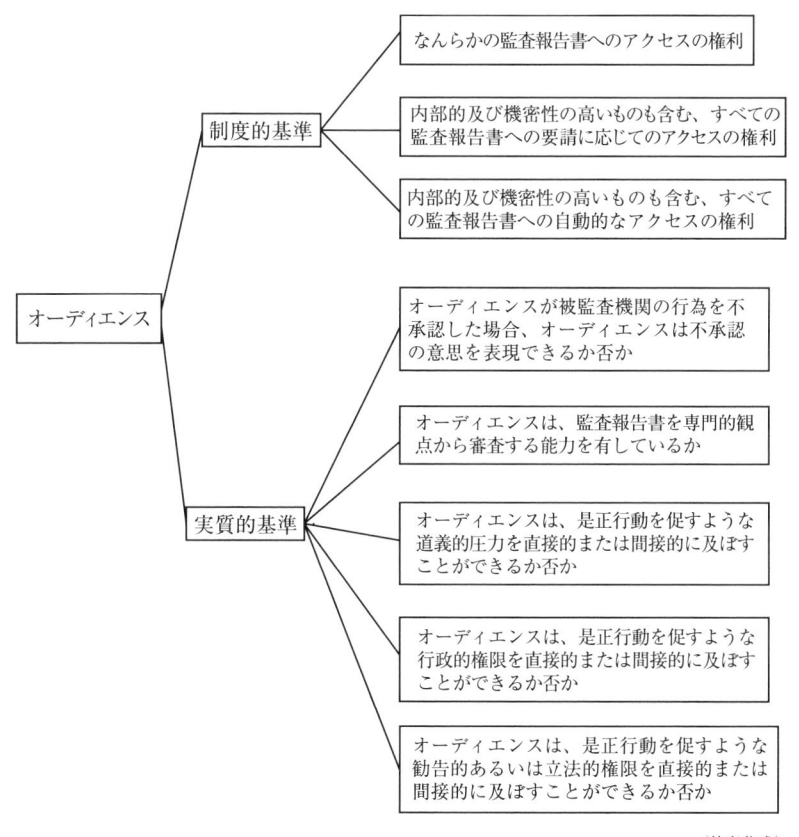

```
オーディエンス
├─ 制度的基準
│   ├─ なんらかの監査報告書へのアクセスの権利
│   ├─ 内部的及び機密性の高いものも含む、すべての監査報告書への要請に応じてのアクセスの権利
│   └─ 内部的及び機密性の高いものも含む、すべての監査報告書への自動的なアクセスの権利
└─ 実質的基準
    ├─ オーディエンスが被監査機関の行為を不承認した場合、オーディエンスは不承認の意思を表現できるか否か
    ├─ オーディエンスは、監査報告書を専門的観点から審査する能力を有しているか
    ├─ オーディエンスは、是正行動を促すような道義的圧力を直接的または間接的に及ぼすことができるか否か
    ├─ オーディエンスは、是正行動を促すような行政的権限を直接的または間接的に及ぼすことができるか否か
    └─ オーディエンスは、是正行動を促すような勧告的あるいは立法的権限を直接的または間接的に及ぼすことができるか否か
```

(筆者作成)

図8　オーディエンスの能力の判断基準の試案

度的基準と実質的基準に分類しまとめてみると、図8のようになると思われる。

注

1 W.J.M. Mackenzie, "Foreword," in E.L. Normanton, *The Accountability and Audit of Government* (Manchester: Manchester University Press, 1966), p.vii.
2 Aristotle, E.H. Warmington (ed.) *The Politics* (Cambridge, Mass.: Harvard University Press), 1972. 翻訳については、次の山本光雄の訳に依拠している。アリストテレス著、山本光雄訳『政治学』岩波書店、1972年、305頁。
3 石田三郎・岸牧人・林隆敏著『監査論の基礎知識(4訂版)』(東京経済情報出版、2003年)、4頁。
4 監査の語源の説明については、次を参照。同上、4頁。
5 Ananias Charles Littleton, *Accounting Evolution to 1900* (N.Y.: American Institute Publishing, 1933), pp.259-270 = リトルトン(片野一郎訳)『リトルトン会計発達史』(同文舘出版、1952年)、371-385頁.
6 「報告するために、検査することによって、確かめること」(Ascertain by examining in order to report) は次を参照。Ananias Charles Littleton, *Structure of Accounting Theory*, AAA Monograph No. 5, Sarasota: American Accounting Association, 1953, pp.104-105. 大塚俊郎訳『会計理論の構造』(東洋経済新聞社、1955年)、149-153頁。
7 石田、前掲書、5頁。
8 アメリカ会計学会(American Accounting Association)は、しばしばAAAとも略される。American Accounting Association, *A Statement of Basic Auditing Concepts,* 1973.
9 Vincent M. O'Reilly, *Montgomery's Auditing,* 12th ed. (New York: John Wiley & Sons, 1998) = ビンセント・オーレイリー他(中央監査法人訳)『モントゴメリーの監査論』第2版(中央経済社、1998年)、6-7頁。
10 公的監査の概念は、イギリスでは1866年の国庫監査法により、アメリカでは1921年の予算会計法(Budget and Accounting Act of 1921)により初めて用いられた。また公的監査と呼ばず、公監査と呼ぶこともあるが、同義である。Richard E. Brown, *The GAO-Untapped Source of Congressional Power* (Knoxville: University of Tennessee Press, 1970), p.9.
11 本書においては、NGOを国連によるNGOの一般的定義(営利の非政府団体も含む)よりも狭義に捉え、非営利の非政府団体を指すと定義していることに留意されたい。
12 Kevin P. Kearns, "The Strategic Management of Accountability in Nonprofit Organizations: An Analytical Framework," *Public Administration Review,* vol.54, No.2, March/April 1994, pp.185-192.
13 *Ibid.,* pp.185-192.
14 西尾勝『行政学［新版］』(有斐閣、1993年)、338頁。
15 行政監査の3つの一般的特徴に関しては、次の論文の29頁を参照。船尾章子「国連行政の適正な制御に向けて——行政監査機能の展開と背景」日本国際政治学会編『国際政治』第103号「変容する国際社会と国連」、1993年5月、28-42頁。
16 本書においては、institutional requirements と substantive requirements をそれぞれ

第 5 章　行政監査機能の判断基準　159

「制度的基準」と「実体的基準」と訳している。Fidelma White and Kathryn Hollingsworth, *Audit, Accountability and Government* (Clarendon: Oxford University Press, 1999), pp.197-200.
17　真山達志「第 3 章　行政官僚制と政策過程」、今村都南雄他著『ホーンブック行政学［改訂版］』(北樹出版、1999 年)、102-103 頁。西尾(1993 年)、前掲書、340 頁。
18　同上、340 頁。
19　以下の 3E の基準の定義については、それぞれイギリスの国立会計検査院の VFM 監査基準の定義から援用した。次を参照。National Audit Office, *A Framework for Value for Money Audits*, (London: undated).
20　以上については、次を参照。White and Hollingsworth, *op.cit*., pp.198-199.
21　*Ibid*., p.198.
22　*Ibid*., p.198.
23　*Ibid*., p.121.
24　*Ibid*., pp.198-199.
25　*Ibid*., p.199.
26　*Ibid*., p.199.
27　平成 14 年改訂監査基準、第二、一般基準を参照。
28　同上。
29　石田三郎・岸牧人・林隆敏著『監査論の基礎知識』3 訂版(東京経済情報出版、2002 年)、67-71 頁。
30　オーレイリー他、前掲書、13頁。
31　Companies Act 1900, s.213.
32　Companies Act 1985, Parts VII and XI, Chapter V; and amended by the 1989 Companies Act, implementing the Eighth Company Law Directive on the qualification of company auditors.
33　この最高会計検査院国際機構(International Organization of Supreme Audit Institutions、一般的には INTOSAI と略される)とは、政府の会計検査院や国連などの国際機関の監査所管部局が会員となっている国際機関である。最高会計検査院国際機構については、次を参照。www.intosai.org/en/portal/about_us/ (accessed on 15 August 2011).
34　最高会計検査院(SAI)は、最高会計検査院国際機構の監査基準によれば、国家の最高の公的監査機関であると定義されている。
35　INTOSAI, *Auditing Standards*, June 1989, Chapter 2, para. 47.
36　*Ibid*., Chapter 2, paras. 48-71.
37　White and Hollingsworth, *op.cit*., p.95.
38　GAO-07-731G, United States Government Accountability Office, *Government Auditing Standards, July 2007 Revision*, at www.gao.gov/new.items/d07731g.pdf (accessed on 15 August 2011), pp.29-48. なお、アメリカのガバメント・アカウンタビリティー・オフィス(Government Accountability Office) は、2004 年 7 月 7 日、旧称の会計検査院(General Accounting Office: GAO)から現在の名称に改称された。マンデー

トなどの概要については、次のウェブサイトを参照。www.gao.gov/about/history/ (accessed on 14 August 2011).
39　GAO-07-731G, *op. cit.*, pp.35-48.
40　*Ibid.*, pp.31-34.
41　*Ibid.*, pp.34-35.
42　White and Hollingsworth, *op.cit.*, p.95.
43　*Ibid.*, p.95.
44　*Ibid.*, p.98.
45　内部監査人協会(Institute of Internal Auditors)は、IIAと略されることが多い。内部監査人協会のマンデートおよび概要に関しては、次を参照。http://www.theiia.org/ (accessed on 16 August 2011).
46　内部監査人協会によって公布されたプラクティス・アドバイザリー・ステートメント(Practice Advisory Statement, PAS とも略される)を参照。Practice Advisory 1110-1: Organizational Independence, revised 12 Feb. 2004. 及び Practice Advisory 1110-2: Chief Audit Executive (CAE) Reporting Lines, revised 12 Feb. 2004.
47　同上のプラクティス・アドバイザリー・ステートメント 1110-1 及び 1110-2 を参照。
48　内部監視局の内部監査部(OIOS/IAD)は、その監査実施の際に依拠すべき基準として、1990年以来IADマニュアル(*OIOS/IAD Operational Manual*)を作成し、これまで度重なる修正を加えてきた。2003年6月の修正の際、内部監査人協会によって公布された専門的実践枠組み(Professional Practices Framework, PPF)が、IADマニュアルの中に組み込まれることになった。同専門的実践枠組みは、2002年6月に、国連の関係諸機関及び多国間金融機関の内部監査担当者代表によって採択されたものである。同専門的実践枠組みを実施するためのガイドラインが、内部監査人協会のプラクティス・アドバイザリー・ステートメントである。したがって内部監視局の内部監査部は、監査実施の際にプラクティス・アドバイザリー・ステートメントに準拠すべき義務があると言える。
49　White and Hollingsworth, *op.cit.*, p.95.
50　*Ibid.*, pp.102-105.
51　*Ibid.*, pp.102-105.
52　イギリスの国立会計検査院の場合、任期は無期限で、かつ定年は存在しないが、5〜7年の任期で60〜65歳の年齢で退職するという一般的な紳士協定が守られているという。*Ibid.*, p.102.
53　*Ibid.*, pp.102-105.
54　*Ibid.*, p.103.
55　*Ibid.*, pp.102-105.
56　*Ibid.* p.95.
57　*Ibid.*, p.105.
58　監査管轄権に関する具体的な定義は、ホワイト及びホリングスワースによっては提示されていないが、両者の著書の105-111頁の記述から類推した。*Ibid.*, pp.105-111.

59 *Ibid.*, p.111.
60 *Ibid.*, pp.114-116.
61 *Ibid.*, p.59. 本書においては、material audit jurisdiction と institutional audit jurisdiction をそれぞれ「実質的監査管轄権」、「制度的監査管轄権」と訳している。
62 White and Hollingsworth, *op.cit.*, pp.106-107.
63 *Ibid.*, p.110.
64 国連教育科学文化専門機関(ユネスコ)のパリ本部における内部監視局の監査官とのインタビューによる(2005年8月17日実施)。
65 White and Hollingsworth, *op.cit.*, p.106.
66 PAS 1110-A(参照、*New IAD Manual*, p.10.)

第6章　イラク国連石油食糧交換計画にみる行政監査の制度的課題

梗概

　前章においては、イギリスの公的監査理論にみられる公的監査の機能の判断基準や、アメリカのガバメント・アカウンタビリティー・オフィスの政府監査基準にみられる実践的な基準などを参照しながら、公的セクターにおける行政監査機能の一般的な判断基準を探求した。本章では、国連行政に対する国際社会の信頼に大きなダメージを与える結果となったイラクの石油食糧交換計画を事例研究として取り上げ、なぜ国連の行政統制が失敗したのか、その原因を探る。そして国連の行政統制機能の強化のために、国連の行政監査制度はどのように改革されるべきなのか、その改善の指針を探究する。

　イラクの石油食糧交換計画に関連する数々の腐敗疑惑を調査するために、ボルカー(Paul A Volcker, Jr.)元米連邦準備制度理事会議長を委員長とする独立調査委員会が設置された。同委員会は、腐敗の疑惑解明を主眼として大々的な捜査を行ったが、同時に国連の内部行政監査が制度的な問題も数多く抱えていることにも着目し、国連の行政監査制度改革に向けてのいくつかの勧告も行った。それらの勧告は、国連の内部監査の特殊性というものに鋭く着眼して分析したものであり、現在においてもその意義は失われていない。

　本章においては、国連の行政監査制度の改革に向けて独立調査委員会から提言された勧告を、行政監査の機能の制度的判断基準から分析した場合どう評価されるべきかをまず分析する。分析方法としては、前章で検証した国家レベルの政府監査の機能の制度的判断基準を、グローバルレベルの国連の行政監査に適用し評価する。独立調査委員会がとりわけ問題視したのは、国連の内部行政監査における独立性が、様々な局面で阻害されている恐れがあるという点であった。国連における監査の独立性の確保に向けて、いったい何がなされる必要があるのかということを具体的に明らかにする。

1 国連石油食糧交換計画の概要

(1) 国連石油食糧交換計画発足の経緯

1990年イラクによるクウェート侵攻を受けて、安保理は安保理決議661[1]によりイラクに対する広範な制裁を決定した[2]。これは、国連の全加盟国に対して、イラクからの石油を含むあらゆる物品の輸入を禁止するとともに、非人道的な物品の輸出を禁止するものだった。しかし、制裁の非人道的効果に対する認識が国際社会に広く明らかになってくるにつれ、世論の圧力も次第に高まっていった。このような圧力を受け、安保理は制裁継続のため、イラクに対して1991年頃から行政的に管理された条件の下に、石油の輸出と交換に食糧や医薬品などの人道的品目を供給するという提案を何度か提示した。しかし、イラク側は主権侵害を理由にこれらの提案を拒絶し続けた。1995年イラク国内の人道的状況の悪化を受けて、安保理は安保理決議986[3]を採択し、再びイラクと交渉した。同決議は、後に石油食糧交換計画の骨子となった[4]。

1996年初め、イラクは、ブトロス=ガーリ国連事務総長(当時)を交渉相手として、同決議実施の詳細を協議することに合意し、同年5月には国連との間に覚書を交わした[5]。同覚書は、石油食糧交換計画実施に関する基本的な枠組みを規定したものだった。同覚書は、イラク側が原油の価格決定に影響力を及ぼし、原油の購入者及び人道的物品の供給者を決定することを認める一方で、国連側が原油の輸出及び物品購入に関して数々の検査手続きを実施することを認めていた。

最初の原油の輸出は1996年12月に始められ、最初の人道的物品の輸入は1997年3月に実施された。石油食糧交換計画はイラクのフセイン(Saddam Hussein)政権崩壊後、2003年11月に連合軍暫定当局に移管され、終了した。

(2) 石油食糧交換計画の総合的な評価

石油食糧交換計画に関する総合的評価を概観すると、人道的観点からは積極的ないしは肯定的な評価が一般的だったといえよう。例えば、同計画に対

し概して極めて否定的な立場をとってきたアメリカ議会でさえも、同計画の人道的側面に関しては比較的肯定的な評価を下してきた[6]。したがって、石油食糧交換計画は人道的救済を施すというコアの部分に関しては、その目的を果たすのに成功を収めたと言えるのではないかと考えられる[7]。具体的には、イラク国民のカロリー摂取量は83％上昇し、栄養失調率は国のほとんどの地域で半分以下になった。また7万6,500の地雷が撤去された。衛生面に関しては、十分な医療品や予防接種用ワクチンが輸入され、ポリオの撲滅をはじめ、コレラ、マラリア、麻疹、おたふく風邪、髄膜炎、結核他の伝染病を劇的に減少させた。主要な外科手術を行う能力は、イラクの中央部及び南部においおよそ40％ほど上昇した。これらの実績から、制裁存続のためにも同計画は必要であったという認識は、アメリカ議会も交え共有されてきたと言えよう。

しかし、このような人道的評価とは別に、石油食糧交換計画に対する批判は、アメリカ議会を中心として大変根強く、同計画の全容解明を国連に対して要求する声は絶えなかった。その背景にある石油食糧交換計画に絡むアメリカにとっての重大な国益とは何だったのだろうか。

まず政治的な要因として挙げられるのは、石油食糧交換計画がフセイン政権維持の原資を供給する仕組みとなっていたのではないかという批判である。フセインは総額で約200億ドル相当の腐敗資金を得たと一部では言われていることが、アメリカ議会においては証言されていた[8]。またこれらの腐敗の資金は、フセインの様々な政治的工作に使途されてきた恐れがあることが、アメリカ議会ではたびたび指摘されてきた[9]。例えばイラクは、安保理や制裁委員会において制裁継続派と制裁廃止派の二分工作を図るなどして、アメリカの対イラク強硬路線の実施を阻んできたが、その背景にはこれらの資金が動いていたのではないかと疑われていた。アメリカ議会においては、安保理における反アメリカ勢力の概容を正確に捉えるために、これらの腐敗資金のルートを解明したいという意向が非常に強く存在していた[10]。またイラク問題において、必ずしも常にアメリカに協力的であったとは言えないアナン国連事務総長(当時)が、果たして信頼するに足るかを問いたいという意図もあったのではないかと推測される。

一方、経済的な要因としては、当時アメリカ経済の回復のためには高騰し続ける石油価格の安定が必須であり、イラク問題に由来する価格への影響を一掃したいという意向が働いたことが推察される。2003年5月石油食糧交換計画に関するアメリカ議会の公聴会においては、当時の石油価格の高騰の原因は、イラクによる石油価格の操作にあるという指摘がすでになされていた[11]。それはマージナルな少量の密輸であっても、グローバルな石油価格形成に多大な影響を与えうるという理由からであった[12]。

このような政治的及び経済的な要因から、アメリカ議会においてはフセイン政権存続中から石油食糧交換計画の全容解明を求める声は根強く、それは国連への不信にもつながっていったという過程が推察できる。

(3) 国連の責任の範囲

石油食糧交換計画の主要な5つの問題

石油食糧交換計画に関するアメリカ議会における討論などを分析してみると、主要な問題として、次の5つの点を挙げることができるだろう[13]。

① 制裁下でありながら、旧フセイン政権が一部の国との間で、正式な貿易協定に基づく石油の輸出を行っていたこと[14]。
② 旧フセイン政権が、石油を密かに輸出していたこと[15]。
③ 旧フセイン政権が石油食糧交換計画の枠内で石油を輸出した際に価格操作を行い、制裁委員会の承認した公式な価格と、実際に売買された石油価格との価格差(プレミアム)を不正利得として得ていたこと。
④ 人道的契約からのキックバックの問題。人道目的の物品購入の際、旧フセイン政権が供給業者からマージンを受領していたこと。
⑤ その他の国連システムの行政上の問題。

国連事務局の行政的責任の範囲

石油食糧交換計画に絡む腐敗疑惑は、国際世論やアメリカ議会における激しい国連バッシングへとつながっていったわけだが、同疑惑は想像以上に込み入った問題でもあった。上記で挙げられた主要な5つの問題すべてに、国

連は責任を負っていたか、それとも単にそのうちの一端だけだったか、それがまずは問われる必要がある。

　第1の問題である「制裁下の石油の合法的取引（プロトコル）」と、第2の問題である「石油の密輸」という2つの問題に関しては、石油食糧交換計画という枠組の外で起こっていた腐敗であり、実際、これらは同計画発足以前から存在していたということに留意する必要がある[16]。

　イラクに対する制裁を決定したのは、1990年の安保理決議661だった。その安保理決議661第6項は、制裁に関する国家の遵守を安保理に報告し、有効な実施に関する行動を勧告するために、対イラク制裁委員会を創設することを規定していた[17]。制裁委員会は、同計画設立以前から制裁の遵守の監視に関して第一義的な責任を負っていた。したがって、同計画の枠外で起きた第1の問題である「石油の合法的取引」と、第2の問題である「石油の密輸」という2つの問題は、イラクに対する制裁の監視責任を負っていた制裁委員会のメンバーである国連加盟国の政治的責任に帰すべき問題だったと考えられる。

　第3の「石油契約のプレミアム」の問題に関しても、やはり制裁委員会、すなわち国連加盟国の監視責任に帰すべき問題だったと考えられる。というのも制裁委員会は、1995年の安保理決議986第1項(a)により、イラクからの石油の輸出の契約の承認の権限や、それが適正な市場価格であるかの承認の権限を付与されていたからである[18]。実際に、同計画存続最後の18ヶ月間に関しては、イギリス及びアメリカのイニシアティブにより、制裁委員会にて石油価格決定に関する遡及的価格決定方式が採用されたため、石油契約の際のプレミアムは事実上消滅していたことからも明らかである[19]。

　第4の「人道的契約のキックバック」の問題に関しては、1996年5月20日の覚書は、イラクへ人道的物品を輸出したい企業の国家に対し、案件ごとに申請書を制裁委員会に提出する義務を課していた（覚書第22項）[20]。そして同覚書は、その申請に対して決定を下す権限を制裁委員会に認めていた（覚書第23項）[21]。制裁委員会の内部手続きは、物品の人道的目的への合致性や価格と価値の適正さなどの観点から、なんらかの疑義があれば契約を停止すること

を求めていた[22]。

ただし、この取り決めは、1999年の安保理決議1284により、一部修正されることとなった[23]。同決議第17項によれば、人道的物品だけを含んでいる契約に関しては制裁委員会の審査にかける必要がなくなり、イラク・プログラム・オフィスが承認できるように変更された[24]。

しかし、この修正にもかかわらず、イラク・プログラム・オフィス自身は、行政的事務のみが同オフィスに移行しただけであり、同オフィスが制裁委員会から価格審査に関する権限まで委譲されたという認識はもっていなかったということが、後に明らかにされた[25]。またイラク・プログラム・オフィスが価格に関する疑義を制裁委員会に申し立てたケースもあったが、制裁委員会はこのような疑義を取り上げようとしなかったということも明らかにされた[26]。したがって、人道的契約のキックバックの問題に関しても第一義的な監視責任は、1999年の安保理決議1284による一部修正以降も、依然として制裁委員会にあったと推論される。

これらの考察により、安保理及び制裁委員会は、①の「制裁に反する合法的貿易取引(プロトコル)の監視」、②の「制裁に反する違法な密輸の阻止」、③の「イラクによる石油輸出の契約の審査」、④の「人道的契約の審査」などの制裁全般に関わる監視機能を負っていたことが確認されたと言えるだろう。しかし実際には、制裁委員会は期待された広範な監視機能を果たすことができず、軍事転用可能な物品のイラク国内への輸入阻止の観点からの審査のみに焦点を合わせていたことが、後に明らかにされた[27]。具体的には、例えばアメリカ政府は、同政府の技術専門家60人を常駐させ軍事転用の可能性の観点から1つ1つの契約を審査させるなど、同政府の関心はその1点のみに集中していたという[28]。2002年の国連の事務局の記録によれば、イラクへの輸出を停止された契約のおよそ9割は、そのようなアメリカのイニシアティブによるものだったという[29]。そして、石油価格や人道的物品の価格の適正さに関する審査に関しては、制裁委員会においては石油食糧交換計画最後の時期を除いては、ほとんど本気で取り組まれたようなことはなかったという。

このようなダブルスタンダードの存在が余儀なくされていたのは、制裁委

第6章　イラク国連石油食糧交換計画にみる行政監査の制度的課題　169

表7　国連事務局の行政的責任の範囲

石油食糧交換計画の範囲内かどうか	不正の疑われた問題		第1義的な監視責任	政治的責任か行政的責任か
計画の範囲外	①	石油のプロトコル取引	制裁委員会	国連加盟国の政治的責任
	②	石油の密輸取引		
計画の範囲内	③	石油契約の課徴金の問題		
	④	人道的契約のキックバック		
	⑤	その他の国連システムの行政上の問題	国連諸機関の長	国連諸機関の長の行政的責任

(筆者作成)

員会が制裁継続派と制裁廃止派に2分されていたことが背景にあったためだと推定される。当時、制裁継続を最優先していたアメリカ及びイギリスなどは、制裁継続のために制裁廃止派の支持の得にくい強硬策に訴えることができなかったということが、後にアメリカ議会の公聴会などにおいて明らかにされていった[30]。特に制裁により多大な経済的被害を受けていたイラクの隣国に対する配慮から、プロトコル取引や密輸などは黙認せざるを得ない状況にあったことが証言された[31]。

　これらの考察により、石油食糧交換計画に絡む主要な5つの問題のうちの4つは、第一義的にはどれも国連加盟国の政治的責任に帰属していたということが結論されるにいたった(表7参照)。一方、国連事務局の行政的な責任が問われるのは、⑤の「その他の国連システムの行政上の問題」と総称される事柄のみであることが明らかになった。本書は国連行政におけるアカウンタビリティーの分析に焦点を絞っていることから、本章においては、この⑤の問題を取り上げて詳細に検討する。

2　独立調査委員会の調査の概要

(1) 独立調査委員会設置の経緯

　石油食糧交換計画に起因する鳴り止まぬ国連行政への不信の高まりを受けて、アナン国連事務総長は独立的な立場から石油食糧交換計画を調査させ

る喫緊の必要に迫られていた。そのような国際的な圧力を受け2004年4月、元米連邦準備制度理事会議長であったボルカーを委員長に任命して設置したのが、国連石油食糧交換計画に関する独立調査委員会であった[32]。本節では、独立調査委員会による同計画の捜査により、何が明らかにされたのかをまずは概観する。

独立調査委員会の調査の目的は、詐欺や腐敗に関する申し立てを含めた、石油食糧交換計画の行政管理のあらゆる側面に関する情報を収集し審査することであった。同委員会の調査対象期間は、石油食糧交換計画開始から2003年11月の連合軍暫定当局への同計画の移管までであった。同委員会の調査の対象者は、国連の職員、雇用者、代理人のみならず国連の契約者、または石油食糧交換計画下のイラクの契約者をも含んでいた。このような同委員会のマンデートは、2004年4月21日の安保理決議1538によっても明確に支持されていた[33]。同安保理決議は、同時に全国連加盟国に対して同委員会の調査に協力することを要請していた。

（2）独立調査委員会の5つの報告書

独立調査委員会が発行した主要な報告書は、次の5文書である。

- (第1回)暫定報告書[34] － 2005年2月3日公表
- (第2回)暫定報告書[35] － 2005年3月29日公表
- (第3回)暫定報告書[36] － 2005年8月8日公表
- (第4回)石油食糧交換計画の運営に関する報告書[37] － 2005年9月7日公表
- (第5回)石油食糧交換計画の操作に関する報告書[38] － 2005年10月27日公表

独立調査委員会は、第5回目の2005年10月27日公表の報告書が実質的な意味での最終報告書であると言明した[39]。

2005年2月公表の独立調査委員会の(第1回)暫定報告書は、「国連システ

ムの行政上の問題」として、次の５つの問題を主要なものとして挙げていた[40]。

① 初期の銀行や独立検査官の選定に絡む不正、及び石油の割り当て疑惑
② 国連システムの内部監査の抱える制度的問題
③ 国連による行政的費用の運営に絡む問題
④ コテクナ社へのアナン国連事務総長による便宜供与の問題
⑤ およそ3,500社にのぼるとされた関連民間企業の汚職問題

そのうちそれぞれの報告書が取り扱った論点を要約すると、次のようになろう。

第１回暫定報告書が取り扱ったのは、①の初期の銀行や独立検査官の選定に絡む不正、及び石油の割り当て疑惑、②の国連の内部監査の抱える制度的問題、③の国連による行政的費用の運営に絡む問題の３つであり、最も広範な範囲をカバーしていた[41]。

第２回暫定報告書は、主に④のコテクナ社に絡む不正疑惑の問題を取り上げた[42]。コテクナ社とは、人道的物資の独立検査に関する契約を、前身のロイズ社から引き継いだ会社である。本報告書では、コテクナ社の選定プロセスに瑕疵はなかったか、アナン国連事務総長の行動はコテクナ社の選定に際し適切だったか、またアナン事務総長以外の人物の行動も適切だったかなどの観点から調査されていた。なお、③の国連による行政的費用の運営に関しては、国連内部監視局の１職員の給与が行政的費用項目から支払われたことの妥当性が調査された。

第３回暫定報告書は、第１回と第２回の暫定報告書が取り扱った問題の中で浮かび上がってきた、特に捜査性の強い問題を取り扱っていた[43]。具体的には、イラク・プログラム・オフィスの局長であったセヴァン(Benon Sevan)と、国連事務局の物資調達官だったヤコブレフ(Alexander Yakovlev)の２人に関する不正疑惑であった。この２人の問題は、①の石油の割り当て疑惑に関係していた。

第４番目の報告書は、第１回目から第３回目までの暫定報告書を踏まえ、

それを総括する意味で、安保理に提出するための包括的な報告書として作成された[44]。したがって、同計画の運営に関する問題を全般的かつ網羅的に扱っていたという特徴があった。特に②の国連システムの内部監査の抱える問題のうち、第1回暫定報告書では触れられていなかった国連本体以外の、国連の専門機関や国連の自立的補助機関などの国連システム諸機関の内部監査の問題についても言及していた点が注目されよう。またそれまでの報告書では十分に明らかにされなかったコテクナ社選定に関する疑惑のうち、アナン国連事務総長の息子であるコジョ・アナン(Kojo Annan)の不正関与に関する真相解明も試みられていた。

第5番目の報告書は、最終報告書であるという位置づけがされており、旧フセイン政権がどのようにして同計画を操作していたのか、という観点から調査した結果が報告されていた[45]。⑤のいう関連民間企業の汚職問題も、石油契約に絡む課徴金や人道的契約に絡むキックバックなどの観点から取り扱われていた。具体的には、人道的契約に絡むキックバックが確認された23の企業が取り上げられ調査された。

(3) 独立調査委員会の調査結果

独立調査委員会が「国連システムの行政上の問題」として挙げた5つの問題のうち、②の「内部監査の抱える制度的問題」を除いた残り4つの問題は、どちらかと言えばアドホックな性質でかつ捜査性が高いと考えられる。したがって本章における制度的な分析の対象からはこれら4つの問題は除外するとし、これらの問題については、独立調査委員会の考察の結果を以下紹介するに留めておく。

① 「初期の銀行、独立検査官の選任に絡む不正、および石油の割り当てに関する疑惑」については、セヴァンなどの国連幹部職員数名の個人的責任を追及した[46]。
② 「内部監査の問題」については、次節にて検討する。
③ 「国連による行政的費用の運営に絡む問題」については、内部監視局長

の特別補佐官 1 名の給与が国連の行政的費用から支出されていたという事例を除いては、基本的には不正行為はないと結論づけられた[47]。

④ 「コテクナ社への前国連事務総長による便宜供与の問題」については、コテクナ社の選定プロセス自体には不正行為は認められなかったとし、アナン国連事務総長による同社への便宜供与の疑惑についても、事務総長が影響力を駆使したという証拠はないと結論した[48]。ただし国連事務総長官房の関係書類の廃棄に関して、当時の官房長であったリザ(S. Iqbal Riza)の責任は追及した。

⑤ 「関連民間企業の汚職問題」に関しては、総数 248 にのぼるイラク政府が石油を販売した企業のうち、139 の企業において課徴金の支払いが確認された[49]。また人道的契約においては、人道的物資を販売した 3,614 の企業のうち、2,253 の企業においてキックバックが確認された。石油の課徴金及び人道的物資のキックバックは、総計 18 億ドル近くにのぼることが推計された。

上記のうち、唯一制度的分析が可能であると推察された ② の「国連システムの内部監査」の問題を取り上げ、次節にて検討する。

3　独立調査委員会の勧告に対する制度的分析

(1) 内部監査に関する主たる 4 つの勧告

本節においては、独立調査委員会が石油食糧交換計画に絡む「国連システムの行政上の問題」として掲げた 5 つのカテゴリーのうち、その 1 つの「国連システムの監査機能に関する問題」に焦点を当てる。独立調査委員会は、この問題に関し 3 回ほど報告書の中で触れていた。第 1 回目が、2005 年 1 月公表のブリーフィングペーパーだった[50]。同ブリーフィングペーパーにおいては、同計画の国連内部監査にはどのような問題があったのかということに関し、初期の暫定的な考察を行っていた[51]。次に独立調査委員会がこの問題に言及したのは、2005 年 2 月に公表された第 1 回暫定報告書の中においてだっ

た[52]。同報告書の中で独立調査委員会は、初期の暫定的考察によって明らかにされた問題に基づき、同計画の国連内部監査が機能しなかった原因をより抽象化された制度的な観点から分析し、数々の重要な勧告を行った[53]。そして独立調査委員会がこの問題に言及した最後の機会となったのは、2005年9月に公表された第4回包括報告書の中においてであった[54]。この時は、第1回暫定報告書が考察の対象としていなかった国連以外の国連システムの諸機関の内部監査や外部監査の問題を取り上げていた[55]。ただし本書における考察の対象は狭義の国連のみに限定しているため、同包括報告書による考察は本書の検討の対象外とする。

　本節においては、独立調査委員会が行った国連の内部監査機能に関する制度的分析に焦点をあてて考察するものとし、第1回暫定報告書にて提示された勧告を取り上げ検討する。その際に前章にて明らかにされた公的監査の機能の制度的基準を採用し分析した場合、国連の内部監査制度は本来はどのように制度構築されるべきなのかという議論にも踏み込むものとする。

　独立調査委員会が行った国連の内部監査機能の強化に関する勧告として、主として次の4つを挙げることができる[56]。すなわち、(1)報告ラインの変更の必要性、(2)予算的独立性の確保の必要性、(3)ジョイントプログラムにおける監視の強化、(4)内部監査部の監査権限の範囲確定の必要性、である。これらの勧告を一つずつ取り上げて検討する。

(2)第1の勧告：報告ラインの変更の必要性

独立調査委員会の勧告

　独立調査委員会による主たる4つの勧告のうち、第1番目の勧告の「報告ラインの変更の必要性」という問題を取り上げ検討する。まず議論の前提たる当該勧告がなされた2005年当時の報告ラインを概観する[57]。内部監査を実施するのは内部監査部であり、内部監査部は内部監視局に属しており、内部監査部の長は上司である内部監視局長に報告するとされていた。内部監視局長は、その上司である国連事務総長に報告するとされていた。国連事務総長は、国連総会に対して内部監査に関する説明責任と報告義務を負っているとされ

第 6 章　イラク国連石油食糧交換計画にみる行政監査の制度的課題　175

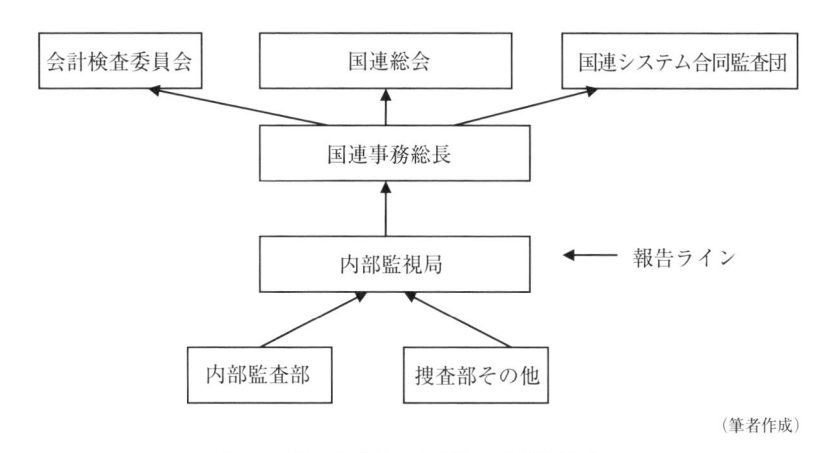

```
会計検査委員会 ← 　国連総会　 → 国連システム合同監査団
                    ↑
              国連事務総長
                    ↑
               内部監視局    ← 報告ライン
               ↗       ↖
         内部監査部    捜査部その他
```
(筆者作成)

図 9　2005 年当時の内部監査の報告ライン

ていた。さらに国連の外部監査との関係では、国連の内部監査は会計検査委員会や国連システム合同監査団に対し、報告書送付の義務を負っていた(図 9 参照)[58]。

独立調査委員会は、内部監視局および内部監査部は、それぞれ独立して直接的に上位の機関に報告する必要があることを勧告した[59]。すなわち内部監査部は、内部監視局に報告することなく、直接上位の機関に報告すべきであると勧告した。そしてその上位の機関には、内部監査を監視する非行政的機関を新たに創設し任にあたらせるべきだとした。さらに独立調査委員会は、内部監視局長が国連事務総長に報告するという報告ラインでは、内部監視局は国連事務総長との利益の衝突が想定される事柄の監査に着手できないことを指摘した[60]。これは、石油食糧交換計画においてアナン国連事務総長によるコテクナ社選定プロセスへの関与が疑われた結果、内部監視局の国連事務総長からの独立性の確保の重要性が、改めて再認識されるようになったことが背景にあったと考えられる。独立調査委員会は、このような利益の衝突の回避のためには、独立性の高い非行政的監査監視機関が創設され、内部監視局長が国連事務総長を通さずに、同機関に直接報告できるようになることが重要であると強調した。同機関は、総会に対して内部監査を監視するアカウンタビリティーを負うことが期待されていた[61]。具体的には同機関は、監査

176　第Ⅱ部　国連の行政監査の制度的分析

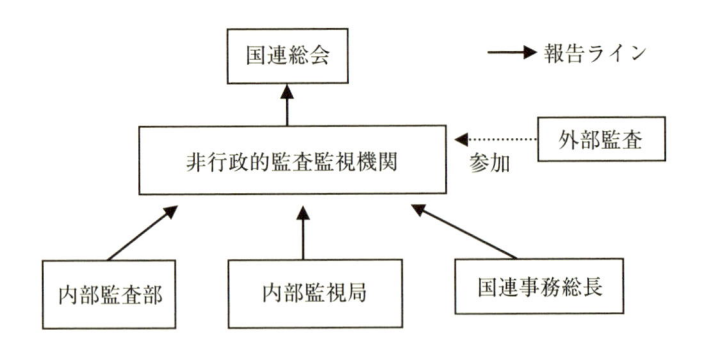

(筆者作成)
図 10　独立調査委員会の勧告：報告ラインの変更

計画や予算の審査、内部監査部のマンデートの達成度状況、内部監査人協会基準への準拠状況、資源確保の状況、監査に関する関心喚起その他に関して責任を負うとされた。また外部監査との関係では、当該非行政的機関に会計検査委員会や国連システム合同監査団などの外部監査の代表も参加させることにより、外部監査との調整能力の向上も可能になることを勧告していた[62]。

同勧告にみられる独立調査委員会の提案が、どのような報告ラインを形成することになるのかを図式化してみると、図 10 のようになると思われる。

勧告に関する制度的分析

独立調査委員会の第 1 番目の勧告は、報告ラインの制度設計の分野に関係しているため、独立性の概念のうち「組織的独立性」の概念が該当すると考えられる。組織的独立性の確保を評価する際に中心となるのは、監査所管部署とそれを監視または統制する機関との関係のあり方を規定する基準や、予算的独立性確保の基準などであった。当該勧告に関係しているのは、前者の監査所管部署とそれを監視する機関との関係のあり方に関する基準だと考えられる。そしてそれを確保するために内部監査人協会によって提唱されている制度的方法論は、報告ラインの設計において、「行政的報告ライン」と「機能的報告ライン」を明確に区別し独立的に設計するということであった[63]。この組織的独立性の基準を当該勧告に適用してみると、それが「行政的報告ラ

イン」と「機能的報告ライン」を明確に区別して設計しておらず、組織的独立性の確保に問題を抱えていることがわかる。

　まず、独立調査委員会の提案する報告ラインは、機能的性質なのか行政的性質なのかが不明瞭であるという問題がある。おそらく機能的ラインと仮定されるが、その場合、内部監視局の長が行政の長である国連事務総長を通さずに、直接的に内部監査を監視する非行政的機関に報告するというラインの設計は妥当性があるといえよう。しかし、なぜ本来内部監視局の一部である内部監査部が、それを包含する内部監視局と機構上並立して扱われているのかという別の疑問が生まれてくる。一方、当該報告ラインが行政的性質と仮定した場合、内部監査部長は、行政的に上位者である内部監視局長に報告するようラインが設計されるべきだった[64]。独立調査委員会の提案するように内部監査部と内部監視局が並立して上位の機関に報告するというような行政的報告ラインの設計は合理性に欠けると言えるだろう。

　したがって、制度的分析の観点からは、まず機能的報告ラインと行政的報告ラインを区別して設計する必要がある。内部監査の機能的報告に関しては、内部監視局長は国連事務総長ではなく、当該勧告が非行政的機関と表現している監査委員会などの適切な機関に対して報告しなければならない。次に行政的報告ラインに関しては、内部監視局長が国連事務総長に報告するという当時の報告ラインで問題はないが、内部監査部に関しては、当該勧告のいうように内部監査部長が独立して非行政的機関に直接報告するのではなく、行政上の上位者である内部監視局長に報告する必要があると結論づけられる。

　またもう一つの問題としては、独立調査委員会の勧告では、監査を監視する非行政的機関は内部監査のみを監視することになっていたことが挙げられる。同勧告では、当該非行政的機関は、国連システム合同監査団や会計検査委員会などの外部監査に対しては調整機能を有するのみで、外部監査は監視の対象外となっていた。制度的分析の観点からは、外部監査との重複の回避や監査の空白の範囲の発見などの問題を究極的に解決するためには、当該非行政的機関が、監査の事前または実施中も含めて継続的に双方の監査を監視し続けることが必要だと考えられる。したがって内部監査だけでなく外部監

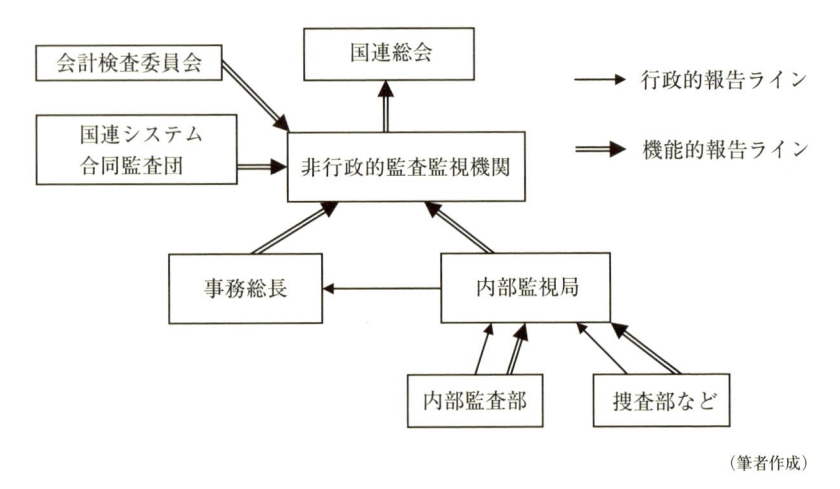

図11 制度的分析：報告ラインの変更

査も含めて、当該機関に機能的報告をする必要があることが本来は明示されるべきであろう。

以上のような制度的分析の結果に基づき、監査に関する報告ラインを再び設計し直してみると、図11のようになるのではないかと考えられる。

その後、同勧告を受け国連総会は、2008年1月、国連総会の補助機関として独立監査諮問委員会を設置し、同委員会に内部監視局をはじめとする監査全般に関する監視業務を負わせるとした[65]。その結果、内部監視局は国連事務総長に行政的内容に関しては直接に報告を行う一方で、独立監査諮問委員会にも監査計画、予算の審査その他の監査に関する機能的報告を行うことになった。内部監査部の扱いに関しては、独立調査委員会の当初の勧告は取り入れられず、内部監視局の一部という従来通りの扱いがそのまま踏襲された。

(3) 第2の勧告：予算的独立性の確保の必要性

独立調査委員会の勧告

独立調査委員会による主たる勧告のうち、第2番目の「予算的独立性の確保の必要性」という問題を取り上げ検討する。

当該勧告に関する議論を始める前に、その前提として勧告の行われた2005

第 6 章　イラク国連石油食糧交換計画にみる行政監査の制度的課題　179

年当時の内部監査の予算策定手続きを概観する必要がある。当時の内部監査の予算策定手続きは、通常予算と通常外予算という 2 つの予算策定手続きに分類されていた[66]。通常予算によって賄われていたのは、内部監査部の恒常的な内部監査業務であり、一方の通常外予算によって賄われていたのは、特別基金やプログラムなどを監査するアドホックな内部監査業務であった。

　通常予算策定手続きについて概観すると、次の通りである[67]。まず内部監視局長は、局内で予算の原案を事前に調整し、第一次的な予算案を策定する。内部監視局長は、その原案を財務官に提出し、財務官との討議のもとに修正を施す。財務官は、予算案を行財政問題諮問委員会という第 5 委員会(行財政担当)の補助機関に提出する。行財政問題諮問委員会は、通常予算に関する実質的な討議を行う。行財政問題諮問委員会による審査を受けた予算案は、国連加盟国すべてが参加する総会の第 5 委員会(同)に提出され討議される。第 5 委員会(同)の承認を受けた予算案は、国連総会に提出され最終的な承認を受ける。このような現在の内部監査に関する通常予算策定手続きを図式化してみると、図 12 のようになろう。

　通常外予算の予算策定手続きは、通常予算とは大きく違い、行財政問題

(筆者作成)

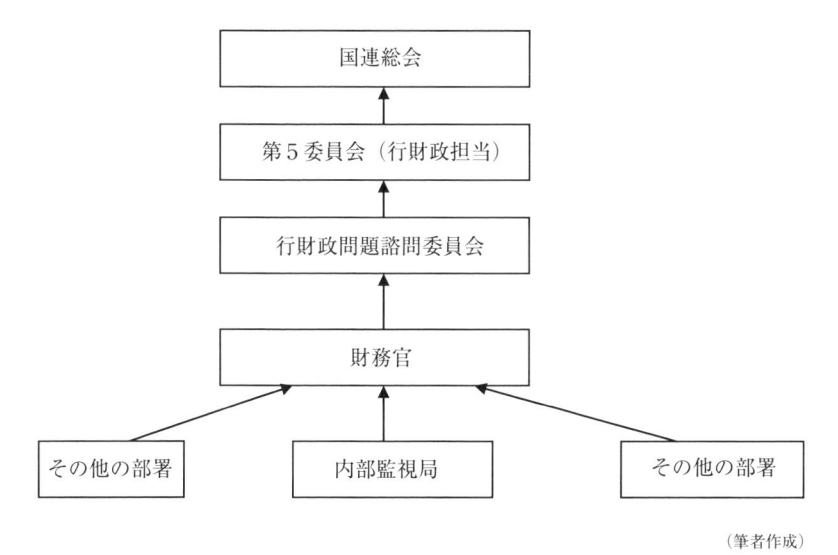

図 12　通常予算策定手続き

諮問委員会や第5委員会(同)などの複数の統治機関の承認が必要とされるわけではない。2005年当時の慣行では、特別な捜査や監査などの内部監査が必要と判断されるたびに、内部監査部自身が被監査部門である特別基金やプログラムと直接交渉をし、監査実施に必要な基金を拠出するよう要請していた[68]。2005年の勧告当時、内部監査部の監査に必要な事業予算のうちおおよそ40％が、被監査部門からの貢献によって賄われていたような状況だった[69]。

独立調査委員会による勧告は、このような内部監査部の予算策定手続きが、予算的独立性を保っていないとの認識に立ってなされた。まず通常予算と通常外予算という2本立ての予算策定の廃止を求めた[70]。そしてすべての内部監査に関する予算は、1本化して取り扱われるべきことを勧告した。その理由として、内部監査部の監査に必要な事業予算の40％を被監査部門からの貢献に依存しているような状態では、監査の実施が被監査部門の意向に左右されてしまい、本当に監査の必要なハイリスク分野の監査が除外されてしまう危惧があることを挙げた[71]。

次に内部監査部の予算や人員配置などに関する提案は、包括的なリスク査定に基づき、国連事務総長を経ずして直接総会に提出されるべきことを勧告した[72]。もしも独立調査委員会が第1番目の勧告で提案した内部監査を監視する非行政的機関が創設されるとしたら、内部監査部の予算提案は、当該非行政的機関の承認とともに総会に提出されるべきであるとも記していた[73]。

このような独立調査委員会による勧告を図に表してみると、次のようになると思われる(図13参照)。

勧告に関する制度的分析

独立調査委員会の第2番目の勧告を分析するために適用されるべき制度的な基準とは、制度的判断基準の「組織的独立性」のカテゴリーの中の予算的独立性の確保の基準が関係していると考えられる。前章にて考察したように予算的独立性を確保するためには、報告ラインを設計する際に行政的報告ラインと機能的報告ラインの2つを独立して区別して設計し、予算策定、予算確保などは、この機能的報告ラインにて取り扱われるようにすべきだと考え

第6章 イラク国連石油食糧交換計画にみる行政監査の制度的課題 181

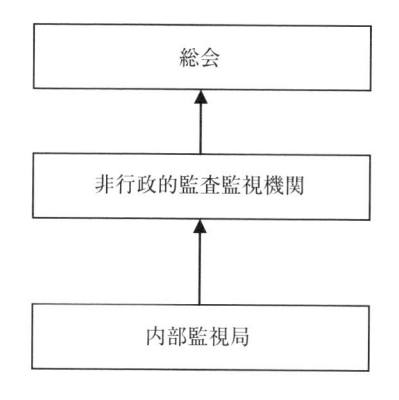

```
        ┌──────────┐
        │   総会   │
        └──────────┘
             ↑
    ┌──────────────────┐
    │ 非行政的監査監視機関 │
    └──────────────────┘
             ↑
      ┌────────────┐
      │  内部監視局  │
      └────────────┘
```
(筆者作成)
図13　独立調査委員会の勧告：予算的独立性の確保

られている。この機能的報告とは、行政上の上位に位置するものに対してではなく、監査委員会、理事会、総会などの統治機関に対してなされるべきとされている。この予算的独立性確保の原則を独立調査委員会による勧告に適用してみると、次のように評価されよう。

　第1に独立調査委員会の勧告は、機能的報告ライン設計に関する原則に合致している。同原則によれば、内部監査に関する予算案は、行政的な上位者である財務官に対してなされるものではなく、監査監視機関に対して直接なされるべきものであった。同勧告は、監査監視の任を負った非行政的機関の承認のもとに、統治機関である総会に提出されるとしている点で、機能的報告ライン設計の基準を満たしていると判断される。

　第2に独立調査委員会の勧告が、通常予算と通常外予算の2本立てという区別を否定し、どちらも包括的リスク査定の結果として、その必要度に応じて予算が配分されるよう提案したことは評価できる。これまで内部監視局による通常外予算の内部監査の実施は、被監査部門との予算交渉の結果に大きく左右されていた。その結果、ハイリスク部門ほど、監査の対象から外れるということが実際起きていた。例えば石油食糧交換計画においても、内部監査部がイラク・プログラム・オフィスのニューヨーク本部の業務の監査を実施しようとした際に、被監査部門からの予算拒否のために、監査が遂行でき

なかったという事実を忘れてはならないだろう[74]。同勧告の実施により、ハイリスク部門における監査の空白という事態を未然に防ぎ、リスクの度合いに応じた合理的な監査の実施が可能になることが期待できる。

したがって、制度的分析の結果から導き出される結論も、第2の勧告の妥当性を裏づけるものであったと考えられる。その後、独立調査委員会の勧告を受け、国連総会が2008年1月に独立監査諮問委員会を設置したことは前述したが、内部監査の予算策定手続きに関してもそれに伴い、若干の変更がなされた[75]。その結果、内部監視局は予算案の原案を独立監査諮問委員会に提出し、同委員会は内部監視局の作業計画とともに予算案を審査した上で、同委員会の勧告とともに予算案を行財政問題諮問委員会という総会の第5委員会（行財政担当）の補助機関に送付するという、予算策定のラインが追加されることになった。また、独立監査諮問委員会による予算案に関する正式な報告書は、総会及び行財政問題諮問委員会による予算案の討議の前に用意されなければならないことが定められた。このように内部監査の予算策定の過程において、総会の補助機関である独立監査諮問委員会の審議の結果が、行財政問題諮問委員会及び総会に提出されるというように改められたことには大きな意義がある。これにより、石油食糧交換計画でみられたような、ハイリスク分野ほど監査の対象から外れてしまうというような現象に、今後は歯止めがかかることが期待されよう。

（4）第3の勧告：ジョイントプログラムにおける監視の強化
独立調査委員会の勧告

次に、独立調査委員会による第3番目の勧告である「ジョイントプログラムにおける監視の強化」の問題を取り上げ検討する。ここでいうジョイントプログラムとは、複数の国連諸機関が行政主体となって実施するプログラムを指しているものと思われる。

まず、議論の前提となっている2005年当時のジョイントプログラムにおける監視のあり方を概観しておこう。具体的な例として、引き続きイラクの石油食糧交換計画を取り上げる。同計画は9つの国連諸機関が参加したジョ

第 6 章　イラク国連石油食糧交換計画にみる行政監査の制度的課題　183

イントプログラムだった[76]。それら 9 つの機関の内部監査所管部局は、それぞれ別個に内部監査を実施しており、ジョイントプログラム全体にわたる包括的なリスク査定に基づく監査計画の策定は行われていなかった[77]。勧告当時ほとんどの国連の基金やプログラムの内部監査部門は、それぞれの行政の長（総裁など）に対して報告していただけであり、内部監査部門間の調整もほとんど行われていなかった[78]。国連及び国連の自立的補助機関は国連総会という統治機関を共有しており、どちらも国連総会に報告していたが、国連総会が内部監査の実質的調整を行っていたわけではないことに留意する必要がある。2005 年の勧告当時のジョイントプログラムに対する監査のあり方を図で表してみると、次のようになろう（図 14 参照）。

このようなジョイントプログラムにおける内部監査の調整の不在という現状を鑑み、独立調査委員会は、国連の内部監視局をジョイントプログラムのリードオーディターにすべきであるという勧告を行った[79]。独立調査委員会は、ジョイントプログラムに参加している機関のすべての内部監査部門がリードオーディターたる国連の内部監視局に対しても報告すべきことを主張した。

(筆者作成)

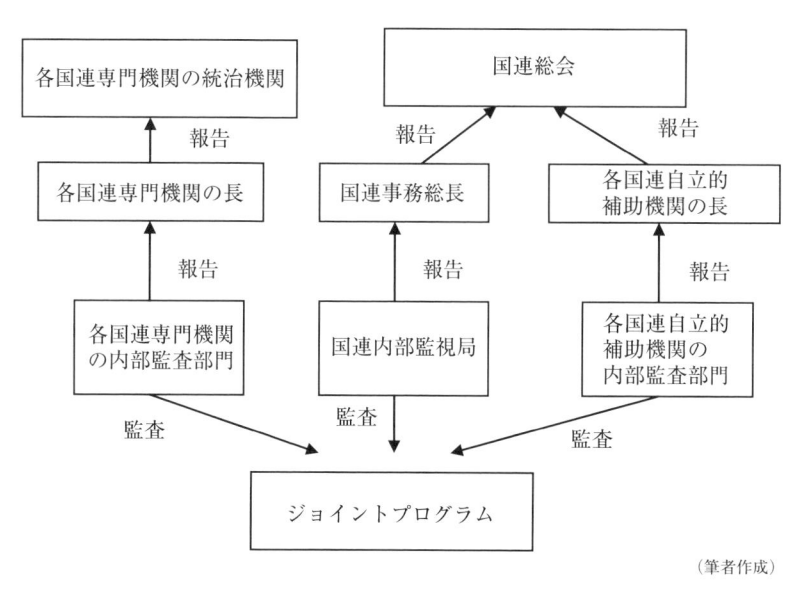

図 14　2005 年当時のジョイントプログラムにおける監査の現状

184　第Ⅱ部　国連の行政監査の制度的分析

```
          ┌─────────────────┐
          │  国連の内部監視局  │ ←──── 勧告された報告ライン
          │ (リードオーディター)│
          └─────────────────┘
           ↑               ↑
  ┌──────────────┐    ┌──────────────┐
  │ 各内部監査監視委員会 │    │ 各内部監査監視委員会 │
  └──────────────┘    └──────────────┘
           ↑                ↑
  ┌──────────────┐    ┌──────────────┐
  │ 各国連専門機関の  │    │ 各国連自立的補助機関 │
  │ 内部監査所管部署  │    │ の内部監査所管部署  │
  └──────────────┘    └──────────────┘
```

(筆者作成)

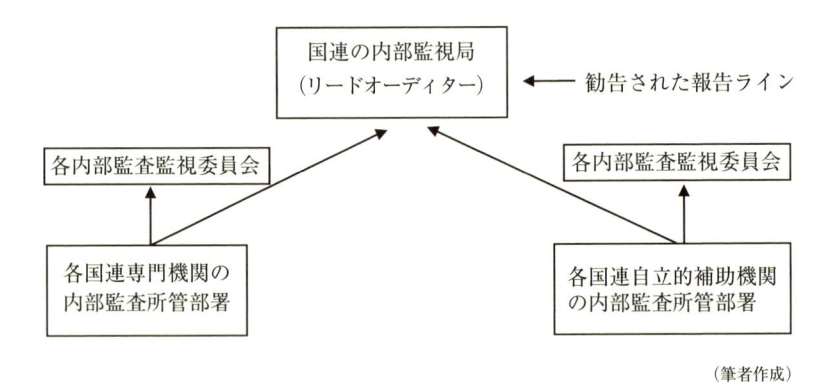

図15　独立調査委員会の勧告：ジョイントプログラムにおける監査の強化

さらに独立調査委員会は、国連の自立的補助機関に監査計画の執行及び調整を司る内部監査監視委員会をそれぞれ創設することもあわせて提案した[80]。

この独立調査委員会の勧告を図に表してみると、次のようになると思われる(図15参照)。

勧告に関する制度的分析

独立調査委員会の第3番目の勧告も、先の2つの勧告同様に「組織的独立性」の確保の問題と関係していたと考えられる。独立調査委員会の勧告が求めていた内部監視局のリードオーディター化とは、具体的にどういう内容を指すのだろうか。それは、ジョイントプログラムに参加している国連諸機関の内部監査所管部局が、監査計画、人員配置、監査の範囲や予算などの内容に関して、国連の内部監視局に対して報告することを意味すると考えられる。これは、組織的独立性を確保するための報告ラインの設計においては、いわゆる機能的報告に該当する内容の報告である。

しかし、制度的分析の観点からは、組織的独立性の確保のためには、国連諸機関の内部監査部門は非行政的機関に対して機能的報告をする必要があるとされている。したがって報告ラインの設計という観点から判断した場合、独立調査委員会の勧告は、行政的機関である国連の内部監視局を機能的報告の受領対象として想定していたという意味において、不適切であると言えよう。

第6章　イラク国連石油食糧交換計画にみる行政監査の制度的課題　185

　また独立調査委員会は、そのほかに国連の自立的補助機関に監査計画の執行及び調整を司る「内部監査監視委員会」を設置することを勧告した。しかし、独立調査委員会のいう内部監査監視委員会とは、はたして行政的機関なのか、それとも非行政的機関なのか、勧告の文面上は不明瞭なままであった。制度的分析の観点からは、各内部監査所管部署の監査を監視する非行政的な独立監査監視委員会のような機関が、各自立的補助機関のみならず、各専門機関内にも設置されることが望ましい。そしてジョイントプログラムにおいては、国連に限らず、当該プログラムの実質的な主担当となっているリードエージェンシーの監査監視委員会が、すべての参加機関の監査監視委員会相互間の調整を担当するのが望ましいと考えられる。その際、国連の外部監査たる会計検査委員会や国連システム合同監査団も同様に、リードエージェンシーの監査監視委員会に監査計画をはじめとした監査に関する機能的報告をすることが望ましく、それにより内部監査と外部監査のスムーズな調整が可能になると推定される（図16参照）。

　独立調査委員会の勧告を受け、その後国連本体だけでなく、国連システムの専門機関や国連の自立的補助機関においても、次々と各機関固有の監査監視機関が設置されていった[81]。例えば国連開発計画においては監査諮問委員会が2006年5月に設置され、国連児童基金においても監査諮問委員会が2009年6月に設置された[82]。その意味では、2005年当時、独立調査委員会が当初想定した以上の第三者による内部監査の監視に関する取り組みが、国連システム全体においてなされていると言えるかもしれない。その結果、ジョイントプログラムにおける監査の調整は、独立調査委員会が当初勧告したように国連の内部監視局が取り仕切る必要はなくなったと言える。その代わりに、各機関の監査計画の審査を担当する監査監視機関が、監査の重複や空白を避けるために各機関相互の監査計画の調整を行う必要が生じてきた。その際に、ジョイントプログラムの実施を担うリードエージェンシーの監査監視機関が、監査計画や実施状況に関する監査監視機関間の調整の任も負うべきであろう。

```
   国連諸機関の        国連総会              ⟹ 機能的報告ライン
   統治機関
                                          ┌─────────────┐
                                          │ 国連システム  │
                                          │ 合同監査団    │
           リードエージェンシーの            └─────────────┘
           非行政的監査監視機関
                                          ┌─────────────┐
                                          │ 各機関固有の  │
                                          │ 外部監査団    │
                                          └─────────────┘
   各機関の非行政的    国連の
   監査監視機関        非行政的監査監視機関

   国連諸機関の        国連の内部監視局
   内部監査部門
```

(筆者作成)

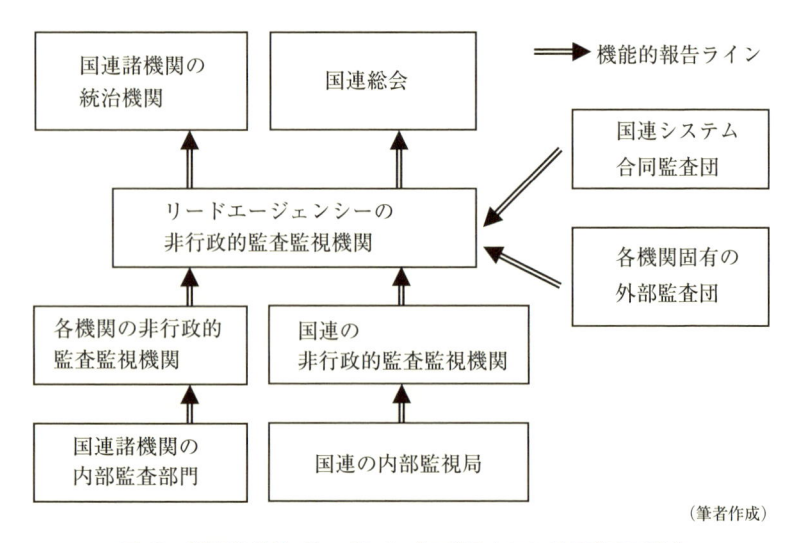

図16　制度的分析：ジョイントプログラムにおける監査の強化

(5) 第4の勧告：内部監査部の監査権限の範囲確定の必要性

独立調査委員会の勧告

最後に独立調査委員会の第4番目の勧告の「内部監査部の監査権限の範囲確定の必要性」という問題を取り上げて検討する。この問題は、石油食糧交換計画の終了後初めて明らかになったというわけではなく、実は計画存続中から数々の論争を呼んだ点だった。

内部監査部の監査の範囲について、内部監査部と被監査部門の間で意見の対立が起こるということはしばしばある。石油食糧交換計画においても内部監査が有効に行われなかった主たる原因の一つとして、内部監査部の監査権限の範囲に関して内部監査担当所管部署と被監査部門との間で意見の対立があったことが挙げられていた[83]。特に争点となったのは、次の2点だった。

第1の争点とは、国連事務局から高い政治的独立性をもつ国連加盟国から構成される機関（例えば安保理や制裁委員会など）に対して、国連事務局の一部局たる内部監査部がはたして監査権限をもつかどうかという問題だった[84]。具体的には、制裁委員会が審査し承認するところの石油の販売契約や人道的物資の購入契約に対し、内部監査部が監査権限をもつか否かが問題となった。

第2の争点とは、準司法的プロセスに対する内部監査部の監査権限に関するものだった。具体的には、国連補償委員会[85]の業務である補償案件の審査に関し、内部監査部が当該委員会の行う準司法的プロセスの側面も含めて監査権限をもつか否かに関して、国連事務局の法務部と内部監視局との間で意見が分かれ争われた[86]。

これらの2点に関して、独立調査委員会は国連総会が内部監査部の監査権限が広範な範囲に及ぶことを改めて確認すべきであると勧告した[87]。第1の点に関しては、独立調査委員会は内部監査部の監査権限は、国連のあらゆる執行的な活動に及んでいるという見解を示した[88]。この執行的な活動の概念の中には、国連加盟国から構成される安保理または制裁委員会が行っていた石油契約や人道的契約の審査及び承認に関する行為が含まれているとされた[89]。一方、第2の点に関しては、内部監査部が国連補償委員会の行う準司法的プロセスに関わる監査権限をもつか否かについては、国連事務総長が早期に解決すべきであると勧告した[90]。さらに今後監査権限の範囲が争われる場合には、適切な監督機関に即座に報告されるべきであると警告された[91]。

内部監査の監査権限に関する国連内部監視局、国連補償委員会、独立調査委員会それぞれの見解の違いをまとめてみると、表8のようになる。

それでは、内部監査部と国連補償委員会との間で争点となった国連補償委員会の行う準司法的プロセスに対して、内部監査部が監査権限をもつか否かについて、どのようなことが問題となったかについて概観してみたい。

当時、内部監視局が国連補償委員会の業務の監査を始めるとすぐに、国連補償委員会は内部監視局に対し疑義を申し立てた。国連補償委員会は、内部監視局が国連補償委員会の行政運営や意思決定を審査しそれに意見するということは、内部監視局の専門的な技術的能力を超えたものであると批判し対立した。内部監視局は、この国連補償委員会の見方とは対極の立場をとっており、国連補償委員会の議論は、監査の範囲を意図的にはなはだしく狭めようとする試みにすぎないと厳しく批判した。

この国連補償委員会と内部監視局の対立を受け、国連固有の外部監査機関である会計検査委員会は、国連補償委員会に対し内部監視局の主張する監査

表8　内部監査の監査権限に関する意見の対立

	政治的独立性の高い機関の執行的活動に対する内部監査の監査権限（例：安保理や制裁委員会）	準司法的プロセスに対する内部監査の監査権限（例：国連補償委員会）
国連内部監視局の見解	無	有
国連補償委員会の見解	―	無
独立調査委員会の見解	有	国連事務総長が決定すべき

(注)―は、立場不明。　　　　　　　　　　　　　　　　　　　　　　　　（筆者作成）

権限を受け入れるよう要請した。その理由として、国連補償委員会の理事会は準司法的性質をもたないこと、及び国連補償委員会は国連事務局によって運営されていることが挙げられた。国連補償委員会は、この外部監査の意見に反対し、国連の法務部に対し、内部監視局は国連補償委員会の業務のどの側面を審査し意見することが可能かに関する法的意見の開示を要請した。同要請を受け、法務部長兼事務次長（当時）のコレル（Hans Corell）は、2002年11月27日次のような法的意見を表明した[92]。

「パネルの業務のこれらの側面が、全体として法的性質をもつところのあるプロセスの構成要素をなしている限りは、これらの側面は、したがって内部監視局による監査の適正な範囲を超えたものであると考えられる」とした一方で、「パネルによる補償金額の計算……このような数学的なものは、内部監視局の監査の適正な範囲内と考えられる」とした。そして結論として、国連補償委員会に対する内部監視局の審査は、準司法的プロセスを含むべきでないと表明した。

内部監視局はこの法務部の意見に賛成せず、法務部による法的意見の提示にもかかわらず、国連補償委員会の補償案件のあらゆる側面の審査を継続した[93]。そして、法務部との意見対立に関しても、アナン国連事務総長及び国連総会に報告した。しかしアナン事務総長も国連総会も、有効にこの意見対立を解決することはできなかった。この対立の結果、国連補償委員会は内部監視局による監査の実施自体は妨害しなかったが、監査結果である勧告の大部分を拒否し監査の効果を無効にすることにより対抗した[94]。

これらの問題に関して独立調査委員会は、アナン事務総長に対して、早急に国連補償委員会の行う準司法的プロセスに関わる内部監査部の監査権限の問題を解決するよう勧告した。

勧告に関する制度的分析

独立調査委員会の第４番目の勧告を分析する際適用されるべき制度的基準には、独立性の概念のうちの「業務上の独立性」の確保の基準が該当すると考えられる。業務上の独立性の基準は、大別して３つのサブ概念に分けて考えられることが、前章の考察により明らかにされたが、当該勧告が関係してきているのは、そのうちの監査管轄権であろう。同概念には、実質的監査管轄権と制度的監査管轄権の２つの概念があった。前者は監査の目的や内容に関する管轄権であり、後者は監査の対象となる機関または部署を明らかにするという機構的な管轄権であった。まず、第１の安保理や制裁委員会などの政治的独立性の高い機関に対して内部監査部の権限が及ぶかという問題は、内部監査の制度的監査管轄権が関わってくる問題であると考えられる。第２の国連補償委員会の行った業務のうち、準司法的プロセスに関して内部監査部の権限が及ぶかという問題は、内部監査の実質的監査管轄権が関わってくる問題であると考えられる。

公的監査理論の一般的枠組みにおいては、内部監査の監査管轄権は、本来内部監査官の雇用主たる行政の長が規定するとされてきた[95]。しかし国連において内部監視局長は、行政の長たる国連事務総長の単独の判断によって指名されるポストではない。内部監視局長の指名にあたっては、国連加盟国への諮問の後、総会の承認の下に国連事務総長が指名するという手続きが規定されている[96]。その文脈において、国連事務総長ではなく国連総会が、内部監視局長のマンデートの一種とも考えられる監査の範囲に関しても決定を下すべきであるという独立調査委員会の勧告には、妥当性がないとは言えない。一方、独立調査委員会によるもう一つの勧告——準司法的プロセスに関するもの——については、やや妥当性が欠けると考えられる。独立調査委員会は、準司法的プロセスが問題となった内部監査の実質的監査管轄権に関して

190　第Ⅱ部　国連の行政監査の制度的分析

は、国連総会ではなく国連事務総長が早急に解決すべしという勧告を行っていた。しかし、同問題は、国連事務総長に委譲された行政的権限の範囲を越えているか否かということ自体が争われた問題であるため、国連事務総長にその裁定を委託するのは困難であろう。

その後、独立調査委員会の内部監査の監査権限に関する勧告は、総会の関心事項として議題に残り続けているが、なんらかの具体的な決定が行われた形跡はみられない[97]。政治的独立性の高い機関の執行的活動に対する内部監査の制度的監査管轄権に関しては、国連加盟国の反対により、不承認となる可能性がないわけではない。そのような場合には、監査の空白を防止するために総会は、政治的独立性の高い委員会は、内部監査ではなく、外部監査の制度的監査管轄権に服するということを、明示的に確認する必要が出てくると思われる。国連補償委員会の行った準司法的プロセスに関する監査権限のような場合においても同様に、それがもしも内部監査の監査権限に属さないとするならば、代わって外部監査の権限に属するとすることを、総会は確認する必要があるだろう。将来的な監査の不在または空白を防ぐためには、国連総会が、総会の補助機関として設置された独立監査諮問委員会の勧告の下に、これらの決定を随時行っていく必要があると思われる。

4　小　括

本章では、独立調査委員会が2005年2月公表の第1回暫定報告書の中で明らかにした、国連の内部監査の機能の分析及びそれに基づく勧告を取り上げて考察した。その際第5章で掲げた行政監査の機能の制度的判断基準に基づき分析をした結果、独立調査委員会による勧告が国連の監査機能を制度的に強化する上で妥当性があるかどうかを判断することを試みた。

独立調査委員会が行った4つの勧告すべてが、3つある制度的基準のうちの一つである独立性の基準に関するものだった。独立性の基準は、さらに組織的独立性、人的独立性、業務上の独立性という3つのサブ概念に分類されることが前章の考察により明らかにされていた。独立調査委員会の4つの勧

告は、組織的独立性と業務上の独立性という2つの基準に関係していた。

　第1の勧告は報告ラインの変更を求めたものであったが、それは組織的独立性の基準のうち、主に監査の報告ラインの設計に関する基準に関係していた。従来内部監視局は監査に関する報告を国連事務総長にしており、国連事務局には監査に関しては行政的報告ラインしか存在していなかった。独立調査委員会の勧告は、そこに事実上の機能的報告ラインを導入することを提案したものであり、大きな意義があったと言えよう。独立調査委員会が内部監視局の監査のあり方を監視し、同局の監査に関する報告を受領すべき機関として、非行政的な独立性のある監査監視機関の新たな設置を求めたことは、非常に画期的だった。ただし独立調査委員会の勧告においては、内部監査部の報告ラインの設計において行政的報告ラインと機能的報告ラインが明確に区別されていなかった点など、細部に関してはさらに再考の要があった。

　第2の勧告は、予算策定手続きの変更を求めたものだった。それは、組織的独立性の基準のうち、主に予算的独立性の基準に関連していた。独立調査委員会は、内部監査の予算策定手続きが通常の一般的な国連の予算策定手続きによらず、包括的なリスク査定に基づき、国連事務総長を経ずして直接総会に提出されるべきであるとした。そして、もしも第1の勧告で提案された非行政的な機関が設置されるならば、当該機関を経由すべしとした。独立調査委員会の勧告が、従来内部監視局の予算策定手続きが他の一般の国連の行政活動の予算策定手続きと同様に扱われていたことに着目し、それ自体を問題視したということの功績は大きい。現に石油食糧交換計画における内部監査においても、ハイリスク分野の監査が予算上の制約から十分に実施できなかったという事実があった。内部監査の予算策定手続きに監査全体を監視する非行政的機関の関与を認めることにより、ハイリスク分野ほど監査対象から排除されるというような事態は、今後未然に防ぐことが可能になると考えられる。

　第3の勧告は、国連諸機関が共同で実施するジョイントプログラムにおける監視の強化を訴えたものだった。それは組織的独立性の基準のうち、第1の勧告同様、主に監査の報告ラインの設計に関する基準に関係していた。独

立調査委員会の勧告は、国連の内部監視局をジョイントプログラムのリードオーディターにすべしと提言した。さらに国連の自立的補助機関にも、監査を監視する内部監査監視機関を設置することを提唱した。独立調査委員会の勧告が、これまでジョイントプログラムにおける内部監査が各機関の自律性に任されており、国連諸機関相互の連携や調整が不在だったことを改めて指摘したことの価値は大きい。現に石油食糧交換計画においても、国連諸機関の内部監査だけでなく、外部監査もそれぞれ別個に自律的に活動しており、それらの間の調整は不在だった。ただし、国連の内部監視局がリードオーディターを務めるべきという独立調査委員会の勧告に関しては、機能的報告ラインの設計に関する基準から鑑みて問題があると考えられた。本来このような機能的報告を受領すべきは、非行政的な監査監視機関であり、ジョイントプログラムのリードエージェンシーの監査監視機関が、監査全体の包括的リスク査定に基づき監査に関する全般的アドバイスをすべきであろう。

　第4の勧告は、内部監査の監査権限の範囲確定を求めたものだった。石油食糧交換計画の実施中から、政治的独立性の高い安保理や制裁委員会の行う行政的活動に対する内部監査の監査権限の有無と、国連補償委員会の行う準司法的プロセスに関する内部監査の監査権限の有無が争われていた。制度的基準の観点からは、独立性の基準のうち、業務上の独立性の基準が関係している。前者の争点が制度的監査管轄権の問題であり、後者が実質的監査管轄権の問題だと考えられた。これら2つの争点に関し独立調査委員会は、前者の争点に関しては原則として内部監査部の監査権限を認めたが、一方で、総会に対して同問題に関し決定を下すよう求めた。後者の争点に関しては、独立調査委員会は監査の権限の有無に関し国連事務総長が決定を下すべきと提言した。独立調査委員会が、監査の空白という深刻な事態に着目し、内部監査の監査権限の範囲の確定という係争中の問題を取り上げ、それに方向性を与えようとしたことは高く評価されるべきである。内部監視局長の指名は、国連事務総長の単独の判断によって指名されるのではなく、国連加盟国への諮問の後、総会の承認の下に国連事務総長が指名するという手続きが規定されている。その文脈において、国連事務総長ではなく国連総会が、内部監視

第 6 章　イラク国連石油食糧交換計画にみる行政監査の制度的課題　193

局長のマンデートの一種とも考えられる監査の範囲に関しても決定を下すべきであるという独立調査委員会の勧告には、妥当性がないとは言えない。したがって、独立調査委員会の勧告が、政治的独立性の高い安保理や制裁委員会などの機関の行う行政的活動に関する監査権限に関し、総会に決定を下すよう勧告したことは妥当性があると言える。一方、独立調査委員会による準司法的プロセスに関するもう一つの勧告については、若干妥当性が欠けると考えられる。同問題は、国連事務総長に委譲された行政的権限の範囲を超えているかどうか自体が争われた問題であるため、国連事務総長にその裁定を委任するのは困難を極めるであろう。そもそも本問題の究極的な目的は、監査の空白を未然に防ぐということであった。当該原点に立ち戻って鑑みれば、必要とされているのは包括的なリスク査定に基づく監査計画の策定と監査権限の裁定であり、非行政的な監査監視機関が総会などの統治機関に常時諮問的立場から監査の空白に関しても提言するようになることが求められていると考えられる。

　その後、独立調査委員会からの内部行政監査制度改革に関するこれら 4 つの提言を受けた国連総会は、2008 年 1 月に、独立監査諮問委員会を総会の補助機関として設置するという英断を下した。同委員会は、国連の監査と監視業務全般を──とりわけ国連の内部監視局の監査と監視機能を──専門的見地から諮問するとされており、これにより初めて国連において監査の機能的報告ラインが導入されることとなった。さらに国連の自立的補助機関においても、国連開発計画、国連児童基金をはじめ、次々と監査諮問委員会が設置されており、監査の監視というメカニズムが国連システム全般において徐々に整いつつある。ただし、これらの監査監視機関の共通した特徴は、それらが内部監査の監視を主たる業務としているということにある。また行政の長からの独立性の度合いも、機関により様々である。制度的分析に基づけば、このような監査監視機関は、内部監査及び外部監査双方の予算の審査、包括的リスク査定を含む監査計画の審査、内部監査及び外部監査それぞれの監査の範囲のギャップの解消、内部監視局の長の指名、給与や在職期間の決定、万が一大規模なスキャンダルが起きたときの別個の捜査機関の設置などの広

範な権限を付与されることが望ましいと考えられる。しかし、近年設置されたこれらの監査監視機関は、ほとんどが内部監査に関する監査計画と予算案の審査を主たる業務としていることから、今後、権限の明示的な拡大が望まれる。

　結論として、国連の行政監査制度の改善のために、いま国連において最も必要とされているのは、内部監査だけでなく外部監査も恒常的に監視する機能をもった、総会などの統治機関に属する非行政的、かつ強大な権限をもった監査監視機関の存在であることが提起される。その意味で今般の国連における独立監査監視委員会の設置は重要な第一歩であると言えるが、監視対象の拡大などさらなる改善が望まれる。

　また、独立調査委員会が行った4つの勧告は、すべて独立性の基準に関するものだった。それらはすべて独立性の基準のうち、組織的基準及び業務上の独立性の基準に関係しており、3つあるサブ概念のうちの残りの一つである人的独立性の基準からの考察は行われていなかったが、これは、問題であると思われる。人的独立性の概念には、行政監査の長が行政府の長から受ける圧力や影響を最小限にすることも包含されている。しかし、国連においては、内部監視局長が、国連事務総長から受ける圧力や影響を最小限にするよう十分な配慮がなされているとは言いがたい。具体的には、2010年に国連事務総長による内部監視局の新規採用に関する局内人事への介入疑惑という騒動も起きており、真偽のほどは明らかではないが、もしもそれが事実だとしたら深刻な事態である。

　さらに、独立調査委員会が行った勧告は、独立性の基準以外の制度的基準には一切言及がなかったことも問題であったと言えよう。例えば適切なオーディエンスの存在に関する基準を取り上げても、国連の行政監査のオーディエンスが受動的能力からみても能動的能力からみてもなんら問題を抱えていないとは到底言いがたい。適切なオーディエンスの存在というのは、アカウンタビリティーのメカニズムが機能する上でも非常に重要な問題である。したがってこの問題については、次章における詳細な検討に委ねたい。

　最後に、行政監査機能が行政統制の要であると捉えられていることに鑑み

ると、石油食糧交換計画で経験されたような行政的破綻を再び繰り返さないために、国連は腐敗防止の制度化に向けて一層包括的な観点から取り組んでゆく必要があることを忘れてはならない。

注

1 UN document, S/RES/661(1990), 6 August 1990.
2 イラクによるクウェート侵攻に至るまでの経緯については、次の書著が詳しい。John Bullock and Harvey Morris, *Saddam's War* (London: Faber and Faber, 1991) =ジョン・ブロック、ハーヴェイ・モリス(鈴木主税訳)『サダムの戦争』(草思社、1991年)。
3 UN document, S/RES/986(1995), 14 April 1995.
4 石油食糧交換計画の概要に関しては、次のウェブサイトを参照。イラク・プログラム・オフィス、UN Office of the Iraq Program- *Oil for Food: About the Program: Fact Sheet* at www.un.org/Depts/oip/background/fact-sheet.html (accessed on 13 August 2011).
5 UN document,S/1996/356, *Memorandum of Understanding between the Secretariat of the United Nations and the Government of Iraq on the implementation of Security Council Resolution 986 (1995)*, 20 May 1996.
6 例えば石油食糧交換計画に概して批判的な立場をとるシェイズ(Christopher Shays)議員(当時、アメリカの下院政府改革委員会委員長)でさえも、同委員会の公聴会にて同計画の人道的側面については一応肯定的な評価を表明していた。次を参照、The opening statement of Christopher Shays, the Chairman of the U.S. House Committee on Government Reform's Sub-committee on National Security, Emerging Threats, and International Relations, on 21 April 2004, hearings on the United Nations Oil-for-Food Program.
7 これらの人道的評価の参考になった具体的数字に関しては、国連石油食糧交換計画のウェブサイトの「人道援助活動」の項を参照。www.un.org/News/dh/iraq/oip/facts-oilforfood.htm (accessed on 13 August 2011).
8 コールマン(Norm Coleman)上院議員は、フセインは1991年から2002年までの期間に、総額で約213億ドルの腐敗資金を得たと一部では報道されていることを議会の演説で引用していた。The opening statement of Senator Norm Coleman, U.S. Senate Committee on Governmental Affairs' Permanent Subcommittee on Investigations during the hearing on "How Saddam Hussein Abused the United Nations Oil-for-Food Program" on 15 November 2004.
9 例えば、ルガー(Richard Lugar)上院議員(当時、アメリカの上院外交委員会委員長)は、上院外交委員会にてフセインによる政治的工作の全容解明の意思を表明していた。The opening statement of Senator Richard Lugar, Chairman of the U.S. Senate Foreign Relations Committee, on 7 April 2004, hearings examining the United Nations Oil-for-Food Program.
10 同上のルガー上院議員の議会証言を参照。
11 例えば、アメリカ下院におけるトーザン(W.J. Billy Tauzin)議員(当時、下院のエネルギー通商委員会委員長)の次のような発言を参照。The opening statement

of W.J. Billy Tauzin, the Chairman of the Committee on Energy and Commerce, House of Representatives, on 14 May 2003, hearings on the United Nations Oil-for-Food Program.
12　*Ibid.*
13　独立調査委員会の報告書、ガバメント・アカウンタビリティー・オフィスの報告書、アメリカ議会における証言、マスコミの報道などに基づき推察した。
14　貿易協定（trade agreement）はプロトコル（protocol）とも呼ばれる。
15　アメリカのネグロポンテ（John D. Negroponte）国連大使の議会証言のように、①の「プロトコル」と②の「密輸」を合わせて一つの問題と捉えることにより、石油食糧交換計画に関連する主要な問題を4つと分類する方法もあった。
　　さらに同大使は、⑤の「国連システムの行政上の問題」を「国連職員による不正行為」というように狭義に捉えていた。このように論者により、多少のニュアンスの違いは存在していた。
　　同大使の証言については、次を参照。Statement for the record of Ambassador John D. Negroponte, Permanent Representative United States mission to the United Nations, before the Committee on Foreign Relations, United States Senate on Oil-for-Food Program, Second Session, 108th Congress, on 7 April 2004.
16　これら2つに起因する違法収入は、各調査機関の調査結果により差異はあるが、国連制裁下イラクが得ていた違法収入の6割弱から9割強と大半を占めていたことが推定されている。詳細は、次の資料に詳しい。Independent Inquiry Committee into the United Nations Oil-for-Food Programme, *First Interim Report*, 3 February 2005 (here-in-after, the First Report), Table 1 "Comparison of Estimates of Illicit Iraqi Income during U.N. Sanctions", p.41, at www.iic-offp.org/documents/InterimReportFeb2005.pdf (accessed on 14 August 2011).
17　イラクに対する制裁委員会は、後に661委員会と通称されるようにもなった。UN document, S/RES/661(1990), *op.cit.*
18　制裁委員会は、石油輸出契約が適正な市場価格（purchase price at fair market value）であるかどうかを承認する権限も付与されていた。UN document, S/RES/986(1995), *op.cit.*
19　その経緯は、アメリカの国連代表部ケネディ（Patrick F. Kennedy）公使の議会証言に詳しい。次を参照。Testimony of Ambassador Patrick F. Kennedy, U.S. Representative for U.N. Management and Reform, before the House Committee on Government Reform's Subcommittee on National Security, Emerging Threats, and International Relations during hearings on the United Nations Oil-for-Food Program, 21 April 2004.
20　UN document, S/1996/356, *op.cit.*
21　*Ibid.*
22　United States General Accounting Office Report, GAO-04-651T, *United Nations: Observations on the Oil-for-Food Program,* 7 April 2004, p.6.
23　UN document, S/RES/1284 (1999), 17 December 1999.
24　イラク・プログラム・オフィス（Office of the Iraq Programme）は、OIPとも略される。*Ibid.*, para.17.

第 6 章　イラク国連石油食糧交換計画にみる行政監査の制度的課題　197

25　同事実は、イラク・プログラム・オフィスに対するヒアリング調査の結果により、明らかにされた。これについては、次の議会証言を参照。Michael Thibault, Deputy Director, Defense Contract Audit Agency (DCAA), Testimony to the Senate Committee for the Foreign Affairs, 7 April 2004.
26　例えば2001 年 10 月、イラク・プログラム・オフィスは、アル・バーゼル・アンド・バーベル商社(Al-Wasel and Babel Trading Company)とイラク間の契約の価格に関して、制裁委員会に異議を申し立てた。しかしそれにも関わらず、同委員会は契約をそのまま承認したことが、アメリカの会計検査院(現ガバメント・アカウンタビリティー・オフィス)の外部監査報告書により明らかにされた。これについては、次を参照。United States General Accounting Office Report, GAO-04-880T, *United Nations: Observations on the Oil-for-Food Program and Iraq's Food Security,* 16 June 2004, p.8.
27　United States General Accounting Office Report, GAO-05-346T, *United Nations: Oil-for-Food Program Audit,* 15 February 2005, p.12.
28　US GAO Report, GAO-04-880T, *op.cit.*, p.10.
29　*Ibid.*, P.10.
30　これについては、ラギー(John G. Ruggie、ハーバード大学ケネディ・スクール教授)の次の議会証言を参照。Testimony of John G. Ruggie, Professor of International Affairs at Harvard University, before the House Committee on International Relations, during 28 April 2004, hearings on the U.N. Oil-for-Food Program: Issues of Accountability and Transparency.
31　*Ibid.*
32　国連石油食糧交換計画に関する独立調査委員会(Independent Inquiry Committee into the United Nations Oil-for-Food Programme)は、独立調査委員会あるいはボルカー委員会と一般には呼称されている。当該独立調査委員会のマンデート及び創設の経緯は、次を参照。IIC, the First Report, *op.cit.*, pp.6-7.
33　UN document, S/RES/1538(2004), 21 April 2004.
34　(第 1 回)暫定報告書(Interim Report)については、次を参照。IIC, the First Report, *op.cit.*
35　(第 2 回)暫定報告書(Second Interim Report)については、次を参照。Independent Inquiry Committee into the United Nations Oil-for-Food Programme, *Second Interim Report* (here-in-after, the Second Report), 29 March 2005 at www.iic-offp.org/documents/InterimReportMar2005.pdf (accessed on 14 August 2011).
36　(第 3 回)暫定報告書(Third Interim Report)については、次を参照。Independent Inquiry Committee into the United Nations Oil-for-Food Programme, *Third Interim Report* (here-in-after, the Third Report), 8 August 2005 at www.iic-offp.org/documents/Third%20Interim%20Report.pdf (accessed on 14 August 2011).
37　(第 4 回)石油食糧交換計画の運営に関する報告書(Report on the Management of the Oil-for-Food Programme)については、次を参照。Independent Inquiry Committee into the United Nations Oil-for-Food Programme, *Report on the Management of the Oil-for-Food Programme* (here-in-after, the Fourth Report), 7 September 2005 at www.iic-offp.org/Mgmt_Report.htm (accessed on 14 August 2011).

38 （第5回）石油食糧交換計画の操作に関する報告書（Report on the Manipulation of the Oil-for-Food Programme）については、次を参照。Independent Inquiry Committee into the United Nations Oil-for-Food Programme, *Report on the Manipulation of the Oil-for-Food Programme* (here-in-after, the Fifth Report), 27 October 2005 at www.iic-offp.org/story27oct05.htm (accessed on 14 August 2011).
39 *Ibid.*
40 IIC, the First Report, *op.cit.*, pp.3-4.
41 *Ibid.*
42 IIC, the Second Report, *op.cit.*
43 IIC, the Third Report, *op.cit.*
44 IIC, the Fourth Report, *op.cit.*
45 IIC, the Fifth Report, *op.cit.*
46 IIC, the Third Report, *op.cit.*, p.52.
47 IIC, the First Report, *op.cit.*, pp.38-40.
48 コテクナ社の選定プロセスに関する疑惑に関しては、次を参照。IIC, the Second Report, *op.cit.*, pp.77-80.
49 これらの数字については、次を参照。IIC, the Fifth Report, *op.cit.*, pp.3-8.
50 Independent Inquiry Committee into the United Nations Oil-for-Food Programme, Briefing Paper – *Internal Audit Reports on the United Nations Oil-for-Food Programmne*, 9 January 2005 at www.iic-offp.org/documents/IAD%20Briefing%20Paper.pdf (accessed on 31 August 2011).
51 *Ibid.*, pp,7-13.
52 IIC, the First Report, *op.cit.*
53 *Ibid.*, pp.33-36.
54 IIC, the Fourth Report, *op.cit.*
55 *Ibid.*, pp.56-59.
56 IIC, the First Report, *op.cit.*, pp.33-36.
57 UN document, A/RES/48/218B, 21 Aug. 1994 (General Assembly Resolution of 29 July 1994), in particular, para.13. See also UN document, A/RES/54/244, 31 Jan. 2000 (General Assembly Resolution of 23 Dec. 1999).
58 内部監視局は、国連総会決議により、会計検査委員会及び国連システム合同監査団に内部監査報告書を送付すること（同決議第12項）を義務づけられている。次を参照。UN document, A/RES/54/244, *op.cit.*, para. 12.
59 IIC, the First Report, *op.cit.*, p.33.
60 *Ibid.*, p.33.
61 *Ibid.*, p.33.
62 *Ibid.*, p.33. 2005年当時内部監視局は、国連総会決議（54/244）により、外部監査機関と定期的会合をもつこと（同決議第11項）、会計検査委員会及び国連システム合同監査団に内部監査報告書を送付すること（同決議第12項）が義務づけられていただけだった。次を参照。UN document, A/RES/54/244, *op.cit.*, paras.11-12.
63 前章にて既出の「内部監査人協会」のプラクティス・アドバイザリー・ステー

第6章　イラク国連石油食糧交換計画にみる行政監査の制度的課題　199

トメント 1110-1 及び 1110-2(第5章注46)を参照。
64　国連の内部監視局は、内部監査部、モニタリング・評価部、捜査部などの4つの部から構成されている。内部監査部は、内部監視局の行政統制の下にある。UN document, A/59/359, 27 October 2004, Annex IV, p.53.
65　独立監査諮問委員会(Independent Audit Advisory Committee)の設置に関しては次を参照。UN document, A/RES/60/248, 1 Feb. 2006 and UN document, A/RES/61/275, 31 August 2007.
66　国連の予算制度の概要に関しては、次を参照。田所昌幸『国連財政――予算から見た国連の実像』(有斐閣、1996年)。
67　IIC, the First Report, *op.cit.*, p.169.
68　*Ibid.*, p.169.
69　*Ibid.*, p.169.
70　*Ibid.*, pp.33-34.
71　*Ibid.*, p.191.
72　*Ibid.*, pp.191-192.
73　*Ibid.*, p.191.
74　石油食糧交換計画に起きた内部監査の方向性に関する恣意的な操作に関しては、次のアメリカのガバメント・アカウンタビリティー・オフィスの監査報告書を参照。US GAO Report, GAO-05-346T, *op.cit.*, p.12.
75　UN document, A/RES/61/275, para. 2 (d).
76　イラク石油食糧交換計画に参加した9つの国連関係諸機関とは、国連食糧農業機関(FAO)、国際電気通信連合(ITU)、国連開発計画(UNDP)、国連教育科学文化機関(UNESCO)、国連人間居住センター(UN-Habitat)、国連児童基金(UNICEF)、国連プロジェクトサービス基金(UNOPS)、世界食糧計画(WFP)、世界保健機関(WHO)である。このうち、国連の内部監視局の制度的監査管轄権に服していたのは、UN-Habitat だけである。他の8つの機関は、それぞれの内部監査部署の監査管轄権に属していた。
77　IIC, the First Report, *op.cit.*, p.192.
78　*Ibid.*, p.192.
79　*Ibid.*, p.192.
80　*Ibid.*, p.34.
81　UN document, JIU/REP/2010/5, *The Audit Function in the United Nations system*, Geneva 2010.
82　For Terms of Reference of the Audit Advisory Committee of the United Nations Development Programme, see Appendix to DP/2010/31.
83　独立調査委員会の第1回暫定報告書の発表前の2005年1月9日、独立調査委員会により公表された初期的考察に関するブリーフィングペーパーの中でも、内部監査の監査の範囲をめぐり対立が起きていたことがすでに指摘されていた。次を参照。IIC, *Briefing Paper – Internal Audit Reports on the United Nations Oil-for-Food Programme, op.cit.*
84　IIC, the First Report, *op.cit.*, p.34.

85 国連補償委員会 (United Nations Compensation Commission, UNCC と略されることが多い)は、1991年のイラクによるクウェートの侵攻及び占拠に由来する260万もの死傷、財産の損失や損害、商業的請求や環境に対する損害の請求などを取り扱うことを目的として、1991年に安保理の補助機関として設立された。安保理決議687 (UN document, S/RES/687(1991), 3 April 1991)、安保理決議692 (UN document, S/RES/692(1991), 20 May 1991)、安保理決議986(1995、前出)、安保理決議1483 (UN document, S/RES/1483(2003), 22 May 2003) により、国連補償委員会の設立趣旨、管轄権、政策方針、予算が規定された。国連補償委員会の構成や活動一般に関する概略については、次の同委員会の公式ウェブサイトの *The UNCC at a Glance* を参照。www.uncc.ch/ataglance.htm (accessed on 31 August 2011).

86 IIC, the First Report, *op.cit.*, p.32. なお内部監視局と国連補償委員会との準司法的プロセス (quasi-judicial process) に関する内部監査権限に関する論争についての概要は、次に詳しい。*Ibid.*, pp.182-183.

87 *Ibid.*, p.34.
88 *Ibid.*, p.34.
89 *Ibid.*, p.34.
90 *Ibid.*, p.34.
91 *Ibid.*, p.34.

92 Legal Opinion from Hans Correl (Legal Counsel of the United Nations) to Rolf Knutsson (Executive Secretary, UNCC) dated on 27 Nov. 2002. 法務部による法的意見は、次のウェブサイトを参照。www2.unog.ch/uncc/auditdocs/opinion.pdf (accessed on 5 January 2007).

93 独立調査委員会が、公式ウェブサイトで公表した石油食糧交換計画に関する58件すべての内部監査報告書のうち、19件の報告書が国連補償委員会に関するものであった。次を参照。www.iic-offp.org/audits.htm (accessed on 31 August 2011).

94 IIC, the First Report, *op.cit.*, p.183.

95 第Ⅱ部第5章のイギリスの公的監査理論からの判断基準に関する項を参照。

96 UN document, A/RES/48/218B, *op.cit.*, in particular, para. 5 (b) (ii).

97 ニューヨークの国連日本政府代表部に対する聞き取り調査。2011年8月10日。

第7章　参加の拡大とオーディエンス

梗概

　前章においてはイラクの石油食糧交換計画を事例研究として取り上げ、独立調査委員会の勧告の妥当性を行政監査の機能の制度的判断基準から判断することを試みた。独立調査委員会の行政監査改革に向けての勧告のほとんどは、制度的判断基準のうち主に独立性の基準に関わっており、オーディエンスに関する基準という観点からはなんら言及されていなかった。しかし行政監査報告書の読み手であるオーディエンスは、行政監査の実効性を高めるために要となる重要な役割を担う存在である。オーディエンスは、監査報告書の読み手であるという受動的な役割だけでなく、報告書の発見に基づき必要ならば被監査機関(この場合は行政府)に対し是正行動をとらせるという能動的な役割も担うことを期待されている。したがって国連においてオーディエンスとの双方向の緊張感のある関係が成立してはじめて、国連の行政監査が適切に機能していると言えるようになることを忘れてはならない。

　本章においては、政府がアカウンタビリティーを果たす上で、行政監査がどのような役割を果たしているのかについてまず探る。そのために、同問題に納税者の視点から長年取り組んできたアメリカの連邦政府の例を参照し、その背景にある基本的理念を考察する。次に、政治的及び管理型というアカウンタビリティーの2大潮流をなす概念を取り上げ、行政監査がそれらの概念の強化のためにどのように機能しているのか、その理論的枠組みを探る。それらの考察をもとに、国連の行政監査におけるオーディエンスの果たしている役割を明らかにする。そして、第5章にて検討したオーディエンスの能力を概念化した基準に基づき、国連の行政監査における個々のオーディエンスの能力を評価し、これらのオーディエンスが国連のアカウンタビリティーの強化のためにはたして適切に機能しているのかを問う。

1　アカウンタビリティーと行政監査の関係

(1) アメリカ政府監査とパブリック・アカウンタビリティー

　政府のアカウンタビリティーを高める上で、行政監査の果たす役割は大きいと言われている。なぜなら行政監査は、利益追求を前提とした企業統治のための手段であるところの商業監査と違い、政府が議会や納税者たる市民に対してパブリック・アカウンタビリティーを果たすために機能していると考えられるからである[1]。会計学者の福嶋壽によれば、パブリック・アカウンタビリティーとは、公的資源を託された行政機関の担当者としての公務員には、その活動についての報告責任が生じることを指していると考えられるという[2]。具体的には、単なる説明責任に加えて、その説明を他から「チェックを受ける義務」としての「監督を受ける責任」も含まれていることを指すという。したがって公的監査理論にて定義されているパブリック・アカウンタビリティーとは、本書の定義するところの代議制民主主義下における政治的アカウンタビリティー、すなわち民主的アカウンタビリティーの概念とほぼ同義であるということが推論できる。

　この行政監査の目的とパブリック・アカウンタビリティーの関係を最も明確に示してきたのが、アメリカのガバメント・アカウンタビリティー・オフィスであろう[3]。同オフィスは、アメリカの立法府及び行政府にとってアカウンタビリティーの概念がどのような意義をもっているかを、行政監査の立場から最も端的に表現してきた[4]。以下、ガバメント・アカウンタビリティー・オフィス(または、その前身のアメリカ会計検査院)の政府監査基準に見られる、アカウンタビリティーの概念の変遷を追ってみることとする[5]。

　アメリカの会計検査院は、1972年の最初の政府監査基準において、次のように言明した[6]。「民主主義社会の根本的教義は、公的諸資源を委託された政府及びその機関とそれらを有効に用いる当局が、彼らの活動を完全に説明する責任を担っているということである[7]」。そしてこのアカウンタビリティーは、政府のプロセスに固有のものであり、法律規定に基づくものではないと続けた。同基準に特徴的なのは、アカウンタビリティー、すなわち政府機関

等がその活動を完全に説明する責任は、民主主義社会の根本的教義であると謳っていたことである。

アメリカ会計検査院の政府監査基準の1981年改訂版(第1回改訂版)においては、アカウンタビリティーと監査の関係が言及されていた。すなわち、「政府の諸計画の拡大とともに、諸計画に関する管理責任を委譲された者が果たさなければならない完全なアカウンタビリティーの必要性も高まるところとなった。監査は、このアカウンタビリティーの中で欠くことのできない1つの要素であり、政府は適切な監査が行われていることを確保する責任がある[8]」。ここにおいて監査は、完全なアカウンタビリティーの必要不可欠な要素であることが強調されるようになった。

同様に、アメリカ会計検査院の政府監査基準の1988年改訂版(第2回改訂版)においては、「本報告書は、完全なアカウンタビリティーを保証することに役立ち、かつ政府の役職員が責任を遂行する際に参照すべき監査基準を示している」と言明されていた[9]。

アメリカ会計検査院の政府監査基準の1994年改訂版(第3回改訂版)においては、アカウンタビリティーの概念が統治プロセスにおいて果たす役割が言及されていた。「公共プログラムを管理する我が国のシステムは、今日政府のあらゆるレベルの間に存在する諸関係の複雑な構造の上に成り立っている。これらのプログラムを管理する役職員及び雇用者は、彼らの活動を公衆に対して説明する必要がある。このアカウンタビリティーの概念は、常に法律によって規定されているわけではないが、わが国の統治プロセスにとって重要である[10]」。

アメリカ会計検査院の政府監査基準の2003年改訂版(第4回改訂版)においても、同様にアカウンタビリティーの概念と統治プロセスとの密接な関係について触れられていた。「公的資源のためのアカウンタビリティーの概念は、わが国の統治プロセスにとって鍵となるものである。立法者、他の政府職員、そして公衆は、① 政府の資源が適切に管理され、かつ法や規則の遵守のもとに使用されているかどうか、② 政府のプログラムがその目的と期待された結果を達成しているかどうか、③ 政府のサービスが、効率的に、経済的に、有

効的に供給されているかどうかについて、知りたいと欲している[11]」。

　また2007年以来施行されている現行の政府監査基準(第5回改訂版)においては、政府のアカウンタビリティーにおいて、監査の果たす役割がより強調された内容となっている。すなわち、「政府監査は、政府が公衆に対するアカウンタビリティーの責任を果たす上で必要不可欠である。政府監査は、スチュワードシップ、業績、政府の政策・プログラム・活動の費用に関する、独立した客観的で超党派的な査定を提供することを意図している[12]」。「公的資源と政府の権威の使途のためのアカウンタビリティーの概念は、わが国の統治プロセスにとって鍵となるものである[13]」。そこにおいて政府監査は、政府の公衆に対するアカウンタビリティーの義務と責任を果たす上で、不可欠の要素であることが確認されるに至っていることがわかるだろう。

　このようにガバメント・アカウンタビリティー・オフィス(または、その前身のアメリカ会計検査院)は、アカウンタビリティーの概念を民主主義社会の根本的教義、あるいはアメリカの統治プロセスにとって不可欠であるというように位置づけてきた。最近では、「アメリカの統治プロセスにとって鍵となる」という表現で統一されてきているようである。ガバメント・アカウンタビリティー・オフィスにとって行政監査の目的は、立法府や他の政府職員や公衆に対して公的資源の活用の実態に関する説明を提供することにある。政府による公的資源の活用に関する監査報告が、政府の活動の実態を議会に知らしめることになり、それにより代議制民主主義に基づくアメリカの統治のプロセスを補強する働きをしていると考えられている。そこにおいて行政監査は、アカウンタビリティーのメカニズムが機能する上で必要不可欠なものと認識されるに至ったと言ってよいだろう。

(2) 国家レベルにおけるアカウンタビリティーと行政監査の関係

1　民主的アカウンタビリティーと行政監査

　このようにアメリカのガバメント・アカウンタビリティー・オフィスは、行政監査の報告書の公表を通して連邦政府の活動の実態を議会や公衆に知らしめるという重要な役割を担ってきた。またそのような監査報告が政府の活

動の実態を議会に知らしめることにより、代議制民主主義に基づくアメリカの統治のプロセスを補強する働きを果たしてきた。このアメリカのガバメント・アカウンタビリティー・オフィスによって捉えられてきたような代議制議会、行政府、行政監査の関係を、政治的アカウンタビリティーの枠組みに置き換えてみると、どのように表現することができるのだろうか。

　第Ⅰ部では、代議制民主主義下における政治的アカウンタビリティーの基本的概念とは、「行政府は、選挙民に対して選挙民から委譲された権限に基づきとられた行為に関して、申し開きをする第1次系列の責務責任を負っていること」、そして、「選挙民にそれが承認あるいは不承認された際には、政府は自らの行為に関する第2次系列の負担責任を負っている」ということであることが明らかにされた。同概念は、民主的アカウンタビリティーと呼ばれることもある。ただし選挙民が行政府の説明を受け取る能力に限りがあるか、受け取る意思を有しない場合、あるいは選挙と選挙の間などで政府との関係において選挙民の行使できる権限が限られている場合なども想定されうる。そのような場合、選挙民は代理人に頼るしかなくなり、代理人に選挙民を代表して行政府にアカウンタビリティーを果たすよう要求するよう依頼する。この代理人の典型例として挙げられるのが、代議制議会である[14]。さらに選挙民は第三者たる専門家から、行政府の説明または業績の正確さや適切さに関して独立した評価を得るということも可能である。この第三者たる専門家の役割を担うと考えられるのが、行政監査機関である。

　例えば前述したアメリカ連邦政府の例を挙げれば、行政監査機関にはガバメント・アカウンタビリティー・オフィスが該当すると考えられる。この場合の監査には例外もあるだろうが、原則的には外部行政監査が該当し、行政府が選挙民(あるいは納税者)に対してパブリック・アカウンタビリティーを果たすのに機能していると考えられる。

　これら行政府、選挙民、代議制議会、行政監査機関という4者の関係を簡略に図式化してみると、次のようになると考えられる(図17参照)。

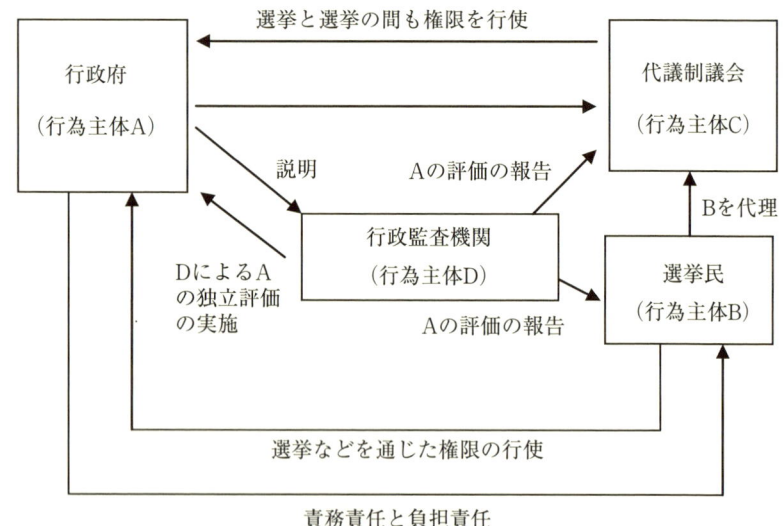

206　第Ⅱ部　国連の行政監査の制度的分析

図17　民主的アカウンタビリティーと行政監査の関係

（筆者作成）

2　管理型アカウンタビリティーと行政監査

　アメリカのガバメント・アカウンタビリティー・オフィスの例に基づき、そのパブリック・アカウンタビリティーが果たされる仕組みを考察した。次に国家レベルのアカウンタビリティーのもう一つの形態として、政府の内部行政管理に関する管理型アカウンタビリティーの概念を取り上げて検討する。

　第Ⅰ部の理論的考察により、公的セクターにおける管理型アカウンタビリティーの基本的概念とは、広義の政府が、狭義の政府に対して責務責任と負担責任を負うことにある、ということが明らかにされた。さらに民主的アカウンタビリティー同様に、狭義の政府は、第三者たる専門家から広義の政府の説明または業績の正確さ、あるいは適切さに関する独立した評価を得ることも可能である。この第三者たる専門家の役割を担うと考えられるのが、行政監査機関である[15]。これは狭義の政府による広義の政府の管理統制、すなわち政府内の内部統制の手段としての監査であるため、例外もあるだろうが、原則的には内部監査が該当すると考えられる。

　例えばアメリカの連邦政府の例を取り上げれば、1978年法により設置さ

```
広義の政府        責務責任と負担責任        狭義の政府
（行為主体A）   ←──────────────   （行為主体B）
                 承認あるいは不承認
                ──────────────→
           説明                 Aの監査の報告
              ↖              ↗
      Cによる       行政監査機関
      Aの監査      （行為主体C）
```

(筆者作成)

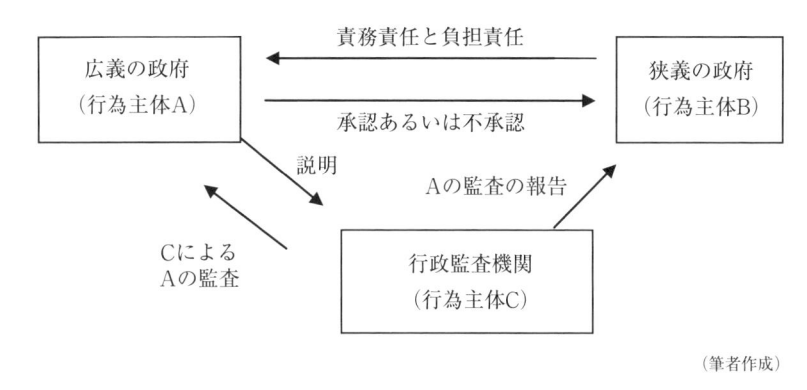

図18 管理型アカウンタビリティーと行政監査の関係

れた監察総監がこれに該当すると考えられる[16]。アメリカにおいては、監察総監の設置により検査の機能が確立され、内部統制が強化された。現在では監察総監は、内部行政監査機関として、プログラム評価や財務監査も含む広範な内部行政監査機能一般を担うようになった[17]。

これらの広義の政府、狭義の政府、行政監査機関という3者の関係を簡略に図式化してみると、次のようになると思われる（図18参照）。

3 公的セクターにおけるアカウンタビリティーと行政監査の関係

これまでの考察により、選挙民に対する民主的アカウンタビリティーを達成するための監査には、例外もあるだろうが、原則的には外部行政監査が該当し、狭義の政府に対する管理型アカウンタビリティーを達成するための監査については、例外もあるだろうが、原則的には内部監査が該当するということが明らかになった。これら2つのアカウンタビリティーの概念は、行政監査との関係においてはそれぞれ別個に独立して機能しているのみで、相互の補完作用などはないのだろうか。

この点に関して、例えば中央政府を例にとって考察してみると、外部監査は、監査の結果を議会に対して報告することにより、同時に政府部内の自己規制の強化も促していることが指摘できる[18]。すなわち外部行政監査は、民主的アカウンタビリティーと管理型アカウンタビリティーの双方に作用し、相互

208　第Ⅱ部　国連の行政監査の制度的分析

補強強化を及ぼしていると言うことができるだろう。

　さらに、外部行政監査だけでなく内部行政監査も、民主的アカウンタビリティーと管理型アカウンタビリティーの双方に作用し、相互補強強化を及ぼしていると考えられる。例えば外部行政監査の結果、不承認された行為の是正のために、狭義の政府が、内部行政監査機関に対して広義の政府に関する内部行政監査の実施を要請することもしばしばある。すなわちこのケースにおいては、内部行政監査は管理型アカウンタビリティーの強化・向上に作用するだけでなく、狭義の政府による選挙民や議会に対する民主的アカウンタビリティーを果たすためにも機能しているということが指摘される。

　したがって外部及び内部行政監査は、2つのアカウンタビリティーを強化するために相互に補強しあう役割を果たしていると考えられる。

2　国連行政監査のオーディエンスの適格者

　本節では、国内をモデルとした公的セクターにおけるアカウンタビリティーと、行政監査の関係の国連への適用可能性を探った上で、国連の行政監査のオーディエンスの適格者は誰なのかを考察する。

(1)国連の外部行政監査のオーディエンスの適格者

　前節の国内をモデルにした考察では、行政府が民主的アカウンタビリティーを果たすためには外部行政監査が鍵となる働きをしていることが検証された。国連に対して外部行政監査を実施する主たる行為主体とは、会計検査委員会及び国連システム合同監査団である[19]。これらの外部監査は、国連が政治的アカウンタビリティーを果たすためにどのように機能しているかをまず検証する。

　第Ⅰ部第1章の考察により、政治的アカウンタビリティーには、権力がどこから由来するのかという観点から区別される委譲型モデルと参加型モデルがあることが示唆された。

　国連の委譲型モデルにおいては、権限委譲者として国連加盟国、意思決定

機関として国連総会などの統治機関、公職者として国連事務総長がそれぞれ該当するとされた。この委譲型モデルの枠組みの中に外部行政監査の果たす機能を考察してみると、国連加盟国は国連事務総長の説明あるいは業績に関して独立した評価を得るために、第三者たる外部行政監査に依頼するという構図が浮かび上がってくる。外部行政監査の結果は、国連加盟国に対して提供され、かつ利用されるのが理想ではある。しかしながら国連加盟国が国連事務総長の説明を受け取る能力に乏しいか、または受け取る意思を有しない場合、さらには国連事務総長との関係において、国連加盟国が個別に行使できる権限が限られている場合なども想定されうる。そのような場合、国連加盟国は代理人である統治機関に頼るしかなくなり、統治機関は国連加盟国を代表して国連事務総長に説明責任を果たすよう要求する。

一方、もう一つの国連における政治的アカウンタビリティーの形態である参加型モデルに関して言えば、権限を主張することができる行為主体には、まず国連憲章前文でも謳われている「連合国人民」が該当すると考えられる。またコヘインの言う「影響を受ける者」という定義に従えば、国連行政により影響を受ける者や、その支援者たるトランスナショナルな市民社会団体などが該当すると考えられる。意思決定機関、そして公職者には、委譲型モデル同様に、国連総会などの国連の統治機関、そして国連事務総長がそれぞれ該当すると考えられる。外部行政監査との関わりにおいては、「連合国人民」あるいは「影響を受ける者」などの権限を主張する者は、公職者たる国連事務総長の行為に関する説明や専門的評価などを受けるために、外部行政監査機関の監査報告書を要求すると考えられた。このような権限を主張する者になりうる者は多々考えられるが、たとえば腐敗防止や情報公開の分野などで活躍するNGO[20]などの市民社会グループや、捜査報道などのマスメディアなどが考えられよう。

国連の政治的アカウンタビリティー（委譲型モデルと参加型モデル）と外部行政監査の関係を図にまとめてみると、次のようになると考えられる（図19参照）。

これらの考察をもとに、国連において外部行政監査のオーディエンスの当事者適格をもつのは誰かという問題に言及する。国連の場合、外部行政監査は、

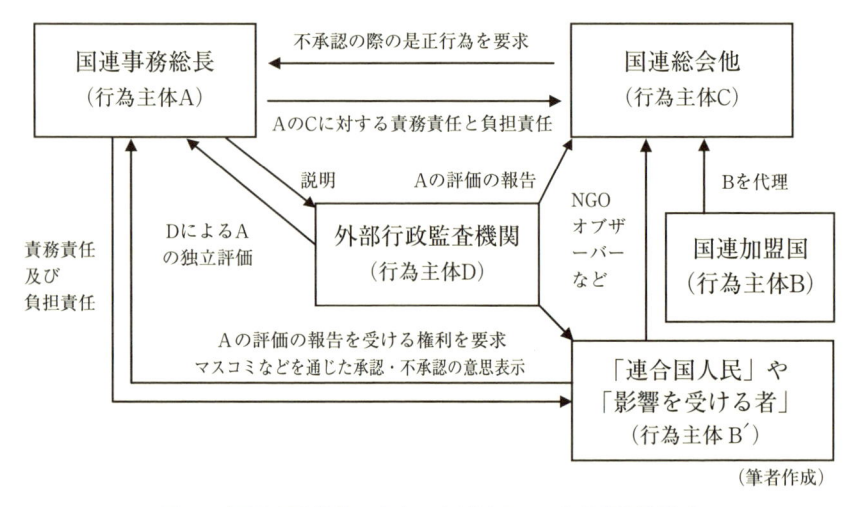

図19 国連の政治的アカウンタビリティーと外部行政監査

第一義的には国連加盟国による国連事務局に対する外部からの統制手段として捉えられていると考えられる。それは、国連システム合同監査団のすべての検査官は国連総会による選挙により任命されなければならないことや、同監査団の監査報告書は、原則として国連総会に報告のために提出されることなどからも明らかである[21]。また会計検査委員会に関しても、どこの国連加盟国の会計検査院長が選定されるかは、国連総会による選挙によって決定されることになっている[22]。また同委員会の監査報告書も、原則として国連総会へ報告のために提出されることなどからも明らかである[23]。したがって外部行政監査報告書の第一義的なオーディエンスは、国連総会の構成員たる国連加盟国であると結論づけられよう。

しかしその一方で、国連の外部行政監査報告書は国連総会に提出されることにより、国連総会公式文書として国連のウェブサイトからインターネットを通じて市民に開示されることになっている[24]。すなわち、市民は外部行政監査報告書の第二義的なオーディエンスとして、その適格性を認められていると言うことができよう。

なお国連の外部行政監査報告書は国連事務総長にも送付されるが、外部監

査の場合、国連事務総長は監査報告書のオーディエンスというよりは、あくまでオーディティー(被監査機関)として捉えられているということに留意する必要がある[25]。

これらの議論をまとめてみると、国連の外部行政監査報告書のオーディエンスの当事者適格をもつ者は、第一義的には国連加盟国、第二義的には一般市民であると言うことができるだろう。

(2)国連の内部行政監査のオーディエンスの適格者

前節の国家レベルにおける考察では、内部行政監査が主として組織の内部統制の強化向上という任を担っており、行政府の管理型アカウンタビリティーの強化のために機能していることが検証された。したがってまず国連の内部行政監査と管理型アカウンタビリティーの関係を考察する。

国連における管理型アカウンタビリティーの基本的構造においては、広義の政府に該当するのは国連事務局であり、狭義の政府に該当するのは国連事務総長である。国連事務局は、国連事務総長から委譲された権限に関して申し開きの責務責任と、その行為が承認あるいは不承認された際の負担責任を負っている。さらに国連事務総長は、行政監査機関から国連事務局の説明または業績の正確さ、あるいは適切さに関する独立した評価を得ることも可能である。この場合の行政監査機関には、原則的には内部監査が該当すると考えられる。国連において内部行政監査を実施する主体とは、国連内部監視局

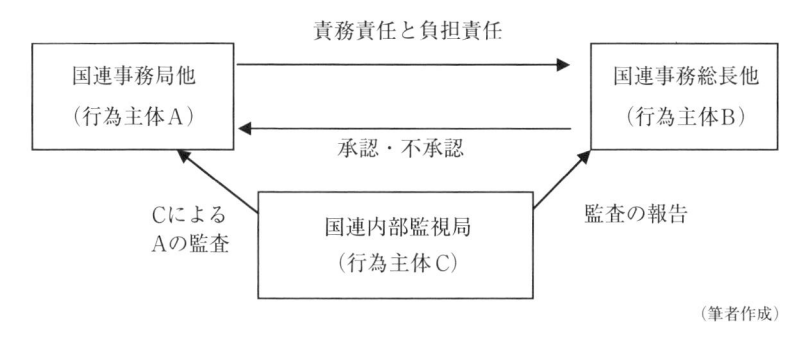

図20　国連における管理型アカウンタビリティーと内部行政監査

である。これらの国連における管理型アカウンタビリティーと内部行政監査の関係を、図式化してみると次のようになるだろう（図20参照）。

この国連における管理型アカウンタビリティーと内部行政監査の関係を前提とすると、国連の内部行政監査の第一義的なオーディエンスは、行政府の長である国連事務総長であることが明らかになった。もし第一義的なオーディエンスの概念を拡大して捉えようとするならば、拡大された行為主体に該当するのは、国連事務総長からの権限委譲のもとに国連事務局の管理統制を遂行している幹部職員たちなどであろう。

ただし国連の内部行政監査は、1994年の組織改変以降、その様相を大きく変容させてきた。さらに、その傾向に拍車をかけたのが、前章でも取り上げたイラクの石油食糧交換計画に対する内部行政統制の失敗だった。同計画に関連した腐敗スキャンダルを受け採択された2004年12月の国連総会の決議以降、国連の内部監査報告書は国連事務総長だけでなく、国連加盟国に対しても個別の要請に応じて開示されることになった[26]。この決議により内部監査報告書は、統治機関の構成員たる国連加盟国による国連事務局に対する統制という目的にも供されるようになった。ただし、この種の統制は、管理型アカウンタビリティーではなく、政治的アカウンタビリティーの委譲型モデルの枠組みの中で捉えられるべき概念である。

さらに、内部監査報告書は一部だけであるが、国連の内部監視局のウェブサイトからインターネットを通じて広く一般市民に対しても開示されており、一般市民に対しパブリック・アカウンタビリティーを直接的に果たすためにも役立っている[27]。この一般市民と内部監査との関係は、政治的アカウンタビリティーの参加型モデルの枠組みの中で捉えられるべき関係である。

このように国連の内部行政監査は、1990年代以降内部行政監査としての性格を大きく変容させてきたことが注目される。現在の国連においては、1990年代前半における国連内部監視局の創設による内部監査機能の拡大・強化の結果、内部行政監査が本来の内部行政統制の機能にとどまらなくなり、国連加盟国や一般市民に対し、パブリック・アカウンタビリティーを直接的に果たす傾向が強まってきている。このように現代の国連において内部監査は、

国連加盟国に対する政治的アカウンタビリティーと、国連事務総長に対する管理型アカウンタビリティーの強化に役立つだけでなく、さらには一般市民に対してパブリック・アカウンタビリティーを果たすためにも機能するようになってきている。

これらの議論をまとめてみると、国連の内部監査報告書のオーディエンスに該当するのは、第一義的に国連事務総長、第二義的に国連加盟国、そして第三義的に一般市民であると言うことができるだろう。

3　国連行政監査のオーディエンスの能力の検討

前節の考察により、国連行政監査においてオーディエンスに該当するのが誰であるかが明らかになった。次に、国連の内部行政監査及び外部行政監査のオーディエンスの能力を、第5章で提示されたオーディエンスに関する基準を適用して評価することを試みる。

(1) 国連の外部監査のオーディエンスの能力

前節の考察により、国連の外部行政監査のオーディエンスに該当するのが国連加盟国と一般市民であることが明らかになった。これらの行為主体のオーディエンスとしての能力を、オーディエンスの制度的基準及び実質的基準に基づき評価することを試みてみたい。

1　国連加盟国の代表

国連加盟国は、国連総会などの外部監査報告書を審議する統治機関の構成員であり、国連における外部行政監査報告書の第一義的なオーディエンスである。国連加盟国の能力を制度的基準から評価した場合、第一義的なオーディエンスとしてあらゆる外部監査報告書への情報アクセス権をもっていることから極めて高水準であると言えよう。外部監査報告書は、国連システム合同監査団によるものであっても会計検査委員会によるものであっても、例外はあるにせよ、原則的にすべての報告書が国連加盟国の代表に提出されるから

である。次に、国連加盟国の能力を実質的基準から評価してみる。国連加盟国の代表は国連総会または総会の第5委員会(行財政担当)などの統治機関において、外部監査報告書を審査し、その結果に基づいて勧告や決議を採択できることから、極めて高水準の能力をもっていると言えよう。国連加盟国の代表は、国連事務局の行った不承認行為に対して直接的または間接的に道義的、勧告的、立法的権限を行使して、是正行動を求めることができる。とりわけ一部の国は監査報告書の勧告や発見を吟味し審査する高い専門的能力を有しており、オーディエンスとして高水準の能力を有していると言えよう。

2 一般市民

一般市民は、国連における第二義的な外部行政監査報告書のオーディエンスである。市民のオーディエンスとしての能力を制度的基準に基づき評価するためには、国連システム合同監査団による報告書と会計検査委員会による報告書を、別々に区別して検討する必要がある。

国連システム合同監査団による報告書に対する一般市民のアクセス権は、第一義的なオーディエンスたる国連加盟国に認められているのとほぼ同等の権利が認められていることから高水準である。これは国連システム合同監査団による報告書は、例外はあるにせよ、原則として作成された報告書のすべてが国連総会に提出され、総会文書としてインターネット上で一般に公開されているからである[28]。それは、国連システム合同監査団による監査はスタディーと総称される管理手法や制度などの一般的な研究に類するものが多く、あまり機密性の高い個別の監査などを行っていないということにも起因している。

それとは対照的に、会計検査委員会による報告書に対する一般市民の監査情報へのアクセスは限定的である。現在のところ市民に対しては、内部的な性格があまりなく、かつ機密性も高くないと判断された外部監査報告書のみが、インターネットを通じて一般に公開されているにすぎないからである[29]。

次に、一般市民のオーディエンスとしての能力を実質的基準に基づき評価することを試みる。現在、市民には不承認行為に関する権限行使としては、

表9 国連の外部監査報告書のオーディエンスの能力

① 制度的基準

	国連事務総長(被監査機関)	国連加盟国の代表	一般市民 会計検査委員会の監査報告書	一般市民 国連システム合同監査団の監査報告書
なんらかの監査報告書へのアクセス権	―	高	中(おおよそ全体の3分の2の報告書にアクセス可能)	高(原則としてすべての報告書にアクセス可能)
要請に基づく、すべての監査報告書へのアクセスの権利(内部的及び機密性の高いものに関しては、アドホックの要請が必要な場合もある)	―	高	無(要請の権利をもたない)	無(要請の権利をもたない)
自動的な、すべての監査報告書へのアクセスの権利(内部的及び機密性の高いものに関しても、個別の要請を必要としない)	―	高	無	無

② 実質的基準

	国連事務総長(被監査機関)	国連加盟国の代表	一般市民
オーディエンスが被監査機関の行為を不承認した場合、オーディエンスは不承認の意思を表現することができるかどうか	―	高	無〜低(メディアなど)
オーディエンスは、監査報告書を専門的観点から審査する能力を有しているか	―	低〜高(加盟国により、一様ではない)	無〜低(NGOなど)
オーディエンスは、是正行動を促すような道義的圧力を直接的または間接的に及ぼすことができるかどうか	―	高(外交的圧力など)	無〜低(メディアなど)
オーディエンスは、是正行動を促すような行政的権限を、直接的または間接的に、及ぼすことができるかどうか	―	無(国連事務総長の行政権の範囲)	無
オーディエンスは、是正行動を促すような勧告的あるいは立法的権限を直接的または間接的に及ぼすことができるかどうか	―	高(総会などの決議や勧告など)	無

(筆者作成)

マスメディアなどを通じた間接的意思表示などの手段のみが許されているにすぎない。監査結果を審査する専門的能力の育成手段や、立法的及び行政的権限を行使する制度的保障などは、原則的には一切確保されていない。市民がどのようにして専門性を身につけ、開示された監査情報を分析し、活用していくのかに関し、多くの問題が残されている(表9参照)。

(2) 国連の内部監査のオーディエンスの能力

前節での考察により、国連の内部監査報告書のオーディエンスとしては、第一義的に国連事務総長、第二義的に国連加盟国、第三義的に一般市民が考えられることが明らかにされた。次に、これらのオーディエンスの能力を、制度的基準及び実質的基準のそれぞれから評価することを試みる。

1 国連事務総長

国連事務総長はあらゆる種類の内部監査報告書の第一義的なオーディエンスであり、制度的基準から評価しても、実質的基準から評価しても、最高水準であると言える。国連事務総長は、あらゆる内部監査報告書へのアクセス権をもっているだけでなく、専門的見地から監査報告書の勧告や発見を吟味し審査し、それに基づいて国連事務局に対して道義的、勧告的、行政的、立法的(行政的指令など)な是正処置を、行政上の上位者としての立場から直接的かつある程度強制的に求めることができる。国連事務総長は、オーディエンスとして被監査部署としての国連事務局に対して不承認行為に対する是正行動を求める一方、同時に権限を委譲した行為者として、国連事務局に対して管理型アカウンタビリティーを果たすよう要求することができる。

2 国連加盟国

国連において内部監査報告書の第二義的なオーディエンスとして考えられるのが、国連加盟国である。国連加盟国の代表は、従来は内部的または機密性が高いと判断される内部監査報告書に関しては情報アクセス権を認められてこなかったため、制度的基準から判断した場合、低い能力しか認められて

こなかった。しかし、前述したように 2004 年の総会決議により、国連加盟国は内部的なもの及び機密性の高いものも含め、要請に基づき内部監査報告書へアクセスすることができるようになった[30]。これにより、国連加盟国側からの能動的行為は依然として要求されるものの、国連加盟国の代表は、国連事務総長と同内容の内部監査情報にアクセスする権利を得るに至り、現在では制度的基準から判断してオーディエンスとして高い受動的能力をもっていると言える。

次に、国連加盟国の能力を実質的基準から評価してみると、国連加盟国は国連総会などの統治機関において内部監査報告書を審査しその結果に基づいて、勧告や決議を採択する権限が付与されているため、高い能動的能力をもっていると言えよう。つまり国連加盟国の代表は、国連事務局による不承認行為に対して、直接的または間接的に道義的、勧告的、立法的権限を行使し、是正行動を要求する能力を保有している。

ここで留意しなければならないのは、オーディエンスである国連加盟国から構成される国連総会などが、被監査部署としての国連事務局に対して、直接的に権限を行使できるわけではないということである。総会による要求は、原則的にはあくまで政治的アカウンタビリティーの枠組みと同じように、国連事務総長に対して向けられており、国連事務局に対しては間接的である。ただし実際には、国連加盟国の代表は、場合により被監査部署の関係者を総会におけるヒアリングなどに招聘することにより、説明責任や是正行動を果たすよう当事者に対し直接的に要求することもできる。その点からみて、間接的に管理型アカウンタビリティーの達成の補強をしているという見方も可能であろう。

ただし、それぞれの国連加盟国に付与された権限は同一であっても、それを積極的に活用するためには、監査報告書の勧告や発見を吟味し審査することのできるような専門性などの能力も必要とされるようになってくる。その意味で一部の加盟国は、その専門的能力ゆえに他の加盟国と比較して、より高いオーディエンスとしての能力を保有していると言えよう。その典型例がアメリカであり、その強硬姿勢によりしばしば発展途上国からの強い批判や

反発も浴びてきたが、監査に関する高い専門能力を駆使して、国連のアカウンタビリティーの向上に寄与してきたという事実は否定しがたい[31]。

3　一般市民

　一般市民は、内部監査報告書の第三義的なオーディエンスとして挙げられる。市民のオーディエンスとしての能力を制度的基準から評価してみると、市民の監査情報へのアクセス権は極めて限定的であることから低い水準であると言えよう。現在のところ市民に対しては、内部的ないしは機密性が高いと判断されたものを除く内部監査報告書のみが公開されているにすぎない。イラクの石油食糧交換計画においては、独立調査委員会の判断により、2005年1月に同計画に関係する58のすべての内部監査報告書がインターネットで市民に開示されたが、現段階ではこれは極めて異例の試みであるということが言えよう[32]。石油食糧交換計画に関する報告書の開示のような実践が今後も継続されるかどうかに関しては、市民社会側の情報開示請求の努力の不断の積み重ねにかかっていると言えよう。

　次に、市民のオーディエンスとしての能力を実質的基準から判断してみると、市民の能力は現在まだ低い水準にとどまっていることがわかる。石油食糧交換計画における内部監査情報開示は大変画期的な試みだったと言えるが、たとえ市民に広範な情報アクセス権が認められるようになったとしても、それだけでは十分とは言えない。市民が監査報告書に含まれる結論や勧告を審査する専門的能力を確保し、かつ国連に対しその実施を政策提言などを通じ要求することができるようにならなければ、十分条件を満たしたとは言えないからである。現在市民社会には、不承認行為に関する権限行使の手段としては、マスメディアなどを通じた間接的意思表示などの手段のみが与えられているにすぎない。また市民社会には、立法的及び行政的権限を行使する手段などは原則的には一切確保されていない。さらに監査結果を審査する専門的能力を有した非営利民間団体なども、まだ十分育っているとは言いがたい。市民が専門性を身につけ、開示された監査情報を分析し、実効的手段を駆使し、最終的には被監査機関に対して影響を及ぼしていくためには、いまだ多くの課題が残されていると言えよう(**表10参照**)。

表10　国連の内部監査報告書のオーディエンスの能力

① 制度的基準

	国連事務総長	国連加盟国の代表	一般市民
なんらかの監査報告書へのアクセス権	高	高	高
要請に基づく、すべての監査報告書へのアクセスの権利（内部的及び機密性の高いものに関しては、アドホックの要請が必要な場合もある）	高	無→高（注1）	無（注2）
自動的な、すべての監査報告書へのアクセスの権利（内部的及び機密性の高いものに関しても、個別の要請を必要としない）	高	無	無

② 実質的基準

	国連事務総長	国連加盟国の代表	一般市民
オーディエンスが被監査機関の行為を不承認した場合、オーディエンスは不承認の意思を表現することができるかどうか	高	高	低
オーディエンスは、監査報告書を専門的観点から審査する能力を有しているか	高	低〜高	無〜低
オーディエンスは、是正行動を促すような道義的圧力を直接的または間接的に及ぼすことができるかどうか	高	高	低
オーディエンスは、是正行動を促すような行政的権限を、直接的または間接的に、及ぼすことができるかどうか	高	無	無
オーディエンスは、是正行動を促すような勧告的あるいは立法的権限を直接的または間接的に及ぼすことができるかどうか	高	高	無

(筆者作成)

注1) 2004年12月の国連総会決議により、国連加盟国への内部監査報告書の包括的開示が、要請により、認められることとなった。
注2) 2005年1月、イラクの石油食糧交換計画に関する58の内部監査報告書のすべてが、機密性の高いものも含め一般に公開されたが、これは例外的措置と捉えるべきである。

4　小　括

　本章では、行政監査の実効性を担保するための要となるオーディエンスに焦点をあて、国連ではオーディエンスが適切に機能しているかを検討した。

まず、国連の外部行政監査を取り上げ考察した。国連の外部監査を恒常的に担当している機関には、会計検査委員会と国連システム合同監査団がある。国連の外部監査報告書の第一義的なオーディエンスとしてまず挙げられるのは、国連総会などの統治機関を構成する国連加盟国（の代表）である。国連加盟国の代表は、外部監査の結果に基づき国連事務局に対する統制を行う。したがって国連加盟国の代表は、原則としてあらゆる外部監査情報へのアクセス権をもっており、かつ国連総会などの統治機関を利用して国連事務局の行った不承認行為に対して、直接的または間接的に道義的、勧告的、立法的権限を行使して是正行動を促すことができる。すなわち国連加盟国の代表は、制度的基準からも実質的基準からもオーディエンスとして最高水準の能力を保有していると考えられる。

国連の外部監査報告書の第二義的オーディエンスとして挙げられるのは、一般市民である。一般市民は、国連システム合同監査団による外部監査報告書に関しては、それが公開を一般的原則としているため、高水準の情報アクセス権を保有している。しかし一方で会計検査委員会による外部監査報告書に関しては、おおよそ3分の2の報告書へのアクセスしか認められていない。またオーディエンスとしての能動的な能力に関しては、一般市民は国連加盟国の代表が保持しているような是正行動を促すことのできるレベルの影響力や高い専門的能力は、ほとんど備わっておらず、極めて低水準の能力しかないと言わざるをえない。

次に、国連内部監視局による内部監査を取り上げた。内部監査の第一義的なオーディエンスとしてまず挙げられるのは、国連事務総長である。内部監査の本来の定義が行政の長による内部統制手段であることからも、これは当然の帰結といえよう。国連事務総長は、制度的基準からも実質的基準からも、オーディエンスとして最高水準の能力を保持している。

さらに特筆すべきこととして、イラクの石油食糧交換計画に絡む腐敗疑惑を経たのち、国連の内部監査においては、パブリック・アカウンタビリティーを果たすための外部監査化現象が進行してきている。その結果、本来ならば内部監査の部外者である国連加盟国や市民が、国連においては内部監査の第

二義的なオーディエンスとして急浮上してきている。

　国連加盟国に関しては、2004年12月の国連総会の決議により、内部的あるいは機密性の高い報告書を含めた内部監査報告書の包括的開示を要請することができるようになった。これにより制度的基準から判断して、国連加盟国は高水準の能力をもつにいたっている。また国連加盟国は、総会などの統治機関にて、勧告的および立法的権限を行使することにより、国連事務総長に対して不承認行為に関する是正行動をとるよう要求することもできる。このことから国連加盟国は、実質的基準から判断しても高い能力を保有していると言える。

　一方、一般市民は内部監査のオーディエンスとしては、制度的基準からも実質的基準からも、依然として低い水準の能力しか保有していないと評価される。唯一の例外が、2005年1月のイラクの石油食糧交換計画に関する(機密性の高いものも含む)58のすべての内部監査報告書の一斉開示であったが、これとても1回限りの試みでしかなかった。さらには情報を活用する市民の能動的能力をみてみると、依然として低い水準のままである。

　これらの議論をまとめると、国連の行政監査において、外部監査にせよ内部監査にせよ、オーディエンスとして主体的な役割を果たしてきたのは、あくまで国連加盟国の代表か、国連事務総長であったということが言えるだろう。一般市民は、もちろん例外はあるだろうが、外部監査にせよ内部監査にせよ、制度的基準から判断しても実質的基準から判断しても大きな限界を抱えているという現状が明らかにされた(表11参照)。

　しかし、一般市民が国連の監査のプロセスにもっと主体的に関わっていくことは、国連の監査をより民主的にするためにも非常に重要である。そもそ

表11　一般市民のオーディエンスとしての能力

	内部監視局による監査	会計検査委員会による監査	国連システム合同監査団による監査
制度的基準から評価した能力	低	中	高
実質的基準から評価した能力	低	低	低

(筆者作成)

も国連に民主的アカウンタビリティーを導入するにあたっての最大の障害は、国連が非領域性の国際機関であり、選挙を通した領民の意思表示という手段が機能していないということにあった。またたとえ国連総会があったとしても、国連総会を構成する国連加盟国は、必ずしも民主主義国ばかりではなく、国連加盟国の代表が彼らの国民の民主的意思を代弁しているとは限らない。そこで本書においては、この袋小路を打破するために、オーディエンスという概念を能動的なものに再生させ、国連のアカウンタビリティーの枠組みの中に導入することを提案したわけである。

現代社会において高度に複雑化した行政は、わかりやすく説明されなければならない。ましてや国際行政のように機密性をはじめ、複雑要素を多く含んでいる行政に関しては、その必要性はさらに高まると言えよう。監査報告書が、より広範な市民に開示されれば、行政の透明性は高まる。また市民がオーディエンスとしての能動的能力を高めることができるようになれば、アカウンタビリティーのメカニズムにおける「参加の拡大」への糸口になっていくことも、将来、おおいに期待されるだろう。

注
1 会計学者の鈴木豊によれば、公監査の目的は、①情報利用者の合理的意思決定に有用な情報の正確性と妥当性を検証すること、②パブリック・アカウンタビリティーを果たすことの2つであるとする。そしてその背景には、租税の使途の有用性をめぐる納税者からの監査の要請の高まりがあるとする。次を参照。鈴木豊「パブリック・アカウンタビリティーに対する公監査の基準からみたわが国独立行政法人監査基準の課題」『青山経営論集』第38巻第4号(2004年3月)、107頁。
2 パブリック・アカウンタビリティーに関する説明は、次を参照。福嶋壽「包括監査としての行政監査――わが国に包括的行政監査を導入する必要性」『会計』第157巻第6号(2000年6月)、902頁。またパブリック・アカウンタビリティーの定義としては、次の1966年のノルマントンの定義を参照。"(Public accountability as) consisting in a statutory obligation to provide for independent and impartial observers holding the right of reporting their findings at the highest level in a state any available information about financial administration which they request." E. Leslie Normanton, *The Accountability and Audit of Governments: A Comparative Study* (Manchester: Manchester University Press and New York: Frederick A. Praeger, 1966).
3 ガバメント・アカウンタビリティー・オフィス、及びその前身の会計検査院の設立の経緯については、第2章第2節、及び第5章第2節を参照。

4 同オフィスにおいては、「政府監査の目的は、パブリック・アカウンタビリティーの解除である」と考えられていた。次を参照。Richard E. Brown, *The GAO-Untapped Source of Congressional Power*(Knoxville: University of Tennessee Press, 1970).
5 アメリカのガバメント・アカウンタビリティー・オフィスの政府監査基準(Government Auditing Standards)は、第6回改訂版の施行に向け、現在ドラフト(exposure draft)が公開中である。これについては、次を参照。Government Accountability Standards, 2010 Revision (GAO-10-853G, August 2010) at http://www.gao.gov/new.items/d10853g.pdf (accessed on 14 August 2011). また現在有効なアメリカの政府監査基準は、2003年版を改訂した2007年改訂版である(通称イエロー・ブック)。これについては、次を参照。Government Accountability Standards, 2007 Revision (GAO-07-731G, July 2007) at http://www.gao.gov/new.items/d07731g.pdf (accessed on 14 August 2011).
6 アメリカのGAO政府監査基準とアカウンタビリティーの関係を考察したものとして、次が参考になる。碓氷聡史『監査理論研究──監視・監督・監査の統合理論』(同文舘出版、1992年)、特に「第4章:アカウンタビリティーとGAO政府監査」を参照。
7 The Comptroller General of United States, *Standards of Audit of Governmental Organization, Programs, Activities and Functions,* 1972, pp.1-2.
8 The Comptroller General of United States, *Government Auditing Standards,* 1981 Revision, p.3.
9 The Comptroller General of United States, *Government Auditing Standards,* 1988 Revision, p.8.
10 The Comptroller General of United States, *Government Auditing Standards,* 1994 Revision, p.8.
11 The Comptroller General of United States, *Government Auditing Standards,* 2003 Revision, p.9.
12 GAO-07-731G, *op. cit.*, p.5.
13 *Ibid.*, p.5.
14 ホワイトとホリングスワースは、代議制議会以外に代理人になりうるものとして、裁判所、マスメディア、利益集団などを挙げた。次を参照。Fidelma White and Kathryn Hollingsworth, *Audit, Accountability and Government* (Clarendon: Oxford University Press, 1999), p.9.
15 *Ibid.*, p.9.
16 アメリカ連邦政府レベルでは、内部監査機関としての監察総監(Inspector-General)、外部監査機関としてのガバメント・アカウンタビリティー・オフィスが連携して監査制度を構築している。次を参照。鈴木豊「政府・地方自治体監査構造の展開」『経理知識』第79号、2000年9月、明治大学経理研究所、104頁。
17 アメリカ連邦政府レベルでは、1978年の監察総監法、1993年の国家業績レビューの提唱、及び同年の政府業績結果法によってプログラム評価及び業績測定の評価が実施されることとなった。また、1994年の政府管理改革法により、財務諸表の年度財務監査の実施も管轄範囲に含まれるようになった。次を参照。

General Accounting Office, *Federal Inspector-General—An Historical Perspective,* 1998, pp.1-4.
18　White and Hollingsworth, *op.cit.*, pp.9-10. ホワイトとホリングスワースは、イギリスの中央政府の外部監査たる国立会計検査院を例にとり、国立会計検査院は中央政府の監査の結果を議会に対して報告することにより、同時に政府部内の自己規制の強化も促している事実を指摘した。
19　本書において外部行政監査という場合、国連において恒常的な外部監査を実施しているこれら2つを指す。イラクの石油食糧交換計画の調査を行った独立調査委員会のようなアドホックに活動する行為主体は、考察の対象に含んでいないことに留意されたい。
20　例えば、開発援助に絡む国際的な腐敗防止の分野を中心として政策提言活動を行うトランスペアレンシー・インターナショナル(Transparency International)などのNGOが挙げられるだろう。トランスペアレンシー・インターナショナルに関しては、次の拙稿を参照。蓮生郁代「国連とトランスペアレンシー・インターナショナル——腐敗防止のグローバルな法化(legalization)に向けて」日本国際連合学会編『市民社会と国連(国連研究第6号)』(国際書院、2005年)、215-241頁。
21　国連システム合同監査団のウェブサイトの「国連システム合同監査団について」の項を参照。www.unjiu.org/en/about.htm (accessed on 14 August 2011).
22　UN document, General Assembly Resolution 55/248, 31 January 2005.
23　会計検査委員会のウェブサイトの「監査結果の報告」の項を参照。www.un.org/auditors/board/modusop.shtml#caf (accessed on 14 August 2011).
24　例えば国連システム合同監査団の外部監査報告書は、国連の公式のウェブサイトにて原則として公開されている。外部監査報告書の英語版については、次を参照。www.unjiu.org/en/reports.htm (accessed on 14 August 2011).
25　国連事務局の内部統制の強化は、第一義的には内部監査の役割である。しかしそれだからと言って、外部監査は国連事務局の内部統制のためにまったく機能していないというわけではない。外部監査機関は国連の統治機関に監査報告するが、統治機関はその報告の結果に基づき必要な立法的、行政的その他の措置をとることを通して、事務総長に対し国連事務局に対する行政統制を強化させるよう要求する。このように外部監査も国連事務局に対する行政統制を補強している。
26　UN document, A/RES/59/272, para.1 (c) adopted on 23 Dec 2004, document dated on 2 February 2005. "Original version of the reports of the OIOS not submitted to the GA are, upon request, made available to any Member State."
27　内部監視局の次のウェブサイトを参照。www.un.org/Depts/oios/pages/rep_and_pub.html (accessed on 14 August 2011).
28　次の国連の公式ウェブサイトを参照。www.unjiu.org/en/reports.htm(accessed on 15 August 2011).
29　会計検査委員会の公式ウェブサイトによれば、会計検査委員会は、2年間のサイクルでおよそ30あまりの報告書を作成していると告知されている。うち国連の公式のウェブサイトを通じ一般にもアクセス可能な報告書の数は、近年平

均して 20 前後である。次のウェブサイトの「監査結果の報告」の項を参照。www.un.org/auditors/board/modusop.shtml (accessed on 15 August 2011).
30 UN document, A/RES/59/272, *op.cit.*
31 Edward C. Luck, *Mixed Messages: American Politics and International Organization 1919-1999* (Washington, D.C.: Brookings Institution Press, 1999), in particular, Chapter 8.
32 2005 年 1 月 9 日に、独立調査委員会は、イラクの石油食糧交換計画に関係する、機密性の高いものも含むすべての国連の内部監査報告書を、突然インターネットを通じ一般市民に公表した。ただしこのような情報開示のやり方は、その後、前例として踏襲されるようになったわけではないことに注意する必要がある。イラクの石油食糧交換計画に関係する内部監査報告書に関しては、現在でもウェブサイトにて閲覧可能である。www.iic-offp.org/audits.htm (accessed on 15 August 2011).

結　論

——国連再生への道標

　そもそもなぜこのような政府間国際機構に対するアカウンタビリティーの要求の問題が近年突出してくるようになったのだろうか。この問いに対して様々な答えが可能だと思うが、例えばコヘインはその答えを政府間国際機構の「脆弱性」と「注目度」に求めた[1]。すなわち覇権の伸長を求める主権によって守られた国家や、グローバリゼーションを推進する多国籍企業とは異なり、政府間国際機構は確固たる基盤によって守られておらず、かつメディアからも格好の標的であることが原因であると説いた。もしもそうだとするならば、国連は、その高い脆弱性と注目度から、数ある政府間国際機構の中でも、もっとも攻撃の的にされやすい要素をもっているということになる。そして、国連に対するアカウンタビリティーの要求という問題は、2005年のイラクの石油食糧交換計画に絡む腐敗疑惑と、それに端を発する厳しい国連批判をピークに1度きりで終わるというような一過性のものではなく、むしろ今後も繰り返される可能性が高いと推定しうるであろう。

　本書では、国連が果たすべきアカウンタビリティーとは何かという問題を、アカウンタビリティーの概念の源流にまでさかのぼり、発祥の由来に基づく形態の違いを明らかにすることにより、理論的に考察することを試みた。そこで明らかにされたのは、古代バビロニアにおける財務的検証に発祥の由来をもつと言われる管理型アカウンタビリティーと、古代アテネの直接民主制に発祥の由来をもつと言われる政治的アカウンタビリティーという、2つの異なる潮流の存在だった。この2つの概念は発祥の由来も性格も異なるゆえに、現代におけるアカウンタビリティーに関する学術的議論では、常に分断され、別個の学問的体系の中で互いに孤立したまま語られる傾向があっ

た。しかし、この2つの概念は、公的セクターにおいては、政府という器を挟んで拮抗した関係を築くことにより、互いに強化しあう関係にある。本書は、この失われてしまった2つの概念の結び目を、現代の文脈の中で再び見出すという困難な作業に取り組んだ。それは、とりもなおさずアカウンタビリティーの概念を再構築するという作業でもあった。

　この一見別個の2つのアカウンタビリティーの概念を、強固に結びつけている楔のような役目を果たしていると考えられたのが、監査という概念である。独立した専門家による財務的検証、すなわち監査は、管理型アカウンタビリティーが発祥した古代より、同概念の質の向上をもたらすと考えられてきた。一方、政治的アカウンタビリティーの枠組みにおいても、政府が自らの行動に関して市民に対して申し開きの義務を果たす際に、その申し開きが正確なものかどうか、内容的に承認できるかどうか、第三者である独立した専門家、すなわち監査官による意見が求められることが、古代ギリシャの時代よりあった。これらのことから、監査は、管理型アカウンタビリティーと政治的アカウンタビリティーという2つのアカウンタビリティーの質を高めるために機能すると同時に、2つの性質の異なる概念を結びつける楔のような役目を果たしていると考えられた。

　本書は、このアカウンタビリティー向上の要となる監査という概念に着目し、公的セクターにおける質の高い監査に求められる要件とは何かを探った。そこでまず浮かび上がってきたのが、監査における独立性の確保という問題だった。外部の権力者などの恣意的な影響から自由でない監査、あるいは被監査機関からの強い制約を受けた監査は、その信憑性を著しく損なわれる。国連の行政メカニズム破綻の象徴とも言われたイラクの石油食糧交換計画においても、監査の独立性が様々な局面において浸食されていたということが、後に明らかになり問題視された。

　さらに、政治的アカウンタビリティーの視点から監査の概念を捉え直すことにより、監査の報告を受ける者、すなわちオーディエンスの果たすべき役割というものが浮かび上がってきた。政府が自らの行動を説明する際、議会あるいは民衆——すなわちオーディエンス——は、独立した専門家による意

見や評価を受け取ることにより、政府の行動を承認、不承認のどちらに決定をするかに役立てることができる。ただし、政治的アカウンタビリティーのメカニズムが有効に機能するためには、オーディエンスが必要な監査報告にアクセスできる権利をもち、自らの意見や決定について政府に対して影響を及ぼすことができるか、すなわち政府とオーディエンスとの間に拮抗した力関係を築くことができるかということが重要になってくる。

　本書は、行政執行体として管理型アカウンタビリティー向上の義務を負った国連と、自らの行動について加盟国や公衆に説明する政治的アカウンタビリティーを負った国連という、2つの国連の姿を、監査という概念を軸に包括的に捉え論じることを試みた。第Ⅰ部では、国連の行政管理のあり方に着眼しながら、管理型アカウンタビリティーの概念の国連における歴史的変遷と、現代の管理型概念の抱える課題が探求された。そして第Ⅱ部では、国連の行政統制のあり方に着眼し、監査制度改革やオーディエンスの能力強化を含む、国連におけるアカウンタビリティー・メカニズムの再構築を論じた。冷戦終了後の1990年代以降、国連の行政活動は、平和活動における急速な機能的多様化と規模の拡大、そして緊急援助活動や人道援助活動における世界のあらゆる地域における活動の要請など、地理的な拡大も経験してきた。このように冷戦終了後の世界において国連の果たすべき役割が急速に変化していく中で、事態の急展開に対応しきれていなかった国連の行政メカニズムの破綻も、次第に明らかになっていくようになった。その最たる例が、本書が取り上げたイラクの石油食糧交換計画に関わる腐敗スキャンダルであり、そこで露呈されたのは国連における行政統制の失敗だった。

　1990年代以降国連行政が膨張を続ける間、効率的な運営の実現に向け、国連は無策だったわけではない。1990年代を通じて止まなかった国連に対する強い行政改革の圧力の下、1997年にはアナン国連事務総長(当時)は、OECD諸国を風靡していた新公共経営論の国連への導入を提唱した。そして2002年にまずは国連の予算管理方式に結果志向型管理方式を漸次的に導入し、次に人事管理方式にも徐々に結果志向型管理を導入していった。これにより国

連の管理型アカウンタビリティーの概念は、新公共経営論を背景にする業績志向型アカウンタビリティーの概念に移行したと考えられる。同時に、結果志向型管理の人事分野での導入に伴う人事的紛争の増加を見込み、従来から紛争解決の遅延などであまり評判の芳しくなかった人事的紛争解決の分野においても刷新が試みられた。まず2002年には非司法的な紛争解決手続きの拡充の一環として、国連にもオンブズマン制度が導入された。非司法的な制度による紛争解決は、係争中の職員にとっては紛争の早期かつ柔軟な解決が見込まれるなどのメリットがある。一方、機構側にとってもモラール低下の阻止を含む紛争に関わる様々なコストの実質的な削減が見込まれるなどのメリットもあり、その制度的拡充は双方にとって実質的な負担減となることが期待されている。さらに司法的な紛争解決手続きの分野においても、加盟国を巻き込んで改善に向けての努力が真剣になされた。2009年には、国連行政裁判所改革の結果、長年の懸案だった国連行政裁判における2審制への移行がついに成し遂げられるにいたった。これは、内部司法の運営分野における国連創設以来はじめての最も抜本的な改革と言ってもいい成果であり、職員の身分保障の充実という観点からも大きな成果だった。

　このように予算管理や人事管理などの総括管理の分野における改革が、2002年以降どちらかというと着々と進んでいった一方で、どうしても若干取り残された感があるのが、国連における事後統制の分野、すなわち行政統制の制度的改革問題だった。イラクの石油食糧交換計画に関わる腐敗スキャンダルが世界中のメディアで毎日のように取り上げられ、国連バッシングの喧騒が止まぬ中、2004年にアナン国連事務総長(当時)は、ボルカーを委員長とする国連石油食糧交換計画に関する独立調査委員会を設置し、調査にあたらせた。この独立調査委員会の調査は、腐敗の全容解明という捜査的な部分に実質的な焦点があてられていた。したがって、必ずしも行政監査の制度改革のような非捜査的な部分を主眼としたものではなかったのだが、それにもかかわらず監査制度改革に関する同委員会による提言には、今日においても無視できない確固たる重みがある。

　行政監査制度に関して独立調査委員会がとりわけ問題視したのは、国連の

内部行政監査制度においては、有効な監査が実施されるために必須な「監査の独立性」というものが確保されていないという点だった。監査が外部の有力な関係者の意図や内部の権力者の意向などにより、なんらかの政治的影響などを受けてしまうようならば、中立的かつ公正な監査を望むことなど到底できない。独立調査委員会はイラクの石油食糧交換計画においても、国連の行政監査における独立性が様々な角度から侵犯されていたことを指摘した。独立性の基準には、組織の制度設計に関わる組織的独立性の基準と、監査官がどれだけ外部の人的影響から保護されているのかに関わる人的独立性の基準と、監査機関の日常業務の遂行に関し外部からの影響から保護されているかに関する業務上の独立性の基準という３つの基準がある。独立調査委員会は、国連の内部監査制度は、このうち組織的独立性と業務上の独立性という２つの基準において問題があると指摘した。

　第１に問題とされたのは、組織的独立性の基準に関連する国連における内部監査の制度設計のあり方であり、それ自体に監査の独立性を侵犯する要素が内在していることが指摘された。制度設計に関連しては、とりわけ報告ラインの設計の問題と予算的独立性の確保の点が問題になった。国連もメンバーである、内部監査人協会の定めた内部監査の実践的な監査準拠基準たるプラクティス・アドバイザリー・ステートメントによれば、報告ラインの設計をする際、内部監査の長は監査の実施計画や監査のための予算の策定などに関し、行政組織の長につながるラインに報告するのではなく、独立性の高い外部的な監査監視機関が創設され、そこに報告すべきであるとされている。それにより、内部の権力者たる行政組織の長からの影響力を排除することが可能であるとされている。監査監視のための機関は、国連事務総長の行政的権限の下に置かれる行政的機関であってはならず、国連の統治機関の権限の下に服し、かつ統治機関に直接的に報告することのできるような非行政的機関でなければならないとされた。しかし石油食糧交換計画を実施した当時の国連においては、内部の権力者たる国連事務総長に対し内部監視局長が報告するというように報告ラインが設計されており、国連事務総長からの影響を防ぐことができるようには設計されていなかった。

また予算的独立性に関しても問題点が指摘された。独立調査委員会は、石油食糧交換計画を実施した当時の国連においては、内部監査に必要な事業予算の40％を被監査部門からの貢献に依存しており、そのような状態では監査の実施が被監査部門の意向に左右されてしまい、本当に監査が必要なハイリスク分野での監査が除外されてしまう危険があることを警告した。この予算策定上の問題に関しても、新たに設置されるべき監査監視機関が包括的なリスク査定に基づき予算案を審議し、その結果を統治機関に助言することにより、解決が図られるべきとされた。

さらに独立調査委員会は、国連諸機関が共同で行政実施主体となって運営するジョイントプログラムにおいて、国連諸機関の内部監査部門相互間の連携や調整が欠如していたことを指摘した。個別の監査機関の活動の監視だけでなく、それぞれ別個に活動する監査機関相互間の監査計画の調整や連携の強化を促進する、なんらかの存在の必要性が提言された。

第2に問題とされたのは、業務上の独立性の基準に関することで、内部監査の権限の及ばない監査の空白の領域あるいは局面があり、それが腐敗のリスクを高めたことが取り上げられた。業務上の独立性の基準には監査管轄権という概念があるが、これは監査機関が監査を及ぼすことのできる機構的な範囲や内容的な局面に関する概念である。監査管轄権には監査の内容に関する実質的監査管轄権と、監査の対象となる機関または部署を明らかにするという機構的な概念である制度的監査管轄権の2つがある。イラク石油食糧交換計画においては、この両方の管轄権が争点となった。具体的には、制裁委員会の審査していた石油輸出契約の価格決定に関する内部監査の実質的監査権限の有無、及びイラク・クウェート補償委員会の行った準司法的プロセスに関する制度的監査管轄権の有無が争われた。

これらはどれも監査制度の設計に、独立性の確保がどれだけ必要不可欠かを示しており、今後の国連監査制度改革のあり方に重要な示唆を与えるものだった。その後、独立調査委員会の勧告を受けた国連総会は、慎重な議論の末2008年1月に総会の補助機関として独立監査諮問委員会を新たに設置した。同委員会は、国連の内部監視局の監査計画や監査に関する予算案などを

専門的見地から審議し、その結果を国連総会に助言するとされた。これにより初めて国連に監査の制度設計における機能的報告ラインの導入がなったわけで、その意味で画期的な変化だったと言えよう。ただし、本来このような監査の監視機関は、制度的分析によれば、内部監査及び外部監査双方の予算の審査、包括的リスク査定を含む監査計画の審査、内部監査及び外部監査それぞれの監査の範囲のギャップの解消、内部監視局の長の指名、給与や在職期間の決定、万が一大規模なスキャンダルが起きたときの別個の捜査機関の設置などの、広範な権限を付与されることが望ましいとされていることを忘れてはならない。ところが、国連に設置された独立監査諮問委員会の管轄の範囲は、主として内部監査の監査計画と予算案に関する諮問的権限しか認められていないことなどをはじめとして限定的であり、今後一層の明示的な権限の拡大が必要であると考えられる。

　このようにイラク石油食糧交換計画に関する独立調査委員会の勧告を受けて、国連の統治機関は行政監査制度改革に向けて大きく舵を切っていった。一方で、同委員会の勧告では言及されていなかった論点は、そのまま手つかずのまま残されてしまった。本書は、それらの見過ごされてしまった重要な改革の論点２つについて、注意を喚起しようと試みた。一つの論点が、人的独立性の基準に関する論点だった。独立調査委員会の勧告は独立性の基準の３つのサブ概念のうち、組織的独立性と業務上の独立性という２つのサブ概念については改善を提言していたが、残りの人的独立性というサブ概念については言及がなかった。さらにもう一つの論点が、監査報告書の読み手であるオーディエンスの範囲や能力に関する基準だった。独立調査委員会の勧告は３つある制度的基準のうち、独立性の基準については改善を提言していたが、残り２つの基準については言及がなかった。残り２つの基準のうち、公金追尾の権利に関しては、国連においては、イギリスのように小さな政府が希求され、政府部門の大規模な民間委託が推進されてきたわけではないため、必ずしも該当するわけではないと考えられた。したがって、独立調査委員会が取り上げなかった残り一つの基準、すなわちオーディエンスの基準を取り上げて検討した。

まず第1の論点である、人的独立性の基準について言及する。人的独立性の基準とは、監査においては、内部監査の長に対する内部の権力者や外部の機関などからの影響力の排除が求められていることを指している。しかし、国連においては国連事務総長による内部監視局長に対する人事に関する統制権限が強く、国連事務総長からの人事的圧力や影響力から内部監視局長が自由であるとは言いがたい。その最たる例が2010年に起きたスウェーデン人の内部監視局長による告発疑惑に関する騒動だろう。同騒動の背景では、内部監視局内の新規人事の指名権が現国連事務総長により侵犯されたことが揶揄されていた。真偽のほどは明らかではないが、仮にもしもこれが事実だとしたら、これは、大変深刻な事態である。このような疑義が起きるということ自体が、すでに監査の信憑性を危うくしているという現実を重要視し、国連における人的独立性の確保のために必要な規則の整備などが、総会などの国連の統治機関を舞台に早急になされる必要がある。

第2の論点が、監査報告書の読み手であるオーディエンスの範囲や能力に関する点である。ここでいうオーディエンスとは、ただ単に監査報告書の読み手であるという受動的な存在ではなく、必要とあれば被監査機関に対して説明責任を果たすよう求め、かつ適切な是正行動を要求することが可能であるような能動的な存在であることが望ましいとされている。国連行政の透明性の度合いを高めるためにも、国連の監査報告書がより迅速に、かつより広範囲の対象者に情報公開されていくということは、非常に重要である。また将来的には監査報告書の専門的内容を的確に理解し、必要とあれば政策提言活動も行っていけるような高い能動的能力を備えたオーディエンスの育成ということが求められている。監査はアカウンタビリティーのメカニズムが機能する上で、要の役割を果たしていると言える。オーディエンスからのフィードバックのシステムが機能して初めて、アカウンタビリティーのメカニズムが成立していると言えるのであり、オーディエンスとの緊張感のある関係が質の高いアカウンタビリティーを担保しているとも考えられよう。

オーディエンスの問題とも関連しているが、なぜ国連の内部監査は外部監査ではないにもかかわらず、国連事務総長からの独立性の確保や内部監査報

告書の一般市民への情報開示など、通常ならば外部監査に求められるべき特徴を要求されるようになったのかということに言及しておきたい。外部監査とは、外部から行政府の活動を統制するのであるから、行政府の長からの独立性が必要だというのは理解できる。他方の内部監査は、本来は行政府の長へ奉仕すべきものであり、一般的には行政府の長の行政的権限の下に属するとされている。また内部監査とは、本来行政府の長による行政統制の手段であるから、一般市民への情報開示は要求されておらず、行政府の長に対して説明責任を果たせば十分と考えられるからである。

　内部監査に外部監査的特徴を要求するという国連固有の現象は、国連創設時から冷戦期にかけて国連が行政執行体としてそれほど高いプレゼンスを誇っていなかった時代には、さほど問題にされてこなかった。しかし冷戦終了後、国連行政の規模は肥大化し、イラクでみられたような行政破綻のリスクを２度と許すことのできないレベルにまで達してしまった。むろんその破綻リスクを回避できるような外部からの強固な統制メカニズムが新たに構築できるというならば、また別の話である。しかし、国連固有の外部監査は会計検査委員会という複数国の国家レベルの会計検査院が共同で担当するという形式をとっている。そのためハイリスク分野などのアドホックな特定分野の監査には適しているかもしれないが、機構全体にわたる包括的なリスク査定に基づく監査計画全体を実施するにふさわしいだけの能力が恒常的に備わっているというわけではない。したがって、一貫した継続的な監査体制という意味では、国連の場合、やはり内部監査に頼るしかないという実状がある。この国連における「内部監査の外部監査化」と呼ぶべき現象は、イラクの石油食糧交換計画の行政統制の失敗が国連に残した最大の教訓だったとも言えるだろう。

　しかし、それにもかかわらず、この教訓を生かした方向に国連の行政統制分野における改革が進んでいるとはいっこうに言えないのが現状である。前述したように、現在の国連の内部監査は、とりわけ事務総長からの人的独立性の確保という観点から何らかの問題を抱えていると考えられる。2010年には国連事務総長自身が内部監査の独立性を阻んだという批判が、国連の上

級幹部の中から起こったと言われている。この批判の真偽はともかくとしても、国連の内部監査の果たすべき特殊な役割というものに、私たちは今後も適切な理解を示し、継続して事態の進展を慎重に見守っていく必要があるだろう。

　最後に、なぜオーディエンスの果たすべき役割というものが、国内政治と比較し、グローバルな政治においてより重要性をもつのかということについて、一言記しておきたい。国家や地方自治体などの一定領域内における政治的アカウンタビリティーにおいては、選挙という民衆による究極の不承認のメカニズムが存在する。しかし、グローバルな国連のような組織には、そのような民衆による拒否権のようなシステムは存在していない。いわゆるグローバルな民主主義が不在な状況の下、民衆がグローバルな行政執行体(例えば、国連)の執った行動に関し、承認や不承認の意思表示をし、さらにそれに基づいたなんらかの行動を起こし、相手に影響を及ぼすことのできる手段というのは、非常に限られている。そのような状況下、グローバルな政治における民主的な意思の反映という観点からも、オーディエンスがそれにふさわしい受動的なだけでなく能動的な能力をも備えるようになってくるということは、今後、さらに大きな意義をもつこととなるだろう。

　すなわち監査報告書の読み手、オーディエンスとして、私たち自身が国連改革のために積極的に発言し関与していこうとする姿勢が求められているのであり、この双方向の緊張感のある関係性というものが構築されて初めて、「国連が、パブリック・アカウンタビリティーを果たしている」と言えるようになる日がくるだろう。すなわち国連再生への道は、実はオーディエンスである私たち自身にかかっていると言っても、過言ではない。

注
1　Robert O. Keohane, "Global Governance and Democratic Accountability," in David Held and Mathias Koenig-Archibugi (eds.), *Taming Globalization: Frontiers of Governance* (Cambridge, Mass.: Polity Press, 2003) ＝中谷義和監訳『グローバル化をどうとらえるか——ガバナンスの新地平』(法律文化社、2004 年)、p.146。

あとがき

　国連は、巨大な官僚機構である。私は、1990年代を通して国連教育科学文化専門機関(通称、ユネスコ)のパリ本部にて国際公務員として10年近く勤務し、また2000年代に入ってからは国連大学の東京本部でコンサルタントとして勤務した。両機関において、私は、国連のアカウンタビリティーの向上というテーマと、実務を通じて常に向きあってきた。ユネスコ時代は、ユネスコを脱退したアメリカ、イギリス等からの執拗なアカウンタビリティー強化の要求に、内部行政統制部門の一員として直面してきた。国連における非効率な行政運営と、途上国に根強い改革への抵抗。繰り返される腐敗と、度重ね無視される腐敗防止の試み。私が一国際公務員として、それらの現実と向きあわねばならなかった時、その壁は途方もなく高く見え、自分が孤立無援でどうしようもなく無力に思えたものだった。とりわけマスメディアの関心が常に氷山の一角のスキャンダル狙いに終始し、国連の権力構造が織りなす腐敗と腐敗防止という構造的側面にはいささか冷淡であったことには、こたえた。

　本書の執筆の動機は、実はさかのぼれば、まさにそこにある。本書が探求した国連行政の概念分析というテーマは、言うなれば国連に対する理想と現実のギャップを理論的な観点から学問的に扱おうと試みたものである。高い志をもって国連を目指す若者は多いが、同時にまた幻滅をして足早に去って行ってしまう者も多い。これらの若者がいつか国連の現実という大きな壁にぶち当たって心が迷った時、本書が彼らになんらかの示唆か、できれば勇気を与えることができるものであったとしたらうれしい。国連行政は、恐らく彼らの目には巨大な「ガラパゴスのゾウガメ」としか映らないかもしれない。

そしてそれは多くの焦燥感と苛立ちを覚えさせるものであるに違いない。しかし、本書を紐解けばわかってもらえるように、少なくとも長い目でみれば、理想のスピードからはほど遠いかもしれないけれども、着実に進化し続けているということもまた紛れもない歴史的事実である。

　そして、世界のあらゆる現場で汗と涙を流し続ける彼らのために、私たちがいつでもどこからでもできることが少なくとも一つあるということをぜひ伝えたい。それは、彼らの声に「耳を傾け続けること」である。たとえ国連行政の現場で何が起こっても、決して見放さず、ただひたすら耳を傾け続けることである。聴く(ラテン語でaudire)という行為は、本書が扱った監査(audit)という言葉の語源にもつながる。それこそが、私が本書を通して伝えようとしたオーディエンスへの第一歩なのであり、それは、世界のさい果ての地で無力感に打ちひしがれる名もなき一国連スタッフに確実にいくばくかの勇気を与えてくれるだろう。恐らくそれなくしては、彼らの人生も、そして彼らの家族の(犠牲にさいなまれた)人生も、決して浮かばれまい。

＊

　本書の執筆にあたり、計り知れない数多くの支援を得たことに心から感謝したい。本書は、もともとは2007年に一橋大学に提出された博士論文「国連行政のアカウンタビリティーの強化に向けて」をスタートラインとしている。博士論文執筆を私に勧めてくださったのは、故桑原輝路一橋大学名誉教授だった。桑原先生は私の一橋大学法学部時代のゼミの指導教官だったが、国際公務員として長年海外で勤務後、家庭の事情で帰国した私に論文の執筆を勧めてくださった。先生の御存命中に論文を仕上げることができず、本当に申し訳なかったと思っている。一橋大在学時は、川崎恭治教授(博士論文主査)から、大変辛抱強く温かいご指導を賜った。社会人として編入学してきた私を受け入れてくださったことに、深く感謝している。また一橋大在籍中は、佐藤哲夫教授(同副査)、納家政嗣教授(当時、同副査)、大芝亮教授、山田敦教授その他の方々から、多くのことをご教示いただき、かつ語りつくせないほどの様々な支援を賜った。一橋大在学中に学会誌に投稿させて頂いた際には、現在の上司にあたる星野俊也大阪大学教授、庄司真理子敬愛大学教授、三浦聡名古

あとがき 239

屋大学教授などの先生方から、大変辛抱強いご指導を賜った。当時まだ先生がたの御多忙さを知る由もなかった浅学の私に対する温情の数々には、まさに頭が下がる思いである。さらに「一橋法学」の岩月律子助手は、論文執筆で忙しく、生まれたばかりの第2子の世話も十分できない未熟な私を、実の母親のように優しく慮っていただいた。岩月助手が焼いてくれた手作りのオーガニックのケーキの味は、今でも子どもたちの舌に強く残って離れない。

博士論文執筆中の2006〜07年には日米教育委員会フルブライト奨学金の助成を受け、コロンビア大学国際公共政策大学院国際機構研究所に客員研究員として派遣していただいた。フルブライト交流室の岩田瑞穂マネージャーには大変お世話になり、子連れの在外研究を公私双方の面から応援して頂いた。

コロンビア大学ではエドワード・ラック(Edward C. Luck)教授(当時、現在国連事務次長補)にホスト教員となっていただき、大変お世話になった。ラック先生には2006年、国連大学のアカウンタビリティー研究プログラムの立ち上げ時の開発にもご協力いただいた。マイケル・ドイル(Michael Doyle)コロンビア大学教授からは、グローバルレベルのアカウンタビリティーの概念のモデルにつきご教示を賜った。またコロンビア大学への受け入れにあたり、フレッチャーでの修士課程時代に論文指導をしていただいたフィリップ・アルストン(Philip Alston)ニューヨーク大学教授にも大変お世話になった。さらに、当時、国際連合日本政府代表部に国連大使として出向しておられた北岡伸一東京大学教授にも様々な御教示を賜った。

博士論文提出後、2008年より勤務させていただいている大阪大学大学院国際公共政策研究科(OSIPP、オシップ)では、実務家から研究者に転身したばかりの私のために、栗栖薫子先生(当時、現神戸大学教授)をはじめとした先生がたが、数々の支援を惜しまずに提供してくださった。現在、研究科長を務める星野俊也教授、及び副研究科長の村上正直教授をはじめ、オシップの上司及び同僚の先生がたには日頃から大変お世話になっている。またユネスコ時代に上司だったユネスコ前事務局長の松浦晃一郎氏には、現在オシップの客員教授になっていただき、引き続きご薫陶を賜っている。

大阪大学に赴任後、平成20〜22年度科学研究費補助金基盤研究(C)の助

成を得ることができ、そのおかげで海外調査を含め、さらなる研究の積み重ねを行うことができた。

また、田所昌幸慶応大学教授のお招きで参加させていただいているサントリー文化財団「21世紀国際システム研究会」では、山崎正和大阪大学名誉教授、久保文明東京大学教授、堤林剣慶応大学教授、遠藤乾北海道大学教授、細谷雄一慶応大学教授、池内恵東京大学准教授をはじめとした多方面の専門家の先生がたから計り知れないほどの知的刺激を受けている。

本書の素地は、著者自身のパリ、東京での国連諸機関での実務経験やニューヨークでの現地調査などを基盤にしつつ、それらの地などで知り合った実務家・研究者の方々からご指導およびご教示いただいたことの上につくられた。ユネスコ在職時には、岡島貞一郎氏やヒラリー・ウィーズナー(Hillary Wiesner)氏をはじめとする多くの先輩や同僚から、貴重な刺激を受け多くの事を学ばせて頂いた。鶴岡公二外務省総合外交政策局長からは、研究会等を通じ多くの貴重なご教示を得た。ニューヨークの国際連合日本政府代表部の岸本康雄一等書記官(2006～07年当時)、及び金森貴嗣一等書記官(2011年現在)からは、国連の人事改革問題に関する貴重な情報提供を受け、それらは、本書を執筆する上で欠かせない貴重な素材となった。二井矢洋一大阪大学客員教授には、金森書記官へのご紹介の労をとって頂くなどお世話になった。2007～08年度にかけてニューヨークで在外研究中だった黒神直純岡山大学教授には、当時進行中だった国連行政裁判所の改革問題について多くのご教示を賜った。国連事務局ニューヨーク本部では、イラク石油食糧交換計画に関する独立調査委員会の元メンバーの方々をはじめ、同計画の調査や監査に参加した監査官や検査官から、多くの貴重な情報提供を得た。同様に、著者の古巣のユネスコのパリ本部では、同計画に従事した職員や監査官から、多くの貴重な情報を提供して頂いた。また、国際NGOトランスペアレンシー・インターナショナルのナショナルチャプターのトランスペアレンシー・ジャパンの活動には、2005年より参加させていただいており、石井陽一理事長をはじめ、他の関係者の方々にも大変お世話になっている。

本書の出版にあたっては、北岡伸一東京大学教授に大変お世話になった。

北岡先生には、東京財団の「国連研究プロジェクト」に参加させていただき、国連外交について考えるまたとない機会を与えていただいた。出版を引き受けて下さった東信堂の下田勝司氏は、単著の初執筆となる私に、数々の貴重なアドバイスを下さるなど、手間を惜しまず対応して下さった。さらに、業務多忙にもかかわらず、精読を引き受けて下さった吉牟田剛総務省行政管理局課長、及び山本慎一香川大学准教授に、厚く御礼申し上げる。

　筆者は現在、平成23年度国際交流基金ジャパン・チェアー・プログラムの助成を受け、フランスのパリ政治学院(通称シアンスポー)の国際政治大学院(PSIA)に客員教授として派遣されている。海外の大学で教鞭をとる初の機会となったシアンスポーでは、子連れの私に対する様々な気遣いも含め、ハッサーン・サラメ(Ghassan Salamé)PSIA院長に大変お世話になっている。非英語圏での教職・研究という始めての経験も、研究を深める上で大きな財産となっており、感謝している。

　ここで書ききれなかった分も含め、これまで出会ってきた多くの方々の様々な支援すべてに深く感謝し、それらのご厚意のすべてに最大限の謝意を表したい。

　最後に、日々の生活の中で数多くの犠牲を強いてきた家族に対する深い感謝の気持ちを捧げたい。本書の執筆は、第2子である娘の誕生とほぼ同時に始まったプロジェクトだった。2001年9月、臨月のお腹を抱え息苦しさで眠れぬ私が、深夜テレビで見た光景がワールドトレードセンターへ2機のジェット機が衝突していく衝撃の光景だった。翌月娘が産まれ、翌々春私は一橋の博士後期課程に社会人入学した。乳児の世話と、すでに幼稚園児となっていた第1子の息子の育児と、博士論文の執筆などという壮大なプロジェクトが同時進行で順調に進むはずなどなく、破綻しかけるたびに、主人が多大な犠牲を払いながら陰に陽に支援し続けてくれた。数年して、9.11後のニューヨークに博士論文のフィールドワークのために飛び立つことができたのも、主人の理解と応援のおかげだった。私たち家族にとって、本書の執筆と新しく拡大された家族の形成は、同時進行プロジェクトだった。つらい事も多かったが、これは、一つ一つの障害を家族みんなで乗り越えていった証でもある。

ちょうどそれは、9.11 後のこの漂い続ける世の中で、自らの立ち位置というものを、家族一人ひとりが真剣に考え、人生を見つめ直した時期とぴったり重なっていた。その意味で本書は私たち家族にとって、今後も原点であり続けるだろう。本書の完成のために、家族全員が払ってくれた多くの犠牲に感謝し、本書をまずもって夫の剛志、息子の優希 Julien、娘の舞に捧げたい。

2011 年 12 月 20 日　優希の誕生日に

　　　　　　　　　　　　　　　　　　　　　　　パリ左岸にて
　　　　　　　　　　　　　　　　　　　　　　　蓮生　郁代

索 引

ア行

アウトカム　　　　　　　　37(定義)
アウトプット　　　　　　　37(定義)
アカウンタビリティー　　4, 16-17(定義),
　　　　　　　　　　　　　　　　18
アカウンタビリティーの推移のモデル
　→　モッシャーのアカウンタビリ
　　　ティーの推移のモデル
アカウンタビリティーの梯子説
　→　スチュワートのアカウンタビリ
　　　ティーの梯子説
アナン、コフィ(Annan, Kofi)　3, 76, 95,
　　　　114, 165, 170-173, 188, 189
アメリカの政府監査基準　148, 202-204
アリストテレス(Aristotle)　　　6, 139
移行　　　　　　　　　　93-94, 103-106
委譲型モデル
　→　政治的アカウンタビリティーの委
　　　譲型モデル
イドリス、カミール(Idris, Kamil)　76-77
イラク国連石油食糧交換計画
　→　石油食糧交換計画
イラク・プログラム・オフィス(IPP)
　　　　　　　　　　　　168, 171, 181
インプット　　　　　　　37(定義), 144
ウィルソン、ウッドロウ(Wilson,
　Woodrow T.)　　　　　　　　　　42
ウルフ、アーサー(Woolf, Arthur H.)　33
オズボーン、D.(Osbone, D.)　　　　46
オーディエンス　7, 139, 145, 201-225,
　　　　　　　　　　　　　　233-236
　――に関する基準　　　　　153-157
　――制度的基準　153-154, 156-157,
　　　　　　　　　　　　　　213-222
　――実質的基準　153-157, 213-222
オバマ、バラク(Obama, Barack H.)　47
オンブズマン(機構内)112-116, 123, 133

カ行

会計検査院(米 GAO)　　　　39, 41, 43
外部監査　　　　　39, 43, 142, 213-215
ガバメント・アカウンタビリティー・オ
　フィス(米 GAO)　　147-148, 155-156,
　　　　　　　　　　　　160, 202-206
監査　　　　　　　6, 140-141(定義), 228
監査管轄権　　　　　　　151, 189-190
　実質的――　　　　　　152, 189-190
　制度的――　　　　152-153, 189-190
監査官の情報アクセス権　　　　　151
監査機関の報告の権限　　　　　　152
監査機能
　――実体的基準　　　　　　143-144
　――制度的基準　　　　　　144-155
監査の独立性　7, 139, 144-153, 231
　外部的――　　　　　　　　　　148
　業務上の――　　　　　148-149, 151-153
　人的――　　　　　148, 150-151, 194,
　　　　　　　　　　　　　　233-235
　組織的――　　　　　148, 149-150,
　　　　　　　　　　　180-181, 184
管理型アカウンタビリティー　　5,
　19(定義), 22-27, 206-208, 211-212
企画・計画・予算システム（PPBS）
　　　　　　　　　　　　　43-44, 52
行政の現代化　　　　　　　　　　11
業績志向型アカウンタビリティー
　　　　　41, 45-47, 46(定義), 74-79
業績志向型管理方式(PBM)　　90-94,
　　　　　　　　　　　　　101-103
業績指標　　　　　　82(定義), 90, 125
業績測定　　　　　　46, 52(定義), 90
クリントン、ビル(Clinton, William J.)　46
クライン、ルドルフ(Klein, Rudolf)　18-19,
　　　　　　　　　　　　　　　　34
計画策定、予算のプログラム的側面、執

行のモニタリング及び評価の方法を律
する規則　　　　　　　　　63-68
経済機会法(米)　　　　　　40, 45
ゲーブラー、T.(Gaebler, T.)　　46
結果志向型管理方式(RBM)　　3, 12,
　　　40-41, 47, 53(定義),
　　　74, 90-91, 94-116
結果志向型予算方式(RBB)　　55,
　　　81-82(定義), 95-103
ゴア、アル(Gore, Albert A. Jr.)　46
合規性のアカウンタビリティー
　　　34-35(定義), 38-39, 41-43
合規性または合法性の基準　143-144
公金追尾の権利　　　　　　　　145
衡平な地理的配分の原則　26, 57, 105
国際公務員制度　　　　　26, 89, 122
国際人事委員会(ICSC)　　　　107
国際性の原則(あるいは国際的独立性の
　　　原則)　　　　　　　　26, 57
国際連盟規約2条　　　　　　　　24
国連
　　――会計検査委員会(UNBOA) 72, 175,
　　　176, 187-188, 208-210, 213-215
　　――行財政問題諮問委員会(ACABQ)
　　　　　　　　　100, 128, 179, 182
　　――計画調整委員会(CPC)
　　　　　　　　　　　67, 100, 128
国連安全保障理事会(安保理)
　　――安保理決議 661　　　164, 167
　　――安保理決議 986　　　164, 167
　　――安保理決議 1284　　　　168
　　――安保理決議 1538　　　　170
　　――国連開発計画(UNDP)　77-78,
　　　　　　　　　　　　　　97, 99
　　――国連行政裁判所(旧)(UNAT)
　　　　　　　　　107-111, 113-116
　　――国連行政裁判所規程(旧)11条1
　　　　項、4項　　　109-110, 132
国連憲章
　　――7条　　　　　　　　　　24
　　――8条　　　　　　　　　　25

　　――97条　　　　23-24, 24-25, 56
　　――100条　　　　　　　26,56-57
　　――101条　　　　　24, 25, 56-57
国連システム合同監査団(JIU)　　60,
　　　62-63, 70-72, 78, 95-97, 99,
　　　103-104, 111-112, 175-176,
　　　　　　208-210, 213-215
国連事務局検査・捜査局　　　70-71
国連事務局内部監査部(OIOS/IAD)
　　　　　　　　174-182, 186-190
国連事務局内部監視局(OIOS)　73-74,
　　　　　　　　174-190, 211-212
国連上訴裁判所(UNAT)　　　　115
国連人口基金(UNFPA)　　　78, 99
国連総会第5委員会(行財政担当)　96,
　　　99, 102, 115-116, 179, 182
国連総会第6委員会(法律問題担当)　115
国連の独立監査諮問委員会(IAAC)　178,
　　　182, 190, 193-194, 232-233
国連紛争裁判所(UNDT)　　　　115
国連補償委員会(UNCC)　187-190, 200
国家業績レビュー(米)　　　　　47
コヘイン、ロバート(Keohane, Robert O.)
　　　　　　　　　　　　　21, 227

サ行

最高会計検査院国際機構(INTOSAI)
　　　　　　　　　　　　　147, 159
再設計パネル(Redesign Panel)　114-115
財務的アカウンタビリティー　6, 15,
　　　　　　　　　　　　　18-19,
　　　　　　　34(定義), 39, 41-43
サッチャー、マーガレット(Thatcher,
　　Margaret H.)　　　　　　　46
3Eの基準(経済性・効率性・有効性の基
　　準)　　　　　　　143-144(定義)
参加型モデル
　　→　政治的アカウンタビリティーの参
　　　　加型モデル
ジャクソン、ロバート(Jackson, Robert) 58
14ヶ国委員会　　　　　　　　　60

準拠性アカウンタビリティー　57
準司法的プロセス　187-190
ジョイントプログラム　182-186
新規職員選抜システム　105-106
新公共経営論（NPM）　3, 11（定義），
　　89-135
人的資源管理　94, 103-107, 126（定義）
スターツ、エルマー（Staats, Elmer B.）
　　39-40, 49
スチュワート、J.D.（Stewart, J. D.）　9,
　　35-39, 48
スチュワートのアカウンタビリティーの
　梯子説　9, 35-39, 48-50
制裁委員会
　→　対イラク制裁委員会
政策評価　45（定義）
政策分析　39
政治的アカウンタビリティー　5, 18-21,
　　19（定義），202, 205, 208-212
　――の委譲型モデル　20-21, 208-209
　――の参加型モデル　21, 208-209
政府
　狭義の――　22（定義），23-24
　広義の――　22（定義），24-26
政府業績結果法（米）　47
世界銀行（IBRD）　75, 97
世界知的所有権機関（WIPO）　76-77, 99,
　　100
責務責任　17-18, 205-207
石油食糧交換計画（OFFP）　7, 139,
　　163-200, 212
セヴァン、ベノン（Sevan, Benon）171, 172

タ行

対イラク制裁委員会　167-169, 186-190
代議制議会　205
代議制民主主義　205
第5委員会
　→　国連総会第5委員会（行財政担当）
第6委員会
　→　国連総会第6委員会（法律問題担当）
中期計画　60-61, 63-65, 83（定義），100
直接民主主義　5
デイ、パトリシア（Day, Patricia）18-19, 34
独立監査諮問委員会（IAAC）
　→　国連を参照
独立調査委員会（IIC）　163, 170-195
　――ブリーフィングペーパー（報告書）
　　173
　――第1回暫定報告書　170-171,
　　174, 190
　――第2回暫定報告書　170-171
　――第3回暫定報告書　170-171
　――第4回石油食糧交換計画の運営に
　　関する報告書　170, 172, 174
　――第5回石油食糧交換計画の操作に
　　関する報告書　170, 172

ナ行

内部監査　142, 216-219
　――の外部監査化　220-221, 235
内部監査人協会（IIA）　150, 160
内部司法運営の改革　107-116
能力主義（メリットシステム）　25, 42
ノルマントン、レスリー（Normanton, E.
　Leslie）　16

ハ行

ハトリー、ハリー（Hatry, Harry P.）　52
パフォーマンス・アカウンタビリティー
　　35（定義），38-39
パブリック・アカウンタビリティー
　　202, 205
パブリック・マネジメント　9, 11（定義）
バルフォア、A.J（Balfour, A. J.）　26, 57
潘基文（Ban, Ki-moon）　4, 194-195, 234
評価　66（定義）
フセイン、サダム（Hussein, Saddam）
　　164-166, 172
負担責任　17-18, 205-207

ブトロス＝ガーリ、ブトロス
（Boutros-Ghali, Boutros） 70, 164
プラクティス・アドバイザリー・ステートメント（PAS） 150, 153
プログラム（施策） 36（定義）
── ・アカウンタビリティー 34-35（定義）, 38-39, 41, 44-45, 61-74
──評価 39-41, 44-45, 45（定義）, 61-63, 66-68
──予算 55, 58-61, 61（定義）, 63-65
プロジェクト（個別案件） 36（定義）
プロセス・アカウンタビリティー 34-35（定義）, 38-39, 41, 43-44, 58-61
分権化 93-94, 103-106
ベルトラン、モーリス（Bertrand, Maurice） 60, 64-65
ペンドルトン法 42
包括監査 39, 43
報告ライン 149-150, 174-178
　機能的── 150（定義）, 177-178
　行政的── 150（定義）, 177-178
ポリシー（政策） 36（定義）
ポリシー・アカウンタビリティー 36（定義）, 38-39
ホリングスワース、キャサリン（Hollingsworth, Kathryn） 10, 17-18, 143-145, 148-155
ボルカー、ポール（Volcker, Paul A. Jr.） 163, 170
ポール、サミュエル（Paul, Samuel） 52

ホワイト、フィデルマ（White, Fidelma） 10, 17-18, 143-145, 148-155

マ行

マッケンジー、W.J.M.（Mackenzie, W.J.M.） 6, 137, 139
民主的アカウンタビリティー 202, 204-206, 207-208
メリットシステム→能力主義
モッシャー、フレデリック（Mosher, Frederick） 9, 39-40
モッシャーのアカウンタビリティーの推移のモデル 9, 39-40, 48-49
モニタリング 102, 128（定義）

ヤ行

ヤコブレフ、アレクサンダー（Yakovlev, Alexander） 171
予算会計法（米） 41
予算管理方式改革（国連） 95-103
予算的独立性 149, 178-182

ラ行

ラック、エドワード（Luck, Edward C.） 97
リトルトン、A.C.（Littleton, Ananias Charles） 140
ロビンソン、デビッド（Robinson, David Z.） 34
ロールズ、ジョン（Rawls, John） 17-18

著者紹介

蓮生　郁代（はすお　いくよ）

大阪大学大学院国際公共政策研究科准教授　国際機構論・国際行政論専攻、法学博士。

1986年一橋大学法学部卒業。1988年アメリカのフレッチャー・スクール法律外交大学院修士課程修了（ロータリー奨学生）。日本興業銀行を経た後、1993年国際連合教育科学文化専門機関（UNESCO）パリ本部採用。国際公務員として、ユネスコの行財政改革や行政統制に従事。2007年一橋大学大学院法学研究科博士後期課程修了。博士号（法学）取得。2006-7年コロンビア大学客員研究員（フルブライト・フェロー）、2007年国連大学コンサルタントなどを経て、2008年より大阪大学大学院国際公共政策研究科准教授（現職）。2011年9月より、パリ政治学院（シアンスポー）客員教授（兼ジャパンチェアー）に就任。

著書に"A Ladder of Accountability: Analysis of Subconcepts of Managerial Accountability in the United Nations" in S. Kuyama and M. Fowler (eds.) *Envisioning Reform: Enhancing UN Accountability in the Twenty-first century* (Tokyo, New York, Paris: United Nations University Press, 2009)。「アカウンタビリティーと責任概念の関係——責任概念の生成工場としてのアカウンタビリティーの概念」『国際公共政策研究』（第15巻第2号、2011年3月）その他多数。

ホームページは、http://www2.osipp.osaka-u.ac.jp/~hasuo/index.html

国連行政とアカウンタビリティーの概念——国連再生への道標

2012年2月29日　初版第1刷発行　　　　　　　〔検印省略〕
　　　　　　　　　　　　　　　＊定価はカバーに表示してあります。

著者© 蓮生郁代　　発行者　下田勝司　　　印刷・製本　中央精版印刷

東京都文京区向丘1-20-6　郵便振替 00110-6-37828
〒113-0023　TEL 03-3818-5521(代)　FAX 03-3818-5514

発行所　株式会社 東信堂

Published by TOSHINDO PUBLISHING CO.,LTD.
1-20-6, Mukougaoka, Bunkyo-ku, Tokyo, 113-0023, Japan
E-Mail tk203444@fsinet.or.jp　http://www.toshindo-pub.com

ISBN978-4-7989-0094-0 C3032　　© Ikuyo, Hasuo

東信堂

スレブレニツァ——あるジェノサイドをめぐる考察	長 有紀枝	三八〇〇円
2008年アメリカ大統領選挙——オバマの勝利は何を意味するのか	吉野孝・前嶋和弘 編著	二〇〇〇円
オバマ政権はアメリカをどのように変えたのか——支持連合・政策成果・中間選挙	吉野孝・前嶋和弘 編著	二六〇〇円
政治学入門	内田 満	一八〇〇円
政治の品位——日本政治の新しい夜明けはいつ来るか	内田 満	二〇〇〇円
日本ガバナンス——「改革」と「先送り」の政治と経済	曽根泰教	二八〇〇円
「帝国」の国際政治学——冷戦後の国際システムとアメリカ	山本吉宣	四七〇〇円
国際開発協力の政治過程——国際規範の制度化とアメリカ対外援助政策の変容	小川裕子	四〇〇〇円
アメリカ介入政策と米州秩序——複雑システムとしての国際政治	草野大希	五四〇〇円
解説 赤十字の基本原則——人道機関の理念と行動規範	J・ピクテ/井上忠男訳	一〇〇〇円
赤十字標章ハンドブック（第2版）	井上忠男編訳	六五〇〇円
医師・看護師の有事行動マニュアル（第2版）——医療関係者の役割と権利義務	井上忠男	一二〇〇円
社会的責任の時代		
国際NGOが世界を変える——地球市民社会の誕生		
国連と地球市民社会の新しい地平		三三〇〇円
国連行政とアカウンタビリティーの概念——国連再生への道標	蓮生郁代	三四〇〇円
〔現代臨床政治学シリーズ〕	内田孟男編著	
リーダーシップの政治学	功刀達朗編著	二〇〇〇円
アジアと日本の未来秩序	毛利勝彦編著	
象徴君主制憲法の20世紀的展開	功刀達朗・野村彰男編著	三三〇〇円
ネブラスカ州における一院制議会	伊藤重行	一八〇〇円
ルソーの政治思想	石井貫太郎	一六〇〇円
	下條芳明	二〇〇〇円
	藤本一美	一六〇〇円
	根本俊雄	二〇〇〇円
海外直接投資の誘致政策——インディアナ州の地域経済開発	邊牟木廣海	一八〇〇円
ティーパーティー運動——現代米国政治分析	末次俊之・藤本俊美	二〇〇〇円

東信堂

国際法新講〔上〕〔下〕	田畑茂二郎	〔上〕二七〇〇円 〔下〕二九〇〇円
ベーシック条約集 二〇一二年版	代表編集 田中・薬師寺・坂元	二六〇〇円
ハンディ条約集	代表編集 田中・薬師寺・坂元	一六〇〇円
国際人権条約・宣言集〔第3版〕	編集 松井芳郎	三八〇〇円
国際経済条約・法令集〔第2版〕	編集 小原喜雄・小室程夫・小畑郁	三九〇〇円
国際機構条約・資料集〔第2版〕	編集 香山山・手塚・徳川介茂	三二〇〇円
判例国際法〔第2版〕	代表編集 松井芳仁	三八〇〇円
国際環境法の基本原則	松井芳郎	三八〇〇円
国際民事訴訟法・国際私法論集	高桑昭	六五〇〇円
国際機構法の研究	中村道	八六〇〇円
条約法の理論と実際	坂元茂樹	四二〇〇円
21世紀の国際法秩序──ポスト・ウェストファリアの展望	村瀬信也	六八〇〇円
宗教と人権──国際法の視点から	N崎R・フォーク/川崎孝治訳/百合子訳	三五〇〇円
ワークアウト国際人権法 ──人権を理解するために	元坂・ベネテック編/徳川編訳	三〇〇〇円
難民問題と『連帯』 ──EUのダブリン・システムと地域保護プログラム	中坂恵美子	二八〇〇円
国際法から世界を見る ──市民のための国際法入門〔第3版〕	松井芳郎	二九〇〇円
国際法／はじめて学ぶ人のための〔新訂版〕	浅田正彦編著	二八〇〇円
国際法学の地平──歴史、理論、実証	大沼保昭	三六〇〇円
国際法と共に歩んだ六〇年──学者として裁判官として	中川淳司/寺谷広司編著	一二〇〇〇円
国際法研究余滴	小田滋	六八〇〇円
21世紀の国際機構：課題と展望	石本泰雄	四七〇〇円
グローバル化する世界と法の課題	位田隆一/安藤仁介編	七一四〇円
〔21世紀国際社会における人権と平和〕〔上・下巻〕	松井・薬師寺・山形・木棚編	八二〇〇円
現代国際社会における人権と平和の保障──その歴史と現状	代表編集 香西手治茂之	五七〇〇円
国際社会の法構造──その歴史と現状	代表編集 山手治之	六三〇〇円

〒113-0023　東京都文京区向丘1-20-6　TEL 03-3818-5521　FAX 03-3818-5514　振替 00110-6-37828
Email tk203444@fsinet.or.jp　URL:http://www.toshindo-pub.com/

※定価：表示価格（本体）＋税

東信堂

グローバル化と知的様式——社会科学方法論についての七つのエッセー	J・ガルトゥング 大矢根聡訳	二八〇〇円
社会的自我論の現代的展開	船津衛	二四〇〇円
組織の存立構造論と両義性論——社会学理論の重層的探究	舩橋晴俊	二五〇〇円
社会学の射程——ポストコロニアルな地球社会学へ	庄司興吉	三二〇〇円
地球市民学を射る——地球社会の危機と変革のなかで	庄司興吉編著	三二〇〇円
市民力による知の創造と発展——身近な環境に関する市民研究の持続的展開	萩原なつ子	三二〇〇円
社会階層と集団形成の変容——集合行為と「物象化」のメカニズム	丹辺宣彦	六五〇〇円
階級・ジェンダー・再生産——現代資本主義社会の存続メカニズム	橋本健二	三二〇〇円
現代日本の階級構造——理論・方法・計量・分析	橋本健二	四五〇〇円
人間諸科学の形成と制度化——社会諸科学との比較研究	長谷川幸一	三八〇〇円
現代社会と権威主義——フランクフルト学派権威論の再構成	保坂稔	三六〇〇円
権威の社会現象学——人はなぜ、権威を求めるのか	藤田哲司	四九〇〇円
現代社会学における歴史と批判（上巻）	山田信行編	二八〇〇円
現代社会学における歴史と批判（下巻）	片桐新自編	二八〇〇円
インターネットの銀河系——ネット時代のビジネスと社会	M・カステル 矢澤・小山訳	三六〇〇円
自立支援の実践知——阪神・淡路大震災と共同・市民社会	似田貝香門編	三八〇〇円
［改訂版］ボランティア活動の論理——ボランタリズムとサブシステンス	西山志保	三六〇〇円
自立と支援の社会学——阪神大震災とボランティア	佐藤恵	三三〇〇円
NPO実践マネジメント入門（第2版）	パブリックリソースセンター編	二三八一円
個人化する社会と行政の変容——情報、コミュニケーションによるガバナンスの展開	藤谷忠昭	三八〇〇円

〒113-0023 東京都文京区向丘 1-20-6
TEL 03-3818-5521 FAX03-3818-5514 振替 00110-6-37828
Email tk203444@fsinet.or.jp URL:http://www.toshindo-pub.com/

※定価：表示価格（本体）＋税

東信堂

地域社会研究と社会学者群像——社会学としての闘争論の伝統	橋本和孝	五九〇〇円
覚醒剤の社会史——ドラッグ・ディスコース・統治技術	佐藤哲彦	五六〇〇円
捕鯨問題の歴史社会学——近代日本におけるクジラと人間	渡邊洋之	二八〇〇円
新版 新潟水俣病問題——加害と被害の社会学	舩橋晴俊編	三八〇〇円
新潟水俣病をめぐる制度・表象・地域	関礼子	五六〇〇円
新潟水俣病問題の受容と克服	堀田恭子	四八〇〇円
組織の存立構造論と両義性論——社会学理論の重層的探究	舩橋晴俊	二五〇〇円
自立支援の実践知——阪神・淡路大震災と共同・市民社会	似田貝香門編	三八〇〇円
[改訂版]ボランティア活動の論理——ボランタリズムとサブシステム	西山志保	三六〇〇円
自立と支援の社会学——阪神大震災とボランティア		
NPO実践マネジメント入門	パブリックリソースセンター編	二三八一円
個人化する社会と行政の変容——情報、コミュニケーションによるガバナンスの展開	佐藤恵	三二〇〇円
《大転換期と教育社会構造：地域社会変革の社会論的考察》	藤谷忠昭	三八〇〇円
第1巻 教育社会史——日本とイタリアと	小林甫	七八〇〇円
第2巻 現代的教養Ⅰ——生活者生涯学習の地域的展開	小林甫	近刊
現代的教養Ⅱ——技術者生涯学習の生成と展望	小林甫	近刊
第3巻 学習力変革——地域自治と社会構築	小林甫	近刊
第4巻 社会共生力——東アジアと成人学習	小林甫	近刊
ソーシャルキャピタルと生涯学習	J・フィールド 矢野裕俊監訳	二八〇〇円
NPOの公共性と生涯学習のガバナンス	高橋満	三二〇〇円
都市社会計画の思想と展開（アーバン・ソーシャル・プランニングを考える）（全2巻）	橋本和孝・藤田弘夫・吉原直樹編著	二三〇〇円
世界の都市社会計画——グローバル時代の都市社会計画	弘夫・吉原直樹編著	二三〇〇円

〒113-0023 東京都文京区向丘1-20-6
TEL 03-3818-5521 FAX 03-3818-5514 振替 00110-6-37828
Email tk203444@fsinet.or.jp URL:http://www.toshindo-pub.com/

※定価：表示価格（本体）＋税

東信堂

《未来を拓く人文・社会科学シリーズ《全17冊・別巻2》

科学技術ガバナンス	城山英明編	一八〇〇円
ボトムアップな人間関係―心理・教育・福祉・環境・社会の現場から	サトウタツヤ編	一六〇〇円
高齢社会を生きる―老いる人／看取るシステム	清水哲郎編	一八〇〇円
家族のデザイン	小長谷有紀編	一八〇〇円
水をめぐるガバナンス―日本、アジア、中東、ヨーロッパの現場から	蔵治光一郎編	一八〇〇円
生活者がつくる市場社会	久米郁夫編	一八〇〇円
グローバル・ガバナンスの最前線―現在と過去のあいだ	遠藤乾編	二三〇〇円
資源を見る眼―現場からの分配論	佐藤仁編	二〇〇〇円
これからの教養教育―「カタ」の効用	葛西佳秀穂編	二〇〇〇円
「対テロ戦争」の時代の平和構築―過去からの視点、未来への展望	鈴木英充編	一八〇〇円
企業の錯誤／教育の迷走―人材育成の「失われた一〇年」	青島矢一編	一八〇〇円
日本文化の空間学	桑子敏雄編	二三〇〇円
千年持続学の構築	木村武史編	一八〇〇円
多元的共生を求めて―〈市民の社会〉をつくる	宇田川妙子編	一八〇〇円
芸術は何を超えていくのか？	沼野充義編	一八〇〇円
芸術の生まれる場	木下直之編	二〇〇〇円
文学・芸術は何のためにあるのか？	岡田暁生編	二〇〇〇円
紛争現場からの平和構築―国際刑事司法の役割と課題	石山遠滕田勇乾治編	二八〇〇円
〈境界〉の今を生きる	荒川歩・川喜田敦子・谷川竜一・内藤順子・柴田晃芳編	一八〇〇円
日本の未来社会―エネルギー・環境と技術・政策	鈴木達治郎・城山英明・角和昌浩編	二三〇〇円

〒113-0023 東京都文京区向丘1-20-6　TEL 03-3818-5521　FAX03-3818-5514　振替 00110-6-37828
Email tk203444@fsinet.or.jp　URL:http://www.toshindo-pub.com/

※定価：表示価格（本体）＋税